AI가 바꾸는 학교 수업 챗GPT  교육 활용

오창근, 장윤제 지음

BM (주)도서출판 **성안당**

Preface

인공지능 시대로의 교육 전환점, 챗GPT

인공지능 솔루션 스타트업 OpenAI가 발표한 챗GPT 서비스는 가장 빠른 속도로 월간 이용자 수(MAU, Monthly Active Users) 1억 명을 돌파하는 등 호응을 얻었습니다. 기존의 인공지능 서비스가 가정용 스피커 유형이거나 웹페이지 또는 SNS의 알고리즘 추천 정도로 알고 있던 사람들은 마치 전문가처럼 답변하는 챗GPT를 경험하면서 인공지능의 패러다임이 크게 변화하고 있다는 점을 인식하는 계기가 되었습니다. 이러한 혁신적인 서비스에 대응하여 마이크로소프트의 빙(Bing AI), 구글의 람다(LamDA), 네이버의 하이퍼클로바(HyperCLOVA) 등 국내외 대기업도 인공지능 서비스 개발과 개선에 박차를 가하고 있습니다. 지난 2023년 3월에 발표된 GPT-4 서비스는 기존 GPT-3.5 기반의 챗GPT 성능을 크게 개선하고 이미지 해석과 함께 추론 능력도 강화됐습니다.

챗GPT 서비스의 핵심적인 작동 방식은 챗봇(Chatbot)의 기본 구조인 질문과 답변입니다. 여러분이 챗GPT로 불리는 챗봇에 어떻게 질문하느냐에 따라서 적절한 답변을 얻을 수도 있고, 아니면 다소 엉뚱하거나 틀린 답변을 맞닥뜨리게 될 수 있습니다. 원하는 답을 얻을 때까지 더 구체적으로 꼬치꼬치 캐물어 가면 더 마음에 드는 답변을 구할 수 있습니다. 이러한 특성은 대화형 인공지능 서비스의 공통된 특징이지만, 향후 개선 속도와 방향에 따라 마치 똑똑한 사람처럼 더 빠르게 이해하고 자연스럽게 답변하는 능력이 더욱 발전할 것입니다. 인공지능 서비스의 효용성이나 만족도는 전적으로 질문하는 방법에 좌우됩니다. 챗GPT 서비스의 만족스러운 활용을 위해 프롬프트 엔지니어링(Prompt Engineering) 기법이 중요한 이유도 질문의 방법과 표현에 따라 답변이 달라지기 때문입니다.

챗GPT 서비스는 앞으로 다가올 인공지능 시대로의 전환점이 될 것이라고 합니다. 월드와이드 웹(www)의 발명이나 아이폰의 첫 출시에 비교하기도 합니다. 챗GPT에 집중된 관심을 계기로 유사한 서비스가 경쟁적으로 등장하며 저마다 장점과 활용성을 내세워 경쟁할 것입니다. 갑작스러운 변화에 많은 사람이 인공지능의 능력을 과장하기도 하고, 수많은 인력과 직업을 대체할 것이라고 공포감을 조성하기도 합니다. 그러나 오랜 세월에 걸쳐 인류는 다양한 기술을 만들어 내며 적응해 왔습니다. 다만, "인공지능이 우리를 대체하는 것이 아니라 인공지능을 사용할 줄 아는 사람이 우리 일자리를 대체할 것"이라는 말에 주목할 필요가 있습니다.

이 책이 챗GPT와 같은 새로운 인공지능 서비스를 사용하기 시작하는 안내서가 되어 앞으로 대체 불가능한 능력을 배양하는 데 도움이 되기를 바랍니다.

Column 1

챗GPT,
어떻게 교육에
활용시킬 것인가?

오창근

경인교육대학교 미술 교육과 교수
AI 교육, 디지털미디어 교육 전공
미디어아트 융합 교육 전문가

교육 현장에서는 챗GPT와 같은 생성형 인공지능 서비스 활용에 긍정과 부정의 시선이 교차하고 있습니다. 학생들이 생성형 인공지능의 도움을 받아 과제나 보고서를 작성하고 제출하였을 때 부정행위로 간주하여 제재해야 한다는 부정적인 견해도 일부 있습니다. 반면에 인공지능의 활용은 거스를 수 없는 흐름이므로 학생들이 윤리적으로 잘 활용하도록 유도하자는 긍정적인 태도도 많이 보입니다. 에듀테크로 지칭하는 새로운 교육 기술은 끊임없이 학교에 도입될 것입니다. 이후의 개정 과정을 통해서는 더 현실적이고 실질적인 AI 교육 내용이 도입될 것으로 예측됩니다.

생성형 인공지능 자체가 사용자 입력에 따른 맞춤형 결과를 산출하는 방식이어서 한 가지 정답만 찾아가는 대중적인 교육과는 접근부터 다릅니다. 과거 대량 생산 산업 구조를 벗어나 현재 사회가 고도로 첨단화되고 다양성을 지향하는 방향으로 전환된 것처럼 우리의 교육도 한 가지 기준을 따르는 방식에서 벗어나야 합니다. 개별 학생의 학습 성향 차이도 인정하고, 집단적 효율성보다는 개인의 능력과 수준의 편차도 용인하며 개성을 키워주는 방향을 지향해야만 새로운 변화를 대비할 수 있습니다.

이 책은 교육 현장에서 교사, 강사, 교수 등 교육자뿐만 아니라 학생들에게 도움이 될 만한 다양한 가이드가 담겨 있습니다. 자기 주도 학습 습관을 지닌 학생이라면 더 유용하게 이용할 수 있습니다. 국어부터 영어, 제2외국어 같은 언어 영역은 물론 사회, 역사, 과학 등의 교과 영역에서도 학생들의 질문에 따라 풍부한 답변을 제공합니다. 교과 학습뿐만 아니라 글짓기, 보고서 작성, 콘텐츠 창작 등 창의적인 내용의 생성에도 신속하게 대응합니다. 더 나아가 교사의 자료 정리 업무와 심리 상담까지 도와줄 수 있습니다.

가장 중요한 것은 어떤 것을 만드느냐가 아니라 어떻게 사용하느냐입니다. 학습과 업무에 활용할 때 사용자의 요구와 접근에 따라 챗GPT는 맞춤형으로 답변한다는 점을 기억하시기 바랍니다.

10110   00101

Column 2

코딩 파트너, 챗GPT 도구 사용하기

장윤제
계원예술대학교 교수
디지털미디어디자인 전공
미디어 콘텐츠 교육 전문가

학교 정규 교과 과정에 코딩 교육이 도입되고 얼마 지나지 않아 대학 교육에서도 인문 계열 학생들에게 코딩 학습 프로그램을 제공하는 비율이 많이 증가했습니다. 컴퓨터 없이는 모든 업무가 불가능하고, 온라인 접속 없이는 아무것도 할 수 없는 시대입니다. 컴퓨터 코딩도 과거 IT 전공자들에게만 요구되었던 한정된 영역을 벗어나 모두에게 필요한 필수 능력으로 정착되고 있습니다. 코딩은 컴퓨터와 같은 디지털 장치를 사용자 의도에 맞게 구동시키는 일이기 때문입니다.

코딩 학원에서 기대하기 힘든 개인 맞춤형 교육도 가능합니다. 언어의 문법과 개념이 이해될 때까지 반복하여 질문해도 힘들어하거나 짜증을 내지 않습니다. 학습 단계에 맞는 예제를 작성해달라고 하면 신속하게 샘플 코드를 만들어 줍니다. 고민해도 풀리지 않은 코드의 일부를 대신 작성해달라고 하면 흐름에 맞는 코드를 생성합니다. 그래서 개인 맞춤형이라고 지칭할 수 있습니다.

대규모 텍스트 자료를 학습한 언어 모델 챗GPT는 글짓기를 잘하듯이 코딩에도 능숙합니다. 배우고자 원하는 코딩 언어의 기초 문법과 용법을 가르쳐주고, 진도에 맞추어 연습하기 좋은 예제도 생성해 줍니다.

이 책에서는 코딩의 기본 개념부터 시작해서 웹 코딩으로 가볍게 학습을 시작하며 챗GPT의 도움을 받는 방법을 설명합니다. 특히 학교 교육에서 코딩 언어로 선택받고 있는 파이썬 언어의 문법과 용례를 챗GPT에게 배우며 간단한 예제를 통해 익숙해지는 과정을 안내합니다.

코딩 수업에서 자주 쓰이는 계산기 만들기와 게임 개발 과정도 예시하며 데이터를 시각화하는 방법까지 소개합니다. OpenCV(Open Source Computer Vision Library)를 이용하여 이미지를 합성하고 API를 통해 네트워크에 연결하여 날씨 정보를 받아오는 앱 개발 단계까지 안내하며, 더 성장하기 위해 깃허브와 같은 개발자 커뮤니티를 이용하는 방법도 설명합니다.

자신의 창의적 역량을 발휘하는 데 챗GPT가 매우 유용한 도구가 될 수 있으며, 이 책은 길잡이 역할을 담당하는 안내서가 될 것입니다.

이 책의 구성

빠르고 손쉽게 챗GPT와 AI 도구를 이용하여 업무나 교육에 활용할 수 있도록
체계적인 구성을 제공하고 있습니다.

❶ 이론 구성

챗GPT 교육을 위한 기본
이해를 위한 기본 이론을
제공합니다.

❷ 참고

본문에서 알아두면 좋은
내용을 참고 팁으로 제공
합니다.

❸ 스페셜 페이지

챗GPT 수업에서 꼭 알아
두어야 할 내용을 스페셜
페이지로 제공합니다.

90

자기 주도 학습에 활용하기

 02

91

331

챗GPT와 함께 코딩의 날개 달기

06

336

파이썬 언어인 Python을 대입한 워드 클라우드 생성 예시

④ 교육 활용

챗GPT를 이용하여 교육 분야에 활용하기 위한 방법을 다양한 사례로 제시합니다.

⑤ 코딩 교육

인공지능의 필수 항목인 코딩 교육을 쉽게 이해할 수 있도록 구성하였습니다.

목차

PART

01

인공지능 비서, 챗GPT 알아보기

PART
02
챗GPT, 교육에 활용하기

PART

03

챗GPT, 코딩에 활용하기

10110010
01010100

인공지능 비서, 챗GPT 알아보기

챗GPT는 어떤 인공지능 서비스이고, 제대로 활용하기 위해 어떻게 접근해야 하는지 알아봅니다. 먼저 챗GPT의 간단한 특징부터 이름에 담긴 뜻을 파악하고, 거대 언어 모델의 작동 방식과 구성을 이해하면 단순한 지식 확인부터 복잡한 업무까지 어떤 인공지능 서비스가 등장해도 남보다 더 똑똑하게 활용할 수 있습니다.

챗GPT 수업 첫걸음

생성형 인공지능 서비스 챗GPT의 개념과 유래, 버전 차이, OpenAI 등 핵심 사항에 관해
빠르고 정확하게 이해해서 교육에 활용할 준비를 시작합니다.

챗GPT는 구글이 개발한 언어 모델인 트랜스포머^{Transformer}를 개량한 GPT-3.5를 기반으로 온라인 대화 형식의 사용자 인터페이스^{UI}를 구성하여 2022년 11월 일반 대중에게 공개되었습니다. 공개 5일 만에 MAU$^{월간 이용자 수}$ 1백만 명을 돌파하고, 두 달 만에 MAU 1억 명을 넘어서는 인기를 얻었습니다. 역사상 가장 빠른 이용자 수 증가를 기록하며 새로운 시대를 열고 있는 거대 언어 모델 인공지능 서비스, 챗GPT가 무엇이고 어떤 인공지능 서비스인지 하나씩 알아보겠습니다.

챗GPT 빠르게 파악하기 _ 1분 만에 알아보자

챗GPT는 미국의 인공지능 연구소 OpenAI가 개발한 거대 언어 모델$^{Large Language Model, LLM}$이며, 인공 신경망$^{Artificial Neural Network}$을 이용하여 사용자의 문자 입력에 따라 답변을 생성하는 챗봇^{Chatbot} 서비스입니다. 이 서비스의 시스템은 생성형 사전 학습 트랜스포머$^{Generative Pre-trained Transformer, GPT}$라고 불리는 GPT-3.5 구조에 기반을 두고 있습니다.

챗GPT의 언어 모델은 인터넷, 도서, 문서, 웹사이트 등의 텍스트 데이터로 구성된 대규모 정보를 투입하여 훈련했습니다. 이 모델은 훈련 과정에서 막대한 양의 텍스트를 학습하고, 맥락에 따라 순차적으로 단어를 예측하며 문장을 구성하는 방법을 배웠습니다. 훈련을 마친 언어 모델은 사용자 입력에 대응하는 텍스트를 생성하는 데 쓰일 수 있습니다. 사용자가 챗GPT에 텍스트로 메시지를 입력하면, 입력된 내용은 시스템의 언어 모델에게 전달되어 훈련 과정에서 배운 대로 맥락과 패턴을 분석하여 산출한 결과를 답변으로 생성해 냅니다.

▲ 챗GPT 서비스 웹사이트 화면

챗GPT가 사용하는 트랜스포머 구조^{Transformer Architecture}는 기존의 신경망 구조에 비해 병렬적으로 입력을 처리하면서 더 빠르고 조리 있게 답변을 작성할 수 있는 언어 모델입니다. 아울러 트랜스포머 모델은 셀프 어텐션^{Self-Attention} 기법을 사용하기 때문에 입력된 내용의 주요 단어나 맥락에 집중하면서 가장 관련성이 높은 답변을 생성할 수 있습니다. 한 문장으로 소개하면, 챗GPT는 대규모 신경망을 구성하고 대용량의 텍스트 데이터를 이용한 훈련 과정을 거쳐 사용자가 입력한 맥락과 패턴을 이해해서 적절한 답변을 생성하는 인공지능 챗봇 서비스입니다. 이렇게 짧은 설명에도 인공지능에 관련된 낯설고 어려운 용어들이 등장하지만, 이어서 하나씩 설명해 드리겠습니다.

챗GPT 이름에 담긴 뜻 _ 챗, 이름에서 눈치챘어?

전 세계에 소문날 정도로 똑똑하고 새로운 인공지능 비서와 만나려면 먼저 이름부터 제대로 알아야 합니다. 챗GPT가 2022년 11월에 처음 소개되었을 때는 원래의 영어 명칭 그대로 'ChatGPT'라고 썼는데, 2023년 봄부터 국내 언론의 관심이 급증하면서 영어의 'Chat'을 한글로 바꿔 붙이며 '챗GPT'로 통일하여 부르고 있습니다.

▲ 챗GPT의 이름 글자에 담긴 뜻 해석

챗GPT의 가장 첫 단어인 '챗Chat'이란 '대화하다'라는 의미의 영어 단어인데, 흔히 채팅한다는 뜻과 같습니다. 그런데 챗은 혼잣말이 아니라 상대방과 나누는 대화식 이야기입니다. 우리에게 익숙한 온라인 채팅의 대화 상대는 서비스 상담원이거나 또 다른 사용자였던 것에 비해 챗GPT 서비스의 상대방은 거대 언어 모델로 만든 인공지능 시스템입니다. 사람의 글을 이해하며 사람처럼 대답하고 이야기를 지어내지만, 챗GPT와 같은 인공지능 서비스는 인격이나 주체성이 없는 신경망 시스템의 하나일 뿐입니다. 다만 사용자가 시작한 대화가 여러 번 오갈수록 더 심층적으로 맥락을 해석하고 의도에 반응하며 마치 인간처럼 깊은 이야기를 나눌 수도 있습니다. 답변이 마음에 들지 않으면 다시 수정하거나 보완을 요구할 수 있기 때문에 어떻게 대화를 전개하느냐에 따라서 최적화된 답변을 제공할 수 있습니다. 그러나 인간의 '기억'에 해당하는 장기 저장 기능이 없으므로 한번 나눈 대화의 타래가 끝나면 기억을 되살려 이전의 대화를 다시 이어갈 수는 없습니다.

챗GPT의 GPT는 '생성형 사전 학습 트랜스포머Generative Pre-trained Transformer'의 약자입니다. 선뜻 이해가 안 되는 단어들의 조합이지만, 한 단어씩 풀어서 설명하면 다음과 같습니다. 우선 GPT의 'G'에 해당하는 '생성형Generative'이라는 말은 데이터를 만들어 낸다는 뜻입니다. 인공지능은 크게 '생성형'과 '해석형'으로 나뉩니다. 챗GPT는 사용자의 글을 해석하고 답변하는 기능을 모두 가지고 있지만, 최종적으로 답변을 만들어 내는 용도에서 생성형 인공지능에 속합니다. 그동안 일반적으로 널리 쓰여온 해석형 인공지능은 이메일 스팸 필터처럼 단어와 유형을 파악하여 데이터를 기준에 따라 분류하는 데에 쓰입니다. 반면에 생성형 인공지능Generative AI은 온라인 번역 서비스처럼 사용자가 원하는 답변을 만들어 내는 종류입니다.

GPT의 'P'에 해당하는 사전 학습Pre-trained은 '자가 학습'이라고도 번역합니다. 이것은 인공지능 특유의 자율적인 학습 기능을 지칭하는 말인데, 챗GPT는 2021년까지 취합한 온라인의 텍스트 정보 약 570GB 분량의 자료를 학습했다고 합니다. 이렇게 컴퓨터가 읽을 수 있는 거대 문서 자료corpus에는 위키피디아Wikipedia와 각종 도서의 텍스트뿐만 아니라 다양한 웹사이트, 블로그, SNS 데이터까지 포함됩니다. GPT 모델은 텍스트 데이터를 스스로 기계학습Machine Learning 하는 능력에 더불어 인간과의 문답을 통해 피드백을 받아서 상황에 따라 적절하게 답변하는 파인튜닝Fine-Tuning, 미세 조정 훈련도 거칩니다. 따라서 챗GPT는 기존의 인공지능 스피커 또는 챗봇 서비스와 달리 매우 방대한 지식을 다룰 수 있으며, 마치 실제 전문가처럼 답변을 논리적으로 제시할 수 있습니다.

GPT의 'T'에 해당하는 트랜스포머Transformer는 원래 구글이 번역 서비스를 위해 개발하고 2017년에 공개한 인공 신경망Artificial Neural Network 모델의 이름입니다. 인공 신경망이라는 것은 인간의 두뇌 신경 구조를 모방하여 구성된 다수의 뉴런Neuron을 집합시킨 레이어^{Layers}를 엮어서 만든 인공지능 네트워크 시스템입니다. 인공 신경망은 목적에 따라 다양한 모델이 개발되었습니다. 알파고처럼 이세돌을 이긴 바둑 게임용 인공 신경망도 있고, 파파고나 구글 번역 서비스 같은 언어 모델 종류도 있습니다. 챗GPT는 구글의 언어 번역용 인공 신경망인 트랜스포머를 OpenAI가 빌려 개량한 것입니다. 트랜스포머는 과거의 모델처럼 언어를 기계적으로 다루지 않고, 특정 단어나 표현에 가중치를 두며 맥락에 따라 다르게 처리하는 특성이 있어서 더 자연스럽게 글을 작성합니다.

챗GPT의 선행 모델들 _ 청출어람은 진리

챗GPT 발표 이전에도 OpenAI에서 개발한 대규모 언어 모델인 GPT 시리즈가 몇 가지 있었습니다. 이 GPT 시리즈에서 각기 발표된 모델은 이전 세대에 비교해 개선점이 뚜렷하게 두드러졌습니다. GPT-3.5 기반의 챗GPT는 이전 선행 모델의 개발 과정에서 얻은 성취와 경험을 바탕으로 개선되었으며, 언어의 이해와 생성뿐만 아니라 전체적인 성능이 다른 모델보다 훨씬 더 우수합니다. 현재의 챗GPT 서비스를 향해 세상에 나왔던 GPT 시리즈의 과거 모델들을 간략히 살펴보면 다음과 같습니다.

1 GPT-1: 2018년 인공지능의 자연어 이해와 생성에 유의미한 초석이 되었던 첫 GPT 모델입니다. 구글의 트랜스포머 모델을 빌려와서 12개의 레이어, 768개의 히든 유닛, 1억 1,700만 개의 매개변수(Parameters)로 구성하였습니다. 기존 트랜스포머의 일부 구조를 변경하고 분류 데이터를 사용하여 특정 과제에 적합하게 파인튜닝을 거치는 과정을 통해 추론, 질문 답변, 분류 등 언어 관련 업무를 효율적으로 수행할 수 있었습니다.

2 GPT-2: 2019년에 발표된 GPT-2는 첫 모델에 비해 상당한 개선점을 자랑했는데, 기존의 10배가 넘는 15억 개 매개변수 덕분에 맥락에 맞는 문장과 논리 생성에 탁월한 성능을 제시했습니다. GPT-2 모델의 월등한 능력에 충격을 받은 전문가들은 오남용에 대한 우려를 제기하였고, 그

결과 전체 모델의 능력을 온전히 공개하지 않고 일부 축소된 버전으로만 발표했습니다. 이후 우려 요인이 감소되면서 GPT-2 전체 모델이 대중에게 제공되었습니다.

3   GPT-3: 2020년 GPT-2 모델의 100배가 넘는 1,750억 개의 매개변수를 사용하여 성능이 크게 개선된 GPT-3가 출시되었습니다. 이 모델은 특수 영역의 업무를 위한 파인튜닝이 거의 필요 없을 만큼 언어의 이해와 생성에서 대단한 수준을 제시하였습니다. GPT-3는 번역, 요약, 코드 생성과 같은 광범위한 용도에 사용되었습니다. 다만, 우수한 성능에도 불구하고 챗GPT처럼 수많은 일반 사용자와의 실시간 챗봇 용도에는 적합하지 않았습니다.

4   GPT-3.5: 챗GPT의 기반을 만든 GPT-3.5 모델은 기존의 GPT-3 모델에 파인튜닝 과정이 추가된 베이스(Base) 모델을 2020년 5월부터 개량하기 시작하여 다빈치(Davinci) 등과 같은 50여 개의 후속 모델을 거치면서 막대한 기능 개선 작업을 추가해서 완성한 것입니다. 챗GPT를 출시하기 전에는 'InstructGPT'라고 불렀는데, 일반 사용자를 위한 강화학습(Reinforcement Learning by Human Feedback, RLHF) 작업과 사용자 인터페이스 등을 구성하여 공개한 버전입니다.

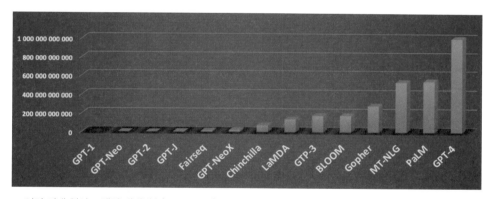

▲ 여러 거대 언어 모델의 매개변수(parameters) 수량 비교표
(출처: https://cobusgreyling.medium.com/what-are-realistic-gpt-4-size-expectations-73f00c39b832)

GPT-4 모델의 개선 사항 _ 최신이 최선이다

2023년 3월에 출시된 GPT-4는 무료로 제공되는 GPT-3.5 버전과 달리 아직은 유료 구독 서비스인 ChatGPT Plus에 가입해야만 이용할 수 있습니다. GPT-4는 3.5 버전과 비교하여 언어 능력과 수리 능력을 크게 개선했습니다. 언어와 법규 이해력이 중요한 미국 변호사 시험에서는 상위 10% 수준을 기록했고, 생물학 올림피아드 시험에서는 상위 1% 수준의 실력을 자랑했습니다. 미국의 대학수학능력시험인 SAT에서 읽기 쓰기 능력은 800점 만점 중 710점을 얻었으며, 그동안 열세였던 수학 시험에서도 700점을 기록했습니다. 글을 이해하고 생성하는 능력 또한 전문가와 구분이 안 될 정도로 향상되었으며, 한국어 등 외국어 능력 또한 3.5 버전의 영어 능력에 버금갈 정도로 유창하게 성장했습니다. 이렇게 성능이 개선된 이유와 세부 사항은 아직 공개되지 않고 있지만, 매개변수 수치가 1조 개에 이르고 한 번에 처리할 수 있는 단어량을 GPT-3.5의 3,200개 토큰^{Token}에서 2만 5,000개로 8배 이상 확대한 결과로 보입니다. 아울러 OpenAI의 CEO 샘 알트먼^{Sam Altman}은 GPT-4의 사전 학습 훈련 비용에만 1,000억 원 이상이 소요되었다고 언급했습니다.

GPT-4 버전은 이전 모델에서 제기되었던 것과 같은 사회 안전을 위협하는 질문이나 인종차별적인 내용을 포착하여 답변을 거절하는 태도가 더욱 분명해졌습니다. 실제로 GPT-4 모델 개발 과정에서 많은 시간을 들여 50명의 전문가들이 불건전한 답변을 필터링할 수 있도록 보완했다고 합니다. 그 결과 기존 모델보다 반사회적 답변 비율이 82% 줄어들고, 사실이 아닌 내용을 마치 실제인 것처럼 답변하는 할루시네이션^{Hallucination, 환각} 오류 문제도 상당히 감소시켰다고 합니다. 인공지능 시스템이 반사회적 용도나 범죄에 연루될 가능성을 미리 차단하려는 장치를 상당히 적용했다는 의미입니다. 그러나 많은 개선 사항에도 불구하고 OpenAI 웹사이트에서 대화를 GPT-4 버전으로 설정하고 질문을 던져보면 답변을 생성하는 속도가 3.5 버전과 비교하여 상당히 느린 편임을 체감합니다. 텍스트와 이미지를 동시에 처리할 수 있는 멀티모달Multimodal 기능도 아직은 개방되지 않고 있습니다. GPT-3.5 버전과 달리 시간당 메시지 수량도 제한되어 있어서 사용자 입장에서는 향후 서비스 향상을 기대하게 됩니다. 인공지능의 빠른 발전을 두려워하는 사회적 분위기에 따라 GPT-4에 윤리적 기능을 추가하고 보강할수록 구조가 복잡해져서 기존 버전에 비해 더 느리면서도 분명하지 못한 답변이나 코드를 생성한다는 불만도 제기되고 있습니다.

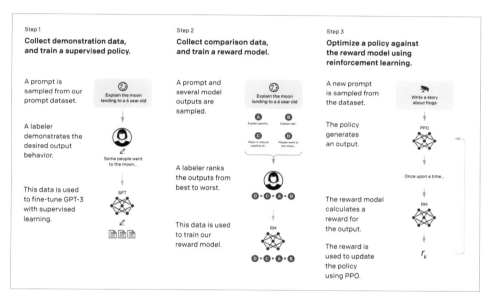

▲ OpenAI의 2022년 5월 발표 논문에서 밝힌 GPT-3 모델의 사전 학습 이후 훈련 단계를 보면 제1단계 지도 학습 훈련, 제2단계 보상 모델 훈련, 제3단계 강화학습 훈련을 거쳐 일반적인 용도에 더 적합하게 개선한 과정을 알 수 있습니다. (출처: https://arxiv.org/pdf/2203.02155.pdf)

2024년 5월에 발표된 GPT-4o 모델은 기존의 GPT-4 모델과 비교해서 크게 개선된 성능을 제시합니다. 오랫동안 예정되었던 멀티모달 기능이 본격적으로 적용되면서 프롬프트에서 텍스트뿐만 아니라 이미지, 오디오를 통한 상호 소통이 가능하고, 사용자와 음성으로 대화를 주고받는 연결성이 더욱 자연스러워졌습니다. 이미지를 통한 실시간 시각 인식 기능과 빠른 응답 속도의 서비스를 무료 사용자에게도 제공하고 있습니다.

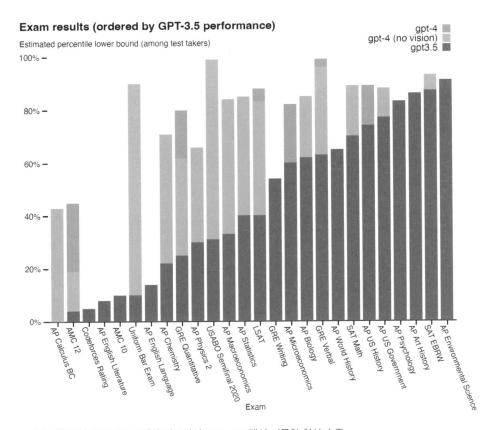

Exam results (ordered by GPT-3.5 performance)

Estimated percentile lower bound (among test takers)

▲ 각종 시험에서 GPT-3.5 모델과 비교하여 GPT-4 모델이 기록한 향상 수준
　(출처: 'GPT-4 Technical Report' – https://arxiv.org/abs/2303.08774)

표 1. GPT 시리즈의 구성 사양 비교표

특징	GPT-1	GPT-2	GPT-3	GPT-4
데이터 세트	5GB	40GB	45TB	570GB
매개변수 수	1억 1,700만 개	15억 개	1,750억 개	약 1조 개
레이어 수	12개	48개	96개	120개
맥락 토큰 수	512개	1,024개	2,048개	8,192개

챗GPT를 개발한 OpenAI _ 네 아버지 뭐 하시니?

OpenAI는 구글 AI, 딥마인드[DeepMind], 페이스북 AI 연구소[Facebook AI Research]와 같은 범용 인공지능[Artificial General Intelligence, AGI]을 개발하는 기관 중 하나입니다. OpenAI는 인간에게 안전하고 유용한 방식의 첨단 인공지능 시스템을 연구 개발하기 위한 연구소이자 비영리 법인입니다. 지난 2015년에 일론 머스크[Elon Musk], 샘 알트먼[Sam Altman], 그렉 브록맨[Greg Brockman], 일리야 슈츠케버[Ilya Sutskever], 존 슐먼[John Schulman], 보이체크 자렘바[Wojciech Zaremba] 등이 모여 혁신적인 인공지능을 개발하기 위한 첨단 연구소를 설립했습니다. 이후 수많은 투자를 유치하며 법인[OpenAI, Inc.]으로 성장했지만, 지금도 OpenAI는 인공지능이 사회에 미치는 장기적인 영향과 인류 모두를 위한 활용에 중점을 두고 연구하고 있습니다. 2023년 5월에는 100만 달러 규모로 '인공지능의 민주주의적 입력[Democratic Inputs to AI]' 공모 사업을 주최하면서 인공지능을 위한 사회적 규범과 법규의 제안을 폭넓게 수용하고자 아이디어 제안을 신청받았습니다.

OpenAI는 자연어 처리, 강화학습, 컴퓨터 비전, 로봇 공학 등 인공지능의 다양한 영역에서 첨단 연구를 수행합니다. 그중 가장 획기적인 성공은 챗GPT를 포함한 GPT 시리즈의 언어 모델을 개발한 것입니다. 이 연구소의 장기 비전은 인류 모두를 위한 범용 인공지능의 유익성을 확보하는 것입니다. OpenAI는 인공지능의 안전과 체계성, 투명성 문제에도 연구와 개발을 주도하고 있습니다. 짧은 기간 동안 이 회사는 강화학습 알고리즘 툴킷인 'OpenAI Gym'을 비롯하여 텍스트 생성과 번역, 다양한 콘텐츠 제작, 체계적인 질문 답변에 유용한 대규모 언어 모델 GPT 시리즈 등과 같은 서비스를 출시했습니다. 잘 알려진 것처럼 마이크로소프트[Microsoft], 피터 틸[Peter Thiel], 피터 디아만디스[Peter Diamandis] 등으로부터 엄청난 규모의 투자를 받았습니다. 수익 모델로는 유료 API를 통해 외부 기업에도 기술 서비스를 제공하고 있으며, 챗GPT의 플러그인을 배포하며 독자적인 인공지능 서비스 생태계를 구축하고 있습니다.

OpenAI는 미국 샌프란시스코에 본부를 두고, 시애틀, 워싱턴, 마운틴뷰 등지에도 사무실을 개설하고 있습니다. 사회에서 인공지능의 긍정적인 영향력 확산과 더불어 인공지능과 공존하는 세계적인 도전을 위해서 다른 연구 기관과 기업 파트너뿐만 아니라 정책 입안자들과도 협업하고 있습니다. 그래서 인공지능이 인간을 위한 최선의 이익을 보장하기 위해 이 회사는 장기적 안정성 확보, 기술 리더십, 협력 방향, 광범위한 수익 배분 등 원칙에 따른 경영 가이드라인을 준수하며 운영한다고 외부에 소개하고 있습니다.

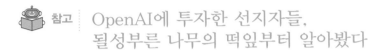

참고 | OpenAI에 투자한 선지자들, 될성부른 나무의 떡잎부터 알아봤다

빌 게이츠(Bill Gates)

인류 역사에서 개인 컴퓨터 환경을 만든 빌 게이츠는 미국 시애틀 출신의 독일계 기업인으로 하버드 대학을 중퇴하면서 1975년 마이크로소프트를 창업했고, 현재는 세계 최고의 부호이자 자선 사업가로 활동 중입니다. 마이크로소프트는 IBM PC 호환 운영체제인 MS-DOS로 시장에 안착했고, 1985년 그래픽 환경이 적용된 윈도우(Windows) 운영체제를 선보이며 전 세계 컴퓨터 시장에서 독점적인 지위를 누립니다. 사무용 오피스(MS Office)와 서버 운영체제까지 독점하면서 빌 게이츠는 세계적인 부자 반열에 오르게 되었는데, 2014년 이사회 의장직에서 물러나고 2020년에는 이사직까지 사퇴하면서 공식적인 경영을 중단했습니다. 이후 저개발 세계를 위한 자선 사업을 펼치면서 공익에 충실한 모습을 보여주고 있지만, 마이크로소프트의 중요한 방향 설정에는 아직도 관여하고 있다고 합니다. 마이크로소프트가 2019년부터 2023년까지 인공지능 서비스 개발을 위해 OpenAI에 약 100억 달러(약 13조 원) 이상을 투자한 결정에도 인공지능의 공공 기여에 관한 빌 게이츠의 신념이 작용한 결과로 보입니다. 실제로 빌 게이츠는 2023년 3월 21일 자신의 블로그에 "인공지능의 시대가 시작되었다(The Age of AI has begun)"라는 글을 발

표하면서 스마트폰과 인터넷의 시대 전환에 비교할 정도로 이번에 챗GPT가 촉발한 인공지능 시대가 결국 인류에게 공익적으로 기여할 수 있다는 메시지를 강조했습니다. 국내에 번역된 저서로는 〈미래로 가는 길〉, 〈생각의 속도〉, 〈기후 재앙을 피하는 법〉 등이 있습니다.

피터 틸(Peter Thiel)

페이팔 마피아의 보스로 불리는 벤처 투자가(Venture Capitalist)로 스탠퍼드 대학교 철학과 학사를 거쳐 스탠퍼드 로스쿨을 졸업한 뒤, 미국의 저명한 로펌에서 일하다가 곧바로 사직하고 실리콘 밸리의 동료들과 함께 온라인 전자결제 시스템 업체 페이팔(Paypal, Inc.)을 창업했습니다. 2002년에 그는 미국 최대 쇼핑몰인 이베이(eBay)에 페이팔을 약 1조 6,600억 원에 매각한 후, 초기 페이스북의 지분 10%를 사들여 훗날 어마어마한 부를 축적했습니다. 피터 틸은 이처럼 혁신을 창조하는 새로운 스타트업을 발굴하고 투자하는 일에 집중하고 있으며, 국내에 번역된 저서로는 〈제로 투 원〉 등이 있습니다.

피터 디아만디스(Peter Diamandis)

구글과 나사가 후원하는 실리콘밸리 창업 대학 싱귤래리티(Singularity University)의 설립자이자 세계적인 벤처 투자기관 엑스프라이즈 재단의 설립자입니다. 실리콘밸리에서 유명한 기업가이며 십여 개의 첨단 기술 기업을 설립했습니다. 그는 매사추세츠 공과 대학(MIT)에서 분자유전학과 항공우주공학 학위를 취득하고, 하버드 대학에서 의학 박사 학위를 받은 석학입니다. 현재 엑스프라이즈 재단(X Prize Foundation) 회장 겸 CEO로 재직하며 싱귤래리티 대학의 학장으로도 활동하고 있습니다. 또한, 지구 밖 소행성에서 고가의 희귀 광물을 채굴해 지구의 자원으로 활용하기 위한 우주 광산 채굴 프로젝트 플래니터리 리소시스(Planetary Resources, Inc.)

의 공동 회장이면서, 인간의 DNA를 분석하여 수명 연장을 연구하는 기업 휴먼 롱 제비티(Human Longevity, Inc.)의 공동 설립자이기도 합니다. 그 외에도 국제 우주 대학(International Space University)을 공동 설립했으며, 10여 개가 넘는 우주 및 첨단 기술 기업을 창업하였습니다. 국내에 번역된 저서로는 〈볼드〉, 〈컨버전스 2030, 미래의 부와 기회〉 등이 있습니다.

▲ 세상을 놀라게 한 챗GPT 서비스를 공개할 당시 OpenAI 경영진의 회의 모습
　(출처: https://www.nytimes.com/2023/03/15/technology/)

챗GPT가 작동하는 방식 엿보기

챗GPT와 같은 생성형 인공지능 언어 모델이 어떻게 개발되었는지 간략히 이해하고,
트랜스포머와 GPT 모델의 작동 구조와 특장점에 관해서도 비교하며 파악해 보겠습니다.

챗GPT는 거대 언어 모델 기반의 인공지능 서비스 중 하나입니다. 챗GPT가 어떻게 개발되었고, 무엇 때문에 똑똑한 비서처럼 작동할 수 있는지 알아보겠습니다. GPT 모델과 트랜스포머 모델의 공통점과 차이점을 비롯해 언어 모델의 특성을 세부적으로 살펴보기 전에, 먼저 챗GPT와 같은 인공지능 거대 언어 모델의 개발 방법을 간략하게 파악하면 세부 사항을 이해하는 데 도움이 됩니다.

누구나 만들 수 있을까? _ 챗GPT와 같은 거대 언어 모델 서비스 개발 과정

챗GPT는 거대 언어 모델[LLM] 중 가장 대표적인 구글의 트랜스포머 모델을 기반으로 개발한 챗봇 서비스입니다. 챗GPT를 적용한 마이크로소프트의 빙[Bing AI]이나 구글의 바드[Bard] 역시 거대 언어 모델에 기반을 두고 있습니다. 세계적인 인공지능 전문가들과 거대 기업들의 경쟁이 치열한 언어 모델의 복잡한 기술 내용에 일반인이 접근하기는 어려울 수 있습니다. 전 세계적으로 경쟁이 뜨거운

만큼 인공지능 연구 기관이나 업체들은 단단한 보안 정책으로 자신들의 노하우와 비밀을 보호하고 있기도 합니다. 네이버와 SK, KT, 카카오 등과 같은 국내 대기업들도 자체적으로 개발한 거대 언어 모델 기반 서비스들을 공개할 예정입니다. 업체에 따라 각기 성능과 특징은 서로 다르겠지만, 일반인의 시각에서 거대 언어 모델을 어떻게 개발하는지 간략히 살펴보면 챗GPT를 비롯하여 유사 모델들이 작동하는 방식도 어렵지 않게 이해될 것입니다.

사실 '거대 언어 모델'이 인공지능 서비스의 새롭고 주도적인 기술로 등장한 것은 불과 5년 전으로 그리 오래되지 않았습니다. 등장 초기에는 반응도 별로 신통치 않았고, 지금처럼 큰 호응을 얻을 것이라고는 쉽게 예상하지 못했습니다. 5년이 지난 현재, 챗GPT로 대표되는 거대 언어 모델 기반 서비스는 전문가 수준의 문답뿐만 아니라 시를 짓고, 코딩도 능숙하게 하고, 프레젠테이션 기획안을 설계하며, 외국어 학습의 도구로도 활용되고 있습니다. 지금의 챗GPT가 보여주는 역량도 놀랍지만, 2023년을 기점으로 훨씬 더 다양하고 강력한 서비스들이 우리 눈앞에 등장할 것입니다.

이처럼 전문가 수준의 똑똑한 비서로 기능할 수 있는 거대 언어 모델은 어떤 방식으로 설계하고 구현될까요? 자연어 처리Natural Language Processing와 인공 신경망Artificial Neural Network 구성의 복잡하고 어려운 개념들에 대해 미리 겁먹을 필요는 없습니다. 세부 사항은 이후에 하나씩 설명하겠습니다.

일단 초보자 눈높이에서 생각해 본다면, 거대 언어 모델을 이용하여 영어 이메일을 대신 작성해 주는 서비스를 개발한다고 가정해 보겠습니다. 언어 모델 기반 인공지능 서비스의 개발은 대체로 다음의 6단계를 거칩니다. 단순화한 이 단계들을 이해한다면 챗GPT의 작동 방식도 파악하기 쉬울 것입니다.

1단계: 목적 설정

어떤 인공지능 시스템이든 첫 기획 단계에서는 개발 목적이나 용도가 분명해야 합니다. 전문가들이 '목적 함수(Objective Function)'라고 부르는 핵심 기능은 인공지능 모델에게 무슨 일을 시키려는지 목적과 성능의 최대치를 설계하는 것을 의미합니다. 예를 들어, 알파고(AlphaGo)처럼 바둑 게임을 이기는 인공지능 시스템이나 고객을 응대하는 대화 제공과 같은 목적을 말합니다. 우리는 지금 '영어 이메일을 작성하는 인공지능 시스템 개발'을 목적으로 가정합니다. 그러면 이메일 문장을 잘 알고 인간처럼 그럴듯하게 작성하는 기능이 필요할 것입니다.

2단계: 자료 수집

영어 이메일을 잘 쓰는 데 필요한 모든 텍스트 데이터를 수집해야 합니다. 이메일에 자주 쓰이는 텍스트들 모아서 인공지능의 학습 시스템에게 글쓰기를 가르쳐야 하기 때문입니다. 최선의 방법으로 온라인상 모든 이메일 관련 데이터를 최대한 수집하고, 글쓰기에 도움이 될만한 모든 텍스트 데이터를 취합해야 할 것입니다. 저작권 제한이나 유료 소스를 피하고 무료로 공개된 자료에 집중적으로 접근하여 텍스트를 수집하면서도 동시에 이메일의 주된 내용에 관련된 전문적인 정보도 추가해야 합니다. 당연히 데이터는 많을수록 유리합니다. 영어 이메일을 작성하기 위해서는 한글/영어 번역에 필요한 사전과 같은 병렬 언어 자료도 필요할 것입니다. 다만 동영상이나 이미지 자료에 비해서 텍스트 데이터는 용량을 적게 차지하기 때문에 엄청난 자원을 투입하지 않아도 되어서 다행입니다. 필요한 데이터가 모이면 수많은 문장을 구조와 단위에 따라 잘게 분해하여 의미 단위, 즉 토큰(Token)으로 변환해서 모델에 입력해야 합니다.

3단계: 신경망 구축

수많은 텍스트 데이터를 토큰들로 변환하면, 이제 인공지능의 두뇌에 해당하는 신경망(Neural Network)을 구축해야 합니다. 신경망은 입력된 정보를 저장하고 처리해서 상호 교환할 수 있는 노드들(Nodes), 즉 뉴런(Neurons)의 네트워크입니다. 새로운 신경망을 구축한다는 것은 엄청난 수고와 비용이 필요합니다. 다행히 구글에서 개발한 트랜스포머 모델을 이메일 작성을 위한 신경망 모델로 가져다 쓸 수 있습니다. 트랜스포머는 여러 가지 텍스트를 동시에 비교하고 신속하게 분석할 수 있어서 효용성이 높고 번역 작업에도 효과적입니다.

4단계: 신경망 훈련

트랜스포머 모델은 토큰으로 나뉜 데이터를 분석하여 문장의 패턴을 이해하고 관계를 파악하는 학습을 해야 합니다. 단어들이 서로 조합되는 패턴을 이해하고 구별하면서 제대로 글을 이해하고 만들어 낼 수 있습니다. 대부분의 업무용 영어 이메일은 'Dear...'로 시작하고, 마지막에는 'Best Regards,'로 끝을 맺습니다. 아울러 편지글의 맥락을 이해하고 적절하게 생성하는 기법을 적용해야 합니다. 한글로 입력한 '은행'은 금융기관일 수도 있고, 나무 열매일 수도 있는데, 문장의 의미와 앞뒤 단어 관계에서 어느 쪽 의미인지 파악할 수 있어야 제대로 번역하면서 동문서답을 줄일 수 있습니다. 이처럼 다양한 문장의 패턴을 학습하며 인간의 복잡한 자연어(Natural Language) 양식을 복잡한 행렬로 표현되는 수학식으로 재구성합니다. 그런 다음 매개변수(Parameters)의 행렬 계산식을 통해 단어와 문장 표현의 관계성을 추적하고 구성하는 훈련에 돌입합니다. 수집한 텍스트 데이터의 양과 컴퓨터 시스템의 성능에 따라 이 훈련 기간은 며칠 또는 몇 주가 걸릴 수도 있습니다. 이러한 훈련에는 엄청난 규모의 컴퓨터 자원이 필요한데, 최근에는 엔비디아(NVIDIA)의 H100 텐서 코어 칩이 집적된 클라우드 컴퓨팅 시스템을 임대해 대규모 훈련 과정을 처리합니다.

5단계: 피드백 적용

거대 언어 모델의 훈련이 끝나면 활용 목적에 맞게 파인튜닝(Fine-Tuning)[1]하고 인간의 피드백(Feedback)을 적용하는 과정을 거쳐야 합니다. 해외 저작권의 법률 자문을 위한 용도라면 법률 전문용어를 추가하고, 이메일 작성 목적에는 이메일에 적합한 내용의 추가와 함께 제대로 작성하는지 검토하고 교정하는 과정을 거칩니다. 이전 단계에서 소개한 신경망 훈련이 거대 언어 모델이 데이터를 자체 학습한 과정이라면, 이번 단계는 특성화된 기능을 추가하거나 부적절한 표현을 제한하기 위해 인간이 개입하여 강제로 학습시키는 과정입니다. 인간이 정답을 제시하는 가르침을 받는다고 해서 지도학습(Supervised Learning)이라는 방식도 있고, 맞추는 정도에 따라 점수와 보상을 주는 피드백을 통한 강화학습(Reinforcement Learning) 방식도 쓰입니다. 영어 이메일 작성에 적합한 용어의 사용이나 문장 구성에 따라 시스템에 적절한 피드백을 제공해 세부적으로 성능을 향상해야 합니다.

6단계: 서비스 론칭

5단계를 거쳐 완성한 인공지능 서비스를 디자인하고 공개하여 최적화하는 마지막 과정입니다. 서비스 발표 이전에 이것을 어떤 모습으로 내보일지 디자인하고, 웹브라우저에 플러그인 방식의 확장 앱으로 제공하기 위한 가공과 배포 과정을 거쳐야 합니다. 최종적으로 영어 이메일 작성 서비스가 오픈되면 관련 개발자뿐만 아니라 수많은 사용자가 시험 삼아 메일을 작성하고 다양한 문제점을 찾아내어 개발자에게 보완을 건의할 것입니다. 어떤 사람들은 고의로 서비스를 이상하게 이용하여 엉뚱한 결과를 생성하고서는 그 위험성을 과장하여 주장할 수도 있습니다. 스팸이나 악성코드 배포의 목적으로 서비스를 악용하는 사람들도 나타날 것입니다. 이러한 모든 악용 가능성과 우려를 넘어서는 안정화 대책을 마련하고 보안 정책을 신속하게 개발해서 서비스에 적용해야 합니다. 이용자가 목표치만큼 증가하고 서비스의 활용 가치가 높다면 외부 투자자의 투자 제안을 받을 수도 있습니다.

---

[1] 파인튜닝(Fine-Tuning): 사전 훈련된 언어 모델의 가중치를 새로운 데이터에 맞게 조정하여 성능을 향상시키고 학습 시간을 줄이는 과정. 이미 배운 것을 기반으로 새로운 문제를 해결하는 과정

이상 6단계 과정을 통해 거대 언어 모델 기반 생성형 인공지능 서비스의 개발이 얼마만큼 대단한 일인지 이해할 수 있습니다. 좋은 품질의 텍스트 자료를 수집하는 것도 큰 과제이지만, 언어 모델이 작동하는 인공 신경망을 자체적으로 설계하고 구축하는 것은 더 큰 일입니다. 다행히 구글 트랜스포머 모델을 이용할 수 있어서 전문 인력의 노력과 컴퓨팅 자원을 절약할 수 있습니다. 트랜스포머 모델이 언어 모델로서 어떠한 장점이 있는지 알아보겠습니다.

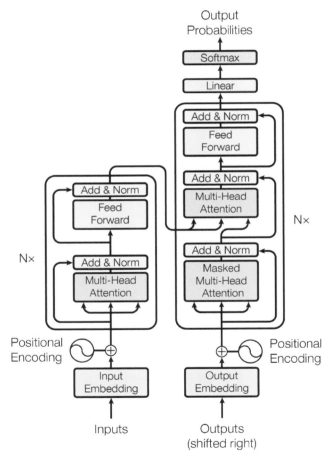

▲ 트랜스포머 모델의 레이어 구조는 입력에 연결된 인코더 블록(왼쪽)과 출력에 관계된 디코더 블록(오른쪽)으로 구성됩니다. GPT 모델은 디코더 블록을 더 많이 집적하여 언어 생성 능력을 강화했습니다.
(출처: 〈*Attention Is All You Need*〉 − 제 31차 신경정보처리학회(31st Conference on Neural Information Processing Systems, NIPS 2017))

트랜스포머 모델의 장점 _ 그렇게 좋아?

가장 최근에 발표된 GPT-4를 비롯한 챗GPT 시리즈는 모두 구글의 트랜스포머 모델에 기반을 두고 있습니다. 트랜스포머 모델의 어떤 장점과 특성 때문에 OpenAI는 챗GPT 개발에 이용하였을까요? 트랜스포머 모델은 인공지능 거대 언어 모델의 한 유형으로 2017년에 구글Google AI 소속 바스와니A. Vaswani 등 연구진 8명이 제31차 신경정보처리학회NIPS 2017에서 발표한 논문 〈Attention is all you need〉을 통해 외부에 공개되었습니다. 트랜스포머 모델은 기존에 활용되고 있던 순환 신경망Recurrent Neural Network, RNN 모델을 그대로 사용하지 않고, 인코더-디코더 구조를 기반으로 하여 병렬적으로 가중치를 처리하는 셀프 어텐션Self-Attention 메커니즘을 적용하면서 긴 시퀀스의 입력 데이터에 대해 빠르고 효율적으로 작업할 수 있다는 장점을 내세웠습니다. 논문 제목에 '주의'를 뜻하는 '어텐션'이 들어간 것도 그런 이유입니다.

트랜스포머 모델은 자연어 처리 및 기계 번역과 같은 다양한 언어 관련 작업에서 주목할 만한 성능을 입증했으며, 챗GPT를 비롯하여 언어 모델 연구 개발을 위한 신경망 구조 중에서 가장 빠르고 성능이 우수하다는 평가를 받았습니다. 또한, GPT 시리즈처럼 트랜스포머 모델의 인코더-디코더 구조를 응용한 변형 개발도 가능합니다. 인코더 부분을 여러 번 적층하면 자연어 이해와 해석에서 장점을 보이는 구글의 BERT 구조가 되고, 디코더 부분을 다수 적층하면 자연어 생성에서 우수한 GPT 구조로 변모하는 것입니다. 기존의 순환 신경망 구조와 비교해서 트랜스포머 모델이 제시하는 장점은 다음과 같습니다.

1   효율성: 트랜스포머 모델은 기존의 순환 신경망(RNN)을 사용하지 않기 때문에 더 빠르고 효율적으로 작업할 수 있습니다. 자연어 처리에 활용된 순환 신경망은 순차적인 처리 특성이 강해서 긴 시퀀스의 입력 데이터가 들어오면 장거리 종속성 문제가 발생하여 앞부분이 뒷부분에 미치는 오차가 증가하는 단점이 있습니다. 그러나 트랜스포머 모델은 셀프 어텐션 메커니즘을 사용하여 입력 데이터의 모든 토큰에 동시에 접근하고 처리할 수 있기 때문에 더 빠르고 정확하게 임무를 수행합니다.

2   일반화 성능: 트랜스포머 모델은 소규모 데이터 세트에서 더욱 효율적으로 평준화, 즉 일반화
    되는 것으로 나타났습니다. 트랜스포머 모델이 셀프 어텐션 메커니즘을 사용해 입력 데이터의
    패턴을 학습할 수 있기 때문입니다. 일반화 성능이 떨어지면 데이터에 따른 연산의 편차가 증가
    하여 적절한 결과를 산출하기 어려워집니다.

3   유연성: 트랜스포머 모델은 다양한 작업에 맞도록 변형하여 적용할 수 있으며, 인코더-디코더
    구조를 기반으로 구성해 입력 데이터의 순서에 구애받지 않고 작업할 수 있는 장점이 있습니다.
    GPT 시리즈도 트랜스포머 모델을 응용하여 개발한 모델입니다.

순환 신경망과 트랜스포머 모델 모두 자연어 처리에 적합하도록 개발한 신경망
구조입니다. 인간이 말하고 글을 쓰는 자연어는 말머리부터 종결 어미까지 순차
적인 시퀀스 구조를 갖추고 있습니다. 순환 신경망 모델은 인공 신경망의 구성
요소 중에서 출력 벡터가 다시 입력되는 방식의 연결을 순환적 구조로 구성하여
연속형 데이터$^{Sequential\ Data}$를 처리하고자 개발한 것입니다. 순환하는 구조는 데이터
의 순서 정보 저장을 통한 맥락의 파악에는 도움이 되지만, 입력된 문장이 길어
질 경우 처리할 정보가 증가하면서 속도가 느려지고 정확도가 떨어지는 단점을
보입니다. 이런 한계를 극복하고자 개발된 트랜스포머 모델은 연속형 데이터의
동시 처리, 장거리 종속성 문제의 해결, 효율적인 병렬 처리 기능으로 더 빠른
학습과 정확한 출력이 가능하다는 장점을 제시했습니다.

셀프 어텐션(Self-Attention) 메커니즘 _ 주목, 여기를 보세요!

          기존의 순환 신경망과 같은 인공 신경망에서는 각각의 입력 기
능이나 토큰이 독립적으로 처리되면서 시퀀스 상의 다른 토큰들을 고려하지 않
습니다. 그러나 자연어 처리 용도에서는 문장 속 단어들의 관계와 맥락이 의미
를 이해하고 적절한 결과를 출력하는 데 결정적인 요소가 됩니다. 한 문단이나
문장에서 특정 단어나 표현 문구가 반복될 수도 있고, 주제와 관련해 특별히 강

조되는 상황도 많습니다. 자칫 주의를 기울이지 않으면 글의 의도나 강조하는 단어에 따라서 문장 전체의 맥락이 달라지는 경우도 발생합니다. 언어가 순차적인 단어의 나열로 보여도 상황에 따라 말의 의도가 달리 전달되는 이유입니다.

트랜스포머 모델이 다른 신경망 모델에 비교하여 돋보이는 장점은 셀프 어텐션 메커니즘을 이용한 병렬 처리에서 비롯된 것이라고 합니다. 셀프 어텐션이란 신경망 네트워크가 입력 시퀀스의 다른 부분에 집중하여 예측하거나 출력을 생성하는 것을 허용하는 메커니즘으로, 트랜스포머 모델의 자연어 처리 과정에서 특징적으로 사용됩니다.

셀프 어텐션 메커니즘은 입력 시퀀스$^{Input\ Sequence}$를 분해하고 분류한 각 토큰^{Token}과 해당 토큰의 연관성에 따라 관심을 기울이는 정도를 조회해 다른 토큰들에 관여^{Attention}하는 것을 허용하는 방식입니다. 이러한 메커니즘은 문장의 앞뒤 거리에 상관없이 입력 시퀀스 속 단어 사이 종속성을 신경망이 동시다발적으로 파악하는 데에 도움을 줍니다.

실제로 신경망 시스템 안에서 셀프 어텐션은 각 토큰을 위한 관여 가중치$^{Attention\ Weights}$를 측정하여 계산할 때 사용되는데, 입력된 시퀀스가 키^{Key}, 쿼리^{Query}, 수치 벡터$^{Value\ Vectors}$ 등으로 변형될 때 행렬 곱의 연산 등을 수행합니다. 또한, 이 관여 가중치는 출력 시퀀스를 만들어 낼 때 조합되는 수치 벡터를 측정하는 데에도 활용됩니다.

트랜스포머 모델 특유의 셀프 어텐션 메커니즘은 언어 데이터의 입력 시퀀스에서 의미의 종속성을 파악하는 데 유용합니다. 기존 순환 신경망의 한계를 극복할 수 있는 병렬 처리 방식 덕분에 챗GPT와 같은 첨단 자연어 처리 모델의 완성에도 핵심으로 활용된 기능입니다.

Scaled Dot-Product Attention   Multi-Head Attention

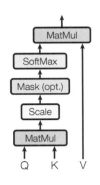

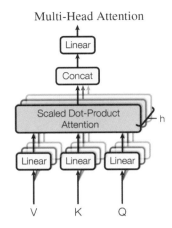

▲ 트랜스포머 모델은 기존의 어텐션 알고리즘(왼쪽)을 병렬적으로 중첩 구성(오른쪽)해 동시다발적으로 관여 가중치를 조절할 수 있습니다.

(출처: 〈*Attention Is All You Need*〉 – 제 31차 신경정보처리학회(31st Conference on Neural Information Processing Systems, NIPS 2017))

 참고 | 토큰(Token) _ 무슨 말이든 잘근잘근 쪼개줄게

인공 신경망에서 '토큰'이라는 것은 데이터 입력과 출력 처리의 가장 기본적인 유닛 입니다. 토큰은 단어, 문자, 또는 보조 단어처럼 네트워크가 처리하는 개별 요소를 지 칭합니다. 자연어 처리 과정에서 토큰은 대체로 각 단어나 보조 단어 유닛을 표현하 는 데에 쓰입니다. 예를 들어, "나는 고양이를 좋아한다."라는 문장이 있다면, 각 단어 "나", "고양이", "좋아한다." 등이 각각의 토큰에 해당합니다. 때에 따라서는 더 섬세 한 언어 정보를 포착하기 위해 접두사나 접미사와 같은 보조 단어도 토큰으로 다루게 됩니다.

인공 신경망에서 텍스트 데이터를 처리할 때, 입력 텍스트를 개별 토큰으로 나누기 위 해 토큰화(Tokenize) 과정을 거칩니다. 이렇게 개별화된 토큰들은 신경망에서 효율적 으로 처리될 수 있도록 원-핫 인코딩(One-Hot Encoding: 단어 집합을 벡터로 표현 하는 방법)이나 워드 임베딩(Word Embedding: 단어를 벡터로 표현하는 방법) 기법 을 거쳐 수치적 표현으로 변환됩니다. 수치화를 통해서 인공 신경망이 자연어와 같은 선형적인 데이터를 수학적으로 이해하고 논리적으로 처리할 수 있습니다.

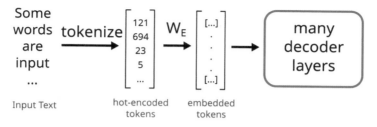

▲ 입력된 텍스트가 토큰화되어 수학적 표기로 변환된 후 디코더 레이어 연산으로 넘어가는 과정의 도식화 예시(출처: https://www.lesswrong.com/posts/pHPmMGEMYefk9jLeh/llm-basics-embedding-spaces-transformer-token-vectors-are)

GPT와 트랜스포머 모델의 차이 _ 무엇이 다를까?

앞서 살펴본 것처럼 트랜스포머 모델은 거대 언어 모델 중 가장 효율적이고 유연한 모델로서 뛰어난 가치를 인정받고 있습니다. 그렇다면 구글 트랜스포머 구조를 기반으로 개발한 GPT 모델은 트랜스포머 모델과 어떤 차이점과 개선된 특성이 있는지 살펴보겠습니다.

1 **사전 학습 목적의 차이**: GPT와 트랜스포머 모델은 사전 학습의 목적이 서로 다릅니다. 트랜스포머 모델은 입력 시퀀스로부터 출력 시퀀스의 지도(Map)를 그리는 훈련을 통해 입력 대비 출력의 대응 목적으로 사전 학습을 수행합니다. 반면에 GPT 모델은 비지도학습(Unsupervised Learning) 과정에서 언어 모델링의 목적으로 텍스트 시퀀스의 다음 단어를 적절히 예측하는 방식으로 사전 학습을 훈련합니다.

2 **사전 학습 말뭉치(Corpus)의 차이**: 트랜스포머 모델은 서로 다른 언어의 번역 목적에 충실하도록 어학 사전과 같은 병렬 언어 자료를 가지고 훈련합니다. 반면에 GPT 모델은 기본적으로 웹상의 위키피디아나 도서 등 다양한 텍스트 데이터를 자료로 삼아 사전 학습을 수행합니다. 예를 들어, GPT-3 모델 학습을 위해 수집된 텍스트 데이터는 45테라바이트(TB)에 달했지만, 실제 훈련에 사용된 것은 570기가바이트(GB) 정도의 정제된 데이터였다고 합니다.

3   **파인튜닝의 차이**: 트랜스포머 모델은 기본으로 기계 번역 용도에 맞게 파인튜닝합니다. 반면 GPT 모델은 서로 다른 언어의 모델링, 질문에 답변, 텍스트 분류 등 광범위한 언어 업무에 관련된 파인튜닝 과정을 거칩니다.

4   **모델 크기의 차이**: GPT 모델은 더 많은 매개변수와 고성능의 컴퓨터 자원이 필요하며 트랜스포머 모델보다 그 규모가 훨씬 큽니다. GPT 모델은 일반적인 트랜스포머 모델보다 더 많은 텍스트 데이터 세트를 사용해 사전 학습하기 때문입니다. GPT-3 모델의 경우 1,750억 개의 파라미터를 구동하기 위해서 고성능 중앙처리장치(CPU) 28만 5,000개, 엔비디아 A100 그래픽 처리 장치(GPU) 1만 개, 400기가비트(Gb) 네트워크 시스템이 동원되었다고 합니다.

5   **구조(Architecture)의 차이**: GPT 모델도 트랜스포머 구조에 기반을 두고 있지만, 신경망 레이어의 디코더 블록을 더 많이 적층하여 구성하는 구조로 변형하였고, 셀프 어텐션 메커니즘의 집중 방식에서도 차이가 있습니다.

앞서 살펴본 순환 신경망[RNN], 트랜스포머, GPT 모델 모두 자연어 처리 용도의 첨단 딥러닝[Deep Learning] 모델이라는 공통점이 있습니다. 선행 모델의 단점을 해결하고 일반적인 언어 용도에 적합하도록 개선하는 과정에서 새로운 모델을 만들어 낸 것입니다. 따라서 각 모델은 목적 함수, 사전 학습

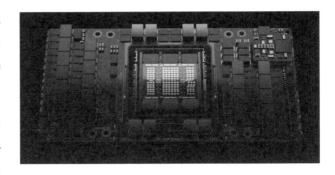

▲ 인공지능 신경망 구축에 사용되는 NVIDIA의 H100 칩
(출처: https://www.nvidia.com/ko-kr/data-center/h100/)

의 방식, 사전 학습 자료, 파인튜닝의 용도, 모델 사이즈, 구조 등에서 차이가 나타납니다. 챗GPT의 성공적인 론칭 이후 등장하고 있는 라마[LLaMA], 알파카[Alpaca], 비쿠나[Vicuna] 같은 오픈소스 모델의 경우 전 세계 개발자들의 헌신을 통해 훨씬 적은 비용과 빠른 훈련 속도로 인기를 얻고 있는데, 최근 그 성장 가능성에서도 주목받고 있습니다.

트랜스포머 모델의 한계 _ 얼마면 되겠니?

앞서 언급한 것처럼 트랜스포머 모델은 자연어 처리 임무에 적합하게 만들도록 문장이나 배열의 단어들 사이 광범위한 종속성을 포착하기 위해 셀프 어텐션 메커니즘을 사용합니다. 이 구조에 기반을 둔 GPT 시리즈는 다양한 언어 처리를 위해 대량의 텍스트 데이터로 거대한 트랜스포머 모델을 사전 학습시켜서 높은 수준의 자연어 출력을 생성하는 것이 가능하다는 장점이 있습니다. 구글의 트랜스포머 모델은 자연어 처리 분야에서 의미 있는 성취를 거두었지만, 일반인이 접근하거나 사용하는 데 있어서 몇 가지 한계가 있습니다.

첫 번째, 대규모 컴퓨팅 자원이 필요하다는 진입 장벽이 있습니다. 트랜스포머 모델은 거대하고 복잡한 신경망 구조라서 훈련하고 가동하는 데 엄청난 수준의 컴퓨팅 자원이 필요합니다. 거대한 분량의 텍스트 데이터를 훈련하려면 GPU나 TGU가 집적된 고성능 연산 처리 장치가 필요한데, 매우 비싸기도 하고 다루기도 어려워서 웬만한 일반인이나 업체에서는 접근조차 어렵습니다. 이 같은 컴퓨터 자원의 진입 장벽은 순수 연구자들이나 공공기관이 트랜스포머 모델에 접근하는 데에 장애로 작용하고 있습니다.

두 번째 제한 사항은 데이터의 가용성입니다. 트랜스포머 모델은 대량의 텍스트 데이터로 훈련해야 하고, 텍스트의 다양성과 품질이 모델의 성능을 결정하는 요인으로 작용합니다. 그래서 트랜스포머 모델에서 수준 높은 언어 모델을 훈련하기에 적합한 대규모 언어 자료 수집에 엄청난 노력이 필요합니다. 게다가 활용 용도에 따른 파인튜닝은 매우 까다로운 과정이라서 텍스트의 가용성 문제가 모델 활용에서 한계로 작용할 수도 있습니다.

마지막 세 번째 유의 사항은 트랜스포머 모델이 순차적인 언어 데이터 처리를 위해 설계되었다는 점입니다. 챗GPT의 화려한 성공으로 그 기반이 된 트랜스포머 모델이 인공지능의 모든 용도에 적합할 것이라는 환상이 퍼지고 있지만, 비순차적인 데이터 처리나 이미지 구조에 필요한 용도로는 적합하지 않습니다. 이미지 생성과 같은 다른 목적을 위해서는 컨볼루션 모델$^{Convolution\ Model}$이나 그래프 신경망과 같은 대안적인 인공 신경망 구조를 고려해 볼 필요가 있습니다.

챗GPT의 성공 덕분에 트랜스포머 모델이 자연어 처리 분야에서 독보적인 모델임을 각인시켰지만, 아직도 손쉬운 접근과 응용 용도에는 제약사항이 많습니다. 전 세계 개발자들은 이런 제약을 뛰어넘는 오픈소스 모델 개발을 위해 큰 노력을 기울이고 있습니다. 특히 메타^{Meta}의 라마^{LLaMA} 모델을 응용한 비쿠나^{Vicuna}−13B 모델은 300달러 정도의 훈련 비용으로 챗GPT의 90%에 가까운 성능을 낸다고 주장합니다. 다만, 훈련에 사용한 언어 데이터의 수준이나 다양성 측면에서는 한계가 분명해서 챗GPT의 능숙하고 자연스러운 대화 수준에는 아직 미치지 못한다는 평가도 있습니다.

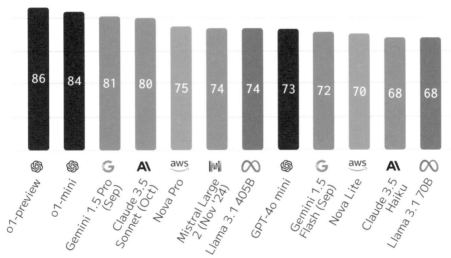

▲ 챗GPT와 다른 언어 모델의 품질(Quality) 비교표
(출처: https://artificialanalysis.ai/models#performance)

인공지능(AI) 이해하기

인공지능의 기원부터 유형과 분류 체계를 살펴보면서 기계학습과 딥러닝의 차이점을 비롯해
인공 신경망의 특성을 파악하며 인공지능에 관한 이해를 넓혀보겠습니다.

인공지능Artificial Intelligence은 오랜 역사를 통해 인류가 자기 두뇌 구조를
모방하여 개발하려는 고도의 지능적인 시스템입니다. 인간을 도와 복잡한 문제를
이해하고 분석하며 필요한 데이터를 자동으로 생성하는 장치는 인류의 오랜 꿈
이었습니다. 인공지능의 기원과 변천을 파악하고, 챗GPT 서비스가 범용 인공지능
개발을 향하고 있다는 점을 이해한다면 새로운 인공지능 모델이 등장해도 어렵지
않게 적응할 수 있을 것입니다.

인공지능의 기원 _ 기다리는 자에게 복이 있나니

인공지능에 관한 아이디어는 그 시작 시점을 특정하기 어렵습
니다. 인간을 닮은 인공적인 존재에 관한 이야기는 오래된 그리스 신화의 탈로스
Talos나 세계 각지의 전설에서 찾아볼 수 있습니다. 문명의 등장 이후, 인간의 논
리 체계와 그 실현 방법에 따른 지능적 시스템은 지금으로부터 2000년 전인

1세기경 알렉산드리아의 헤론^{Hero of Alexandria}이 발명한 자동 장치들을 기원으로 삼을 수 있습니다. 중세 시대의 이슬람 문화 지역에서도 인공지능의 모태가 되는 수학적, 논리학적 지식을 선보였습니다. 18세기에는 영국의 토머스 베이즈^{Thomas Bayes}가 미래를 예측할 수 있는 확률론을 제안하여 인공지능 연구의 먼 조상이 되었습니다. 1805년 전후 프랑스의 조셉 마리 자카르^{Joseph Marie Jacquard}는 천공 카드를 이용하여 복잡한 패턴이나 그림을 신속하게 짜내는 방직기를 선보이면서 기계를 프로그래밍할 수 있다는 최초의 아이디어를 구현했습니다.

현대의 인공지능은 1956년 미국 뉴햄프셔의 다트머스 대학에서 존 메카시^{John McCarthy} 교수가 인공지능에 관심을 가진 여러 명의 학자와 연대하여 개최한 워크숍에서 그 기원을 찾을 수 있습니다. 이들은 컴퓨터공학의 연장선에서 인간의 다양한 문제를 해결할 수 있는 인공지능이 가져올 미래에 대해 낙관적인 주장을 펼쳤습니다. 이후 허버트 시몬^{Herbert A. Simon}과 마빈 민스키^{Marvin Minsky} 교수 등이 주도하여 범용 인공지능^{Artificial General Intelligence, AGI}이 한 세대 내에 완성될 것이라는 비전을 제시하여 큰 관심과 지원을 얻게 됩니다. 그러나 컴퓨터 기술의 발전과 인공지능의 개발이 기대보다 더디게 진행되었고, 점차 많은 사람이 인공지능에 대해 비관적인 입장으로 돌아섰습니다.

▲ 1956년 다트머스 대학에서 개최한 워크숍에 모인 인공지능 연구의 선구자들. 민스키 패밀리(뒷줄 왼쪽부터 올리버 셀프리지, 나다니엘 로체스터, 마빈 민스키, 존 매카시, 왼쪽 앞에는 레이 솔로몬노프, 오른쪽은 클로드 섀넌, 솔로몬노프와 섀넌 사이의 인물은 성명 미상. 출처: https://spectrum.ieee.org/dartmouth-ai-workshop)

오랜 침체기를 거쳐 인공지능이 다시 관심을 얻게 된 계기는 1997년 IBM의 딥블루^{Deep Blue}가 체스 챔피언 개리 카스파로프^{Garry Kasparov}를 이긴 사건이었습니다. 예상을 깨고 기계에 패배한 카스파로프는 큰 컴퓨터 장치 내부에 실제 체스 고수가 숨어서 게임을 조종했다고 주장했습니다. 19세기 합스부르크 왕가의 궁정 연구자 볼프강 폰 켐펠렌^{Wolfgang Von Kempelen}이 발명한 체스 게임 장치가 인간을 상대로 이겼을 때도 놀란 군중

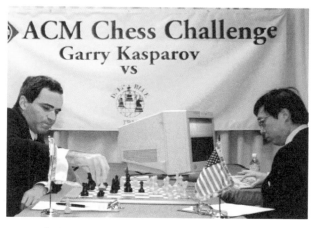

▲ 1997년 개리 카스파로프와 IBM 딥블루의 체스 게임 장면
(출처: https://spectrum.ieee.org/how-ibms-deep-blue-beat-world-champion-chess-player-garry-kasparov)

은 장치 속에 사람이 숨어 있다며 소리쳤다고 합니다. 사람들은 인공지능 장치가 인간처럼 지능적으로 작동하면 쉽게 의인화^{Anthropomorphism}하는 습성이 있습니다. 챗GPT를 자주 이용하는 사용자도 챗봇 시스템이 아니라 실제 사람과 함께 작업한다는 착각을 합니다.

사람들이 인공지능 시스템에 공포감을 느낄 정도로 충격을 받은 사건은 2016년 알파고^{AlphaGo} 대 이세돌의 바둑 경기였습니다. 다섯 번의 경기에서 단 한 번을 제외하고 이세돌은 인공지능 시스템에 패배했습니다. 세계 최고의 바둑 천재가 컴퓨터에 졌다는 충격은 인공지능이 가진 막강한 잠재 능력을 전 세계에 각인시키기에 충분했습니다. 체스에 비해서 바둑은 만 배 더 복잡할 정도로 경우의 수가 무궁무진하여 기계가 인간의 능력을 쉽게 뛰어넘을 수 없다는 믿음이 허무하게 무너져 버린 것입니다. 구글에 인수된 딥마인드^{Deep Mind}가 개발한 알파고는 심층 신경망을 이용하여 바둑의 모든 기보를 학습하고 강화학습을 통해 수많은 실전 연습을 수행했다고 합니다. 이렇듯 인간을 뛰어넘는 인공지능의 실력은 기계학습^{Machine Learning} 과정에서 나온 결과입니다. 이후 후속 '알파 제로'는 인간이 부여하는 가이드 없이 자체적인 학습만으로도 체스 챔피언 수준에 도달하게 되었습니다.

인공지능의 유형과 방법 _ 인간 지능의 모든 가능성

인공지능이란 인간-컴퓨터 상호 작용^{Human-Computer Interaction, HCI}과 같은 컴퓨터공학의 한 분야로 문제 해결, 학습, 추론, 인식 그리고 자연어 이해와 같은 인간 지능의 일부를 복제하거나 구현할 수 있는 장치와 소프트웨어 시스템을 만드는 것입니다. 인공지능의 개발 목적은 인간의 지능에 비교하여 일반적으로 필요한 업무를 스스로 수행할 수 있는 시스템을 효율적으로 정확하고 신속하게 개발하는 것입니다. 인공지능으로 접근하고 구현하는 방법에는 다음과 같은 종류들이 있습니다.

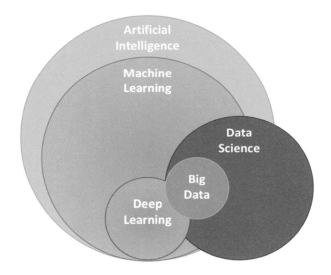

▲ 인공지능의 범주 안에서 기계학습과 딥러닝이 데이터와 어떤 관계를 맺는지를 도식화한 벤 다이어그램
(출처: https://gmggroup.org/wp-content/uploads/2019/07/AI-Venn-diagram.png)

1   상징적 인공지능(Symbolic AI): 1950년대에 제안된 가장 근본적이고 오래된 인공지능으로
문제와 논리, 검색을 구성하는 데에 고도의 상징과 규칙을 사용하는 접근법입니다. 이것은 논리
적인 문제를 해결하기 위해 추론과 지식의 재구성과 같은 전문 시스템을 만드는 데 투입됩니다.
상징적 인공지능의 도구로는 논리 프로그래밍(Logic Programming), 생산 규칙(Production
Rules), 의미망(Semantic Network), 프레임(Frames) 등이 쓰입니다.

2   퍼지로직(Fuzzy Logic): 오래전부터 일상에 잘 활용된 퍼지로직은 부분적 변화 요소를 허용하는 퍼지 세트를 사용하여 정보를 재구성하는 방식으로 불확실성을 다루는 접근법입니다. 퍼지로직은 여러 가지 응용 용도 중에서 세탁기와 같은 제어 시스템, 선택지 결정, 패턴 인식 등에 쓰입니다.

3   군집 지능(Swarm Intelligence): 이 접근은 개미 군집이나 새 떼, 물고기 떼 등의 분산적 선택 행동과 분산 또는 자율 통제 시스템에서 착안한 접근법입니다. 군집 지능 모델로는 새 떼를 시뮬레이션하는 보이드(Boids), 파티클(Particles) 요소를 배열하는 자주식 파티클(Self-Propelled Particles) 등이 있습니다. 파티클 군집 최적화, 개미 집단 최적화와 같은 군집 지능 알고리즘은 데이터의 최적화와 문제 해결 임무에 쓰입니다.

4   진화 알고리즘(Evolutionary Algorithms): 진화 알고리즘은 생식, 돌연변이, 재조합 등과 같은 자연 진화 과정에서 착안한 알고리즘으로 유전적인 알고리즘, 유전 프로그래밍, 진화 프로그래밍, 진화 전략 등과 같은 최적화 기법을 통칭합니다. 이들은 개체 사이의 경쟁 솔루션을 반복적으로 생성하고 적합한 기능에 따라 최선을 선택하면서 작동합니다. 이미지 생성이나 게임을 위한 인공지능 시스템에 활용되기도 합니다.

5   신경망(Neural Network): 신경망은 인간의 두뇌 신경망 구조와 기능에서 착안하여 컴퓨터를 이용해 인공적으로 만든 네트워크 모델입니다. 신경망은 정보를 전달하고 처리하는 노드 또는 뉴런들이 상호 연결된 레이어들(Layers)로 구성됩니다. 기계학습의 하위 요소인 딥러닝은 더 복잡하고 추상적인 구현을 위해 수많은 레이어를 가진 신경망에 기반을 두고 훈련하고 있습니다.

6   기계학습(Machine Learning): 기계학습은 인공지능 시스템을 구동하기 위해 데이터를 기반으로 학습하고 예측하거나 결정하는 알고리즘을 개발하는 데에 쓰입니다. 머신러닝(Machine Learning)에는 지도학습(Supervised Learning), 비지도학습(Unsupervised Learning), 강화학습(Reinforcement Learning), 딥러닝(Deep Learning) 등의 학습 기법이 사용됩니다.

인공지능 시스템은 자연어 처리, 컴퓨터 비전, 로봇 공학, 추천 시스템, 자율주행, 의료 분석, 재무 정리, 온라인 교육 등 광범위한 영역에서 필요로 합니다. 가장 최근에 주목받는 언어 모델을 비롯하여 인공지능 연구는 새롭게 등장하는 구현 기법과 응용 분야의 확장을 통해 계속 발전하고 있습니다. 그중에서도 딥러닝으로 대표되는 기계학습은 인공지능 시스템이 스스로 지능적인 학습을 통해 지식을 구축한다는 측면에서 큰 가능성과 유용한 가치를 지니고 있습니다.

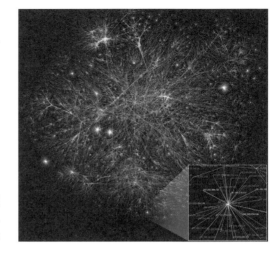

▶ 의미망 모델 도식화처럼 2005년 전 세계
웹 도메인의 활성 관계를 시각화한 네트워크 관계도
(출처: https://en.wikipedia.org/wiki/Semantic_network)

머신러닝(Machine Learning) _ 컴퓨터를 스스로 학습시켜라

인공지능의 한 분야로서 기계학습 또는 머신러닝은 컴퓨터 시스템이 데이터로부터 학습하고 패턴을 발견하며, 경험을 통해 스스로 결정 내릴 수 있는 알고리즘과 기술의 연구 분야입니다. 기계학습은 명시적으로 프로그래밍되지 않은 상태에서 컴퓨터가 스스로 데이터를 통해 학습하고 문제를 해결할 수 있게 하는 것을 목표로 합니다. 컴퓨터와 같은 기계 스스로 학습하는 방법은 다양합니다. 기계학습의 주요 특징은 다음과 같습니다.

1   데이터 기반 학습: 기계학습은 대량의 데이터를 사용하여 모델을 학습합니다. 이러한 데이터는 입력과 그에 대응하는 기대 출력으로 구성되며, 모델은 데이터의 패턴과 통계적 구조를 파악하여 문제를 해결하거나 예측을 수행합니다. 이러한 데이터는 라벨이 붙은 지도학습(Supervised Learning) 데이터일 수도 있고, 라벨이 없는 비지도학습(Unsupervised Learning) 데이터일 수도 있습니다. 여기서 라벨은 쉽게 말해 기계에게 정답을 가르쳐주는 기능입니다.

2   자기 학습: 기계학습은 컴퓨터 시스템이 스스로 학습하고 패턴을 발견하도록 설계됩니다. 사람의 개입이 필요한 부분을 최소화하며, 알고리즘과 모델이 스스로 데이터로부터 학습하고 스스로 성능을 향상시킬 수 있습니다.

3   패턴 및 통계적 추론: 기계학습은 데이터의 패턴과 통계적 구조를 기반으로 예측, 분류, 군집화 등의 작업을 수행합니다. 모델은 주어진 입력에 대해 특정한 패턴을 식별하고, 이를 기반으로 새로운 데이터에 대한 예측이나 결정을 내립니다.

4   일반화 능력: 기계학습은 학습된 모델이 새로운 데이터에 대해 일반화하여 작동할 수 있는 능력을 갖추도록 유도합니다. 이전에 본 적 없는 입력 데이터에 대해서도 정확하고 신뢰할 수 있는 예측을 제공하기 위해서 갖추는 능력입니다. 챗GPT는 다른 모델보다 일반화 능력이 뛰어납니다.

5   반복적인 피드백과 개선: 기계학습은 초기 모델을 구축한 후, 피드백을 통해 모델의 성능을 평가하고 개선하는 반복적인 과정을 거칩니다. 피드백은 예측 결과의 정확도나 손실 함수를 통해 이루어지며, 모델이 계속해서 학습 데이터에 적응하고 발전할 수 있도록 개선합니다.

기계학습은 인공지능의 다양한 분야에서 활용되며, 음성 인식, 이미지 분류, 자연어 처리, 추천 시스템, 의료 진단 등 복잡한 문제를 해석하고 추론하는 데 적용됩니다. 기계학습의 다양한 학습 모델 중에서 대중에게 가장 잘 알려진 딥러닝은 다수의 레이어 구조에 가중치를 조절하여 학습 효과를 향상하고 정확한 결과를 예측할 수 있는 기법입니다.

딥러닝(Deep Learning) _ 더 깊은 지능의 차원

챗GPT와 같은 생성형 인공지능은 학습 과정에서 딥러닝 기법을 이용합니다. 딥러닝은 기계학습, 즉 머신러닝의 한 유형이며, 스스로 학습하고 성능을 개선할 수 있는 대규모 신경망입니다. 딥러닝은 다수의 레이어Layers 구조를 통해 입력된 데이터의 패턴을 인식하고, 대량의 데이터를 분석하여 결과를 예측하는 등 인공 신경망을 훈련시키는 데에 활용됩니다. 딥러닝 모델에서 '딥Deep'이라는 용어는 대체로 기존 모델보다 더 많은 층수의 레이어를 가지고 있어 데이터의 복잡한 표현을 학습할 수 있다는 점을 강조합니다. 아울러 더 많은 레이어를 가질수록 더 정확한 추론을 표현할 수 있습니다.

딥러닝 모델은 인간의 두뇌가 자료들을 학습하여 정보를 처리하는 과정을 모방하도록 설계되었습니다. 딥러닝은 대체로 대량의 데이터 세트를 통해 훈련되고, 역전파 알고리즘^{Backpropagation Algorithms} 기법을 사용하여 시간이 누적될수록 정확도를 향상시키는 모델 구조를 이용하면서 뉴런들 사이의 연결에서 가중치^{Weights}를 조절합니다. 일반적으로 성능과 효율성이 정체된 기존의 기계학습 기법들과 달리 더 큰 규모의 신경망을 구축하고 더 많은 데이터를 학습하면 성능이 계속 향상된다는 장점이 있습니다.

최근 수년간 딥러닝은 음성 인식, 이미지 인식, 자연어 처리, 통계 예측 등 광범위한 분야에서 효과를 발휘하며 대중적으로 널리 알려졌습니다. 입력 데이터를 더 심층적으로 분석하여 결괏값을 정확하게 추론하는 능력이 상대적으로 우수하기 때문입니다. 최근 컴퓨터 성능 향상과 함께 대규모 데이터 세트 훈련이 증가하면서 딥러닝은 자연어 처리뿐만 아니라 이미지 생성, 경제 투자, 자율주행, 지능형 로봇 등 첨단 인공지능 애플리케이션 개발에도 폭넓게 활용되고 있습니다.

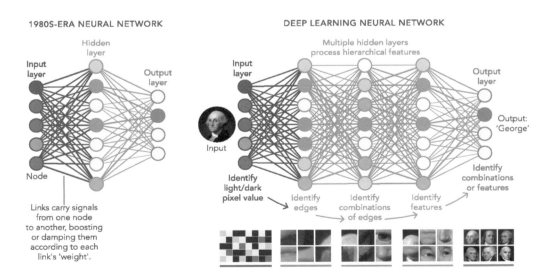

▲ 1980년대의 인공 신경망 구조(왼쪽)와 딥러닝 신경망 구조(오른쪽)를 비교하면 딥러닝 구조에 더 많은 히든 레이어들이 이용되는 것을 알 수 있습니다. (출처: https://wikidocs.net/180481)

참고 역전파 알고리즘(Backpropagation Algorithms)
_ 문제를 되돌아가면서 찾는다

역전파 알고리즘은 딥러닝 방식으로 신경망을 훈련할 때 사용하는 핵심 알고리즘입니다. 이것은 지도학습 알고리즘(Supervised Learning Algorithm) 유형으로 네트워크가 자료를 통해 학습하고 시간이 누적될수록 정확도를 향상시키면서 뉴런 사이 연결에 가중치(Weights)를 조절하는 방식입니다. '역전파(Backpropagation)'의 기본 아이디어는 신경망이 예측한 결과와 실제 결과 사이의 편차를 계산하고 손실이나 예측 에러 (Prediction Error)를 줄이기 위해 네트워크상 연결에 가중치를 조정하려는 의도에서 나왔습니다.

역전파 알고리즘은 네트워크 에러를 이전 단계로 되돌려 전달하는 방식으로 작동하는데, 마지막 출력 레이어에서 출발하여 최초의 입력 레이어로 되짚어가며 작동합니다. 각 레이어에서 에러가 계산되면 해당 레이어의 뉴런들 사이에서 연결의 가중치를 조절하여 에러를 줄이도록 보상합니다. 네트워크상의 에러를 감소시키면서 정확도를 높이기 위해 가중치를 단계적으로 조정하는 과정을 여러 번 반복합니다. 인공 신경망이 자료를 통해 학습하고 그 시간이 누적될수록 정확도가 향상된다는 측면에서 역전파 알고리즘은 딥러닝 모델의 훈련에 필수 요소로 쓰입니다. 이것은 컴퓨터 비전, 자연어 처리, 음성 인식 등 인공지능의 여러 분야에서 첨단 애플리케이션을 개발하는데 두루 적용되는 효과적인 알고리즘입니다.

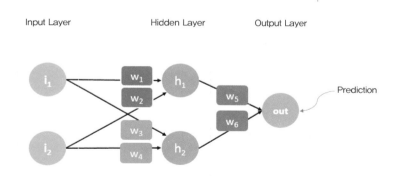

▲ 입력 레이어로부터 히든 레이어를 거쳐 출력 레이어의 예측값으로 연결되는 가중치 구조

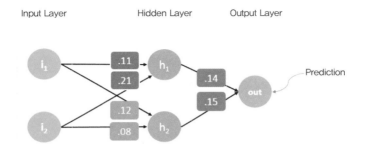

▲ 예측값의 오류를 계산하여 역전파 알고리즘을 통해 각 단계의 가중치를 조정한 예시

인공 신경망의 레이어(Layer) 구조 _ 각자 맡은 역할이 있다

인공지능 신경망에는 수많은 레이어들이 구성되어 지능적인 성능을 발휘합니다. 신경망에서 레이어는 입력 데이터에 대해 특정 연산을 수행하는 뉴런들이 상호 연결된 그룹을 지칭합니다. 각 레이어는 이전 레이어로부터 입력을 전달받아 각자 지정된 연산을 수행하고 다음 레이어로 결과를 내보냅니다. 이에 따라 기본으로 신경망의 레이어들은 순차 방식으로 배열되는데, 맨 처음에 입력 레이어가 배치되고 이어서 하나 이상의 히든 레이어가 연결된 후 마지막에 출력 레이어가 배치됩니다. 신경망의 각 레이어는 주어진 임무에 따라 각자의 방식으로 입력 데이터를 변형하는 연산을 수행합니다.

레이어 구조의 특징적인 유형에 따라 수행하는 연산의 유형도 달라집니다. 예를 들어, 다중 레이어 인식[Multi-Layer Perception, MLP] 또는 덴스 레이어[Dense Layer]와 같이 각 층이 완전히 연결된 레이어 구성은 자연어 처리와 같은 활성화된 함수의 응용에 따라 가중치를 설정하고 입력된 데이터 유형에 따른 행렬 곱을 계산하는 데 쓰입니다. 반면에 컨볼루션 레이어 네트워크[Convolutional Layer Network, CLN]는 이미지 처리 임무에 적합한 입력 데이터에 대해 필터링 연산을 수행하는 데 쓰입니다. 이 레이어 구조는 합성곱^{Convolutional Layer}, 풀링^{Pooling Layer}, 완전 연결^{Fully Connected Layer} 등으로 구성됩니다. 그 외에 순환 신경망^{RNN}의 레이어 구조는 자연어 또는 시간 순서에 따른 순차적 데이터 처리에 사용됩니다.

신경망의 레이어 숫자와 크기는 성능을 가늠하는 데 중요한 기준이 됩니다. 일반적으로 더 많은 레이어를 가진 딥 네트워크는 입력 데이터의 복잡한 패턴을 파악하는 데 유리하지만, 제대로 평준화^{Normalize}되지 않으면 기대하는 성능에 부적합할 수도 있습니다. 인공 신경망의 주요 레이어 유형은 다음과 같습니다.

1   입력 레이어(Input Layer): 네트워크의 첫 번째 레이어로서 데이터 입력을 받고 다음 레이어로 전달하는 역할을 합니다.

2   히든 레이어(Hidden Layer): '은닉 레이어'라고도 부르며 입력 레이어와 출력 레이어 사이에서 입력된 데이터의 복잡한 처리를 담당합니다. 신경망은 하나 이상의 히든 레이어를 가지고 딥러닝 모델은 훨씬 더 많은 수의 히든 레이어로 구성됩니다.

3   출력 레이어(Output Layer): 네트워크의 마지막 레이어로서 히든 레이어가 수행한 연산을 바탕으로 목적 결과를 산출합니다.

4   컨볼루션 레이어(Convolutional Layers): '합성곱 레이어'라고도 하는데, 입력 데이터의 합성곱 연산과 같은 이미지 처리를 위해 사용합니다.

5   풀링 레이어(Pooling Layers): 입력된 데이터의 공간적 차원을 다운 샘플링해 축소시키는 기능을 담당합니다.

6   순환 레이어(Recurrent Layers): 언어 모델링이나 음성 인식과 같은 순차적인 데이터를 처리합니다.

7   드롭아웃 레이어(Dropout Layers): 훈련 과정에서 산출 값이 튀는 과적합(Overfitting) 현상을 막기 위해 무작위로 일부 뉴런을 제거하여 평준화하는 데 사용합니다. 과적합이란 머신러닝에서 데이터에 대한 학습이 너무 많이 수행되어 발생하는 현상으로, 학습 대상 데이터에 대한 오차는 감소하지만, 실제 사례에 적용할 경우 오차가 증가하는 문제를 수반합니다.

머신러닝의 다양한 방법 _ 딥러닝이 전부는 아니다

기계학습 또는 머신러닝^{Machine Learning}은 인공지능의 하위 분야로 컴퓨터가 데이터로부터 학습하고 결정하거나 예측하는 알고리즘을 개발하는 영역입니다. 딥러닝은 기계학습의 하위 구성 요소인데, 기계학습과 딥러닝은 기법이나 접근에서 공통점과 차이점이 있습니다. 기계학습의 대표적인 학습 방법은 다음과 같은 유형이 있습니다.

1   지도학습(Supervised Learning): 정답이 있는 라벨 데이터로부터 학습을 시작해 예측된 출력값을 찾아가는 방식입니다. 예를 들면, 선형 관계에서 회귀식에 따른 결과를 예측하는 선형 회귀(Linear Regression), 종속 변수와 독립 변수 사이의 인과 관계를 함수로 나타내는 논리 회귀(Logistic Regression), 두 데이터 사이의 거리를 최적화하는 서포트 벡터 머신(Support Vector Machines, SVM), 기준에 따라 표본들을 분류하는 결정 트리(Decision Trees) 등이 있습니다.

2   비지도학습(Unsupervised Learning): 라벨화되지 않은 데이터로부터 데이터 구조나 규명된 패턴을 학습하여 관계를 찾는 알고리즘입니다. 비지도학습의 대표적인 기법에는 데이터의 유사성과 차이를 규명하여 그룹을 짓는 군집 분석(Clustering), 분석의 난도를 낮추기 위해 데이터양을 줄이는 차원 축소(Dimensionality Reduction), 소수의 불균형과 임계치 예외를 찾는 이상 탐지(Anomaly Detection) 등이 있습니다.

3   강화학습(Reinforcement Learning): 모델이 없는 상태에서 보상 환경과 상호 작용하며 알고리즘이 올바른 결정을 내리는 것을 훈련시키는 데에 집중하는 학습법입니다. 이 알고리즘은 상점과 벌점의 형식으로 보상받는 피드백에 따라 학습하며 시간의 경과에 따라 상점이 누적되는 것을 극대화하는 방향으로 진행합니다. 강화학습 알고리즘의 예로는 보상 함수의 값을 업데이트하며 누적 보상을 찾는 큐 러닝(Q-Learning), 딥러닝 기법을 큐 러닝에 차용한 딥 큐 네트워크(Deep Q-Networks, DQN), 보상을 누적하고 경계를 검토하여 신뢰성을 향상하는 근접 정책 최적화(Proximal Policy Optimization, PPO) 등이 있습니다.

4   앙상블 기법(Ensemble Methods): 이 기법은 평균적인 성능을 개선하기 위해 여러 학습 알고리즘을 합성합니다. 앙상블 기법의 예로는 의사결정 트리 기반의 랜덤 포레스트(Random Forests), 여러 개의 부트스트랩(Bootstrap)을 만들어 병렬 처리로 편차를 줄이는 배깅(Bagging), 오답 노트로 학습하는 어댑티브 부스팅(AdaBoost) 등이 있습니다.

5   베이지안 분석법(Bayesian Methods): 베이지안 분석법은 확률론을 사용해 변수들의 관계를 모델화하는 학습법입니다. 이 기법은 새로운 데이터를 바탕으로 신뢰를 갱신하며 주어진 지식과 협력하는 데에 유용합니다. 그 예로는 조건부 확률로 계산하여 분류하는 베이즈 네트워크(Bayesian Networks), 비선형 데이터의 확률 분포를 파악하는 가우시안 처리(Gaussian Processes), 선형 함수로 데이터를 모델링하는 베이지안 선형 회귀(Bayesian Linear Regression) 등이 있습니다.

6   특성 선택 및 추출법(Feature Selection and Extraction): 이 학습 기법은 데이터의 차원을 축소하고 주어진 임무를 위해 가장 관련성이 높은 기능을 선택하는 데에 도움을 줍니다. 그 예로는 유전자 선택(Recursive Feature Elimination, RFE), 과적합(Overfitting)을 개선하기 위해 정규화를 수행하는 라쏘 회귀(LASSO Regression), 딥러닝 기법이지만 기능 추출에도 쓰일 수 있는 자동 인코더(Auto-Encoders) 등이 있습니다.

흔히 듣는 딥러닝 기법을 제외하고도 기계학습에는 이렇게나 다양하고 난해한 기법이 동원됩니다. 이와 같은 학습 기법들은 각각의 용도와 장단점이 분명하므로 데이터의 성격이나 주어진 문제에 따라 취사 선택을 달리하여 함께 적용할 수 있습니다.

**참고   매개변수(Parameters)의 딜레마
_ 다다익선(多多益善)이 정답일까?**

챗GPT와 같은 거대 언어 모델에서 매개변수, 즉 파라미터는 성능과 정확도를 나타내는 척도로 알려졌습니다. 매개변수의 거대한 수치가 인공지능 시스템의 우수성을 표현한다고 하지만, 원래 매개변수는 신경망의 지능적 행위를 결정하는 가중치(Weights)와 편향(Biases)을 나타내는 데 쓰입니다. 이 매개변수들은 훈련 과정 동안 모델의 예측치와 실제 출력 목표 사이의 차이를 최소화하기 위해 자신들의 값을 조정하며 학습합니다. 이렇게 훈련을 수행하는 과정에서 매개변수는 모델이 축적한 지식이나 성능의 척도로 보일 수도 있습니다.

앞서 살펴본 것처럼 거대 언어 모델은 다층 레이어 구조의 신경망을 동원하는 딥러닝 기법을 활용합니다. 각 레이어는 간단한 수학적 연산을 수행하는 다수의 뉴런 또는 노드로 구성됩니다. 이 네트워크의 뉴런들은 상호 연결되어 있으며, 상호 연결의 강도는 가중치로 구현됩니다. 편향은 뉴런들의 활동성 기능을 강화하는 데 도움이 되는 추가적인 매개변수 유형입니다.

GPT-3 모델은 1,750억 개의 매개변수를 이용하고, GPT-4 모델은 무려 1조 개의 매개변수를 동원한다고 합니다. 매개변수는 신경망에서 뉴런들의 행위와 학습 용량을 결정하기 때문에 수치가 클수록 성능이 우수하다는 것을 뜻합니다. 어떤 모델이 더 많은 매개변수를 가진다면 데이터로부터 더 복잡한 구성과 패턴을 학습하고 성능의 개선을 주도할 수 있기 때문입니다. 따라서 매개변수의 숫자가 크면 더 정교하고 우수한 답변을 제공할 수 있는 것이 맞습니다. 그러나 거대 수량의 매개변수는 과적합 현상의 위험을 증가시킬 수도 있고, 훈련과 추론에 더 많은 시스템 자원을 소모합니다. 실제로 매개변수가 훨씬 더 많은 GPT-4 모델이 GPT-3.5 모델보다 더 느리면서도 애매한 답변을 생성하는 사례가 많습니다. 매개변수 수량은 다다익선이지만 그만큼의 비용과 함께 비효율적인 대가도 치러야 합니다.

범용 인공지능(AGI) _ 무엇이든 할 수 있다

만약 특정 분야가 아닌 모든 분야에서 유연하게 적응할 수 있는 만능 인공지능 시스템이 개발된다면 세상은 크게 바뀔 것입니다. 인공지능 단어에 '일반General'이 추가되면 어떤 의미가 될까요? 챗GPT를 개발한 OpenAI의 사업 목표에서도 범용 인공지능Artificial General Intelligence, AGI을 추구한다고 선언되어 있습니다. 앞서 1950년대 인공지능 분야의 초기 학자들이 목표로 주장했던 인공지능의 형태도 범용 인공지능이었습니다. 범용 인공지능은 지금껏 현실화되지 못한 미래의 목표이자 개념적 존재입니다. 이것은 인간이 할 수 있는 어떤 지능적인 임무이든 수행할 수 있는 능력을 갖춘 인공지능의 궁극적인 유형을 지칭합니다. 현재까지 나타난 좁은 영역의 인공지능, 예를 들어 체스나 바둑을 두는 특수한 임무를 가진 인공지능과 구별되는 개념입니다.

경험이 많은 인간의 능력처럼 모든 일에 능통한 범용 인공지능^{AGI}은 인공지능 분야의 장기적인 연구 목표입니다. 그러나 범용 인공지능에 도달하는 방법이나 어떤 모습으로 나타나야 할지에 관해서는 뚜렷하게 합의된 내용이 없습니다. 일부 전문가들은 범용 인공지능이 실현 가능하다고 믿고 있지만, 기대보다 매우 오랜 기간이 소요될 것입니다. 어떤 사람들은 만약 범용 인공지능이 탄생한다면 매우 위험할 것이라고 주장하며 개발이 불가능하도록 제한해야 한다고 반대합니다.

물론 범용 인공지능의 등장은 우리 사회에 엄청난 충격을 줄 것입니다. 인간의 지시나 가이드 없이 인공지능 스스로 학습하고 추론하며 결과를 생성하는 능력은 분명 현실의 인간을 압도하고 불리하게 만들 수도 있습니다. 그러나 범용 인공지능은 빌 게이츠가 주장한 것처럼 기후 변화나 빈부 격차처럼 세계가 맞닥뜨린 어려운 문제들을 효과적으로 해결하는 데에 쓰일 수도 있을 것입니다.

범용 인공지능의 개발은 일반 대중의 생각보다 복잡하고 엄청나게 도전적인 임무입니다. 챗GPT로 대표되는 자연어 처리 모델의 구축과 훈련에도 엄청난 자원을 소비하는데, 인간의 모든 능력을 구현하는 범용 인공지능의 구축은 현재의 기술로 엄두를 내지 못할 수도 있습니다. 그렇게 어려운 일이지만 인공지능 전문가들은 챗GPT가 범용 인공지능으로 향하는 첫 번째 발자국이라고 평가하기도 합니다.

만일 누군가가 범용 인공지능을 악의적인 목적으로 쓴다면 인류에게 큰 위협이 될 수도 있습니다. 이런 기술이 안전하게 적용될 수 있도록 고려해야 한다는 윤리와 안전에 관한 우려도 큽니다. 새로운 기술을 막을 수 없다면, 범용 인공지능이 가져올 혜택과 위험성에 관한 폭넓은 논의를 통해서 범용 인공지능을 긍정적인 방향으로 확실히 이끌어가는 정책과 규정을 마련하는 것이 중요합니다.

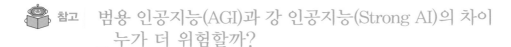

참고 범용 인공지능(AGI)과 강 인공지능(Strong AI)의 차이 _ 누가 더 위험할까?

범용 인공지능과 강 인공지능 용어는 종종 혼동하여 쓰이는데, 둘 사이에는 미묘한 차이가 있습니다. 범용 인공지능이란 인간이 할 수 있는 '어떤 지능적인 임무든지 수행할 수 있는 능력을 갖춘 인공지능'의 가상적인 유형을 지칭합니다. 범용이기 때문에 일반적인 상식, 언어, 창의성, 사회적 지능 등 인간이 필요로 하는 대부분 임무를 수행할 수 있습니다. 챗GPT를 만든 OpenAI는 범용 인공지능을 향해 연구한다고 선언했습니다.

이와 달리 강 인공지능은 지능과 행위의 개념에서 인간과 구분할 수 없는 유형의 인공지능입니다. 강 인공지능은 '인간처럼 배우고, 고민하면서 결정을 내릴 능력을 갖춘 인공지능'을 가리킵니다. 범용 인공지능은 보편적인 지능의 활용이 가능한 유형이고, 강 인공지능은 인간 수준의 지능과 더불어 스스로 '판단'할 수도 있는 유형입니다. 따라서 강 인공지능은 더 강력한 성능과 함께 인간 대신 판단하고 결정하는 위험성을 지닐 수 있습니다. 그러나 잊지 말아야 할 점은 범용 인공지능이든 강 인공지능이든 아직 구현에 성공하지 못했다는 점입니다. 이들은 아직 상상 속의 개념이며 지금도 과학기술자들이 초보 수준에서 연구하는 과제입니다.

챗GPT의 장단점 알아보기

무엇이든 답변하는 챗GPT의 장단점을 비판적으로 이해하고 인공지능 활용에 따르는
사회적 문제와 윤리적 조건을 통찰하여 이해의 깊이를 확장하겠습니다.

전 세계인이 사용하는 인공지능 비서 챗GPT가 잘하는 일은 무엇이고 인간에게 어떤 도움을 줄 수 있는지 알아보겠습니다. 아울러 거대 언어 모델과 같은 인공지능 기술이 가진 문제와 한계점을 파악하고 인공지능의 오남용이 초래할 수 있는 사회적 문제와 우려도 살펴보겠습니다.

챗GPT의 장점 _ 만능 비서가 된 이유

챗GPT는 기존의 인공지능 서비스는 물론 다른 언어 모델과 비교해 볼 때 다양한 장점이 있습니다. 최근 마이크로소프트가 빙Bing 검색 서비스에 OpenAI의 챗GPT와 달리DALL·E를 포함한 것도 정보의 검색과 생성에 효용성이 높기 때문입니다. 구글의 바드Bard나 오픈소스 진영의 비쿠나Vicuna도 상당히 우수한 결과를 보여주지만, 아직 챗GPT의 성능을 따라오지는 못하고 있습니다. 챗GPT가

가진 비교 우위의 장점은 다음과 같습니다.

1. **압도적인 학습량**: GPT 모델은 인터넷에서 수집한 엄청난 양의 텍스트 데이터로 학습되었습니다. 덕분에 어떠한 질문이든 사용자가 요구하는 다양한 주제와 맥락에 대한 광범위한 지식에 대응할 수 있고, 다국어와 같은 폭넓은 언어 능력을 표현할 수 있습니다.

2. **맥락 이해력**: 챗GPT는 사용자의 질문을 이해하고, 매우 적절한 답변을 생성하는 능력을 갖추고 있습니다. 사용자와의 대화에서 이야기의 맥락을 이해하고 주제에 집중하는 관점을 유지하는 능력을 보입니다.

3. **다목적 사용성**: 챗GPT는 다양한 언어 기반 작업에 이용될 수 있습니다. 일상의 고민 상담은 물론, 고객 응대 서비스, 콘텐츠 생성, 교육 도구, 시나리오 작성, 회계 조수, 법률 자문 등 다양한 분야에서 사용될 수 있습니다. 기존의 언어 모델이 번역이나 고객 상담 영역에 한정되었던 것에 비해 더 일반적인 용도로 확장할 수 있습니다.

4. **생성 능력**: 챗GPT는 사용자의 입력에 근거하여 새로운 텍스트를 생성할 수 있습니다. 사용자의 질문에 답변하거나 끝나지 않은 이야기를 이어가고, 객관적인 아이디어를 제안하는 등 다양한 방식으로 콘텐츠를 생성할 수 있습니다.

5. **전이학습(Transfer Learning) 수행**: GPT 모델은 기존에 사전 학습한 데이터를 통한 지식을 새로운 작업에 적용하는 전이학습을 잘 수행합니다. 따라서 새롭고 특정한 작업에 대한 추가 학습 과정 없이도 다양한 작업을 수행할 수 있습니다.

이러한 능력상의 장점에도 불구하고, 챗GPT에는 여전히 제한사항과 풀어야 할 과제가 있습니다. 가장 우수한 GPT 모델이라고 해도 항상 완벽하게 사람의 의도를 이해하거나 사람처럼 생각하고, 일관된 견해를 유지하지는 못합니다. 그래서 사용자가 틀렸다고 지적하면 곧바로 사과하고 입장을 수정합니다. 또한, 가끔 예상치 못한 방식으로 답변하거나 부정확한 정보를 제공하는 할루시네이션 Hallucination의 상황도 발생합니다.

챗GPT의 사회적 기여 방안 _ 착하고 똑똑한 비서

챗GPT는 거대 언어 모델 기반의 챗봇 서비스입니다. 인간의 언어를 이해하고 적절한 답변을 생성하는 데 가장 최적화된 서비스입니다. 챗GPT의 등장에 자극받은 IT 대기업들이 하나둘씩 유사한 서비스를 선보이고 있지만, 챗GPT도 가만히 머물러 있지는 않습니다. OpenAI는 빠른 속도로 GPT 모델을 개선하고 있으며, 스마트폰 앱을 출시하고 홈페이지 메뉴를 개선하는 등 선도자First Mover로서 서비스의 변화를 주도하고 있습니다. 아울러 챗GPT가 일반 챗봇에 한정되지 않고 다양한 분야에 활용될 수 있도록 플러그인 서비스를 제공하는 등 개방적인 제스처도 취하고 있습니다. 인공지능 언어 모델로서 챗GPT가 사회적으로 기여할 수 있는 영역은 다음과 같습니다.

1 폭넓은 접근성: 챗GPT는 장애인을 포함한 개인이 접근할 수 있는 가상의 비서로 사용될 수도 있습니다. 누구나 쉽게 정보와 서비스에 접근할 수 있도록 텍스트 기반이나 음성 기반의 입력을 이해하고 답변하는 훈련이 되어 있습니다.

2 고객 서비스: 챗GPT는 헬스케어, 재무, 판매 등 다양한 산업 분야의 고객 서비스를 개선하는 데 이용될 수 있습니다. 이 모델은 고객에게 질문 답변과 문제 해결 등 고객의 만족과 충성도를 향상시키도록 실시간 지원을 제공할 수 있습니다. 원래 챗봇 서비스가 활용되던 분야에서는 더 지능적이고 복잡한 업무도 수행할 수 있습니다.

3 정신 건강 지원: 챗GPT는 대면 카운셀링 서비스에 접근하기 힘든 개인에게 정신 건강 조언을 제공하는 데에 사용될 수 있습니다. 이 모델은 분노나 우울과 같은 정신 건강 문제를 겪는 개인에게 공감적이면서도 일방적으로 평가하지 않는 중립적인 응답을 제공합니다. 실제로 정신과 진료를 두려워하는 많은 사람은 챗GPT에 고민 문제를 상담하며 대책을 얻기도 합니다.

4 다국어 소통: 챗GPT는 서로 다른 언어를 사용하는 개인들 사이에서 소통의 격차를 좁혀주는 매개체로 쓰일 수 있습니다. 어떤 언어든 서로 다른 문화적 차이를 더 잘 이해하고 소통하면서 실시간으로 대화를 번역할 수 있습니다.

5 위기 대응: 챗GPT는 응급 상황과 위기 지원 서비스 제공에 사용될 수 있습니다. 예를 들어, 자연재해나 화재, 화학 테러, 기타 위험 상황에서 사용자에게 실시간으로 유용한 정보를 제공할

수 있습니다. 다만, 실제 위험 상황에서는 챗GPT가 제공한 정보가 정확한지 한 번 더 확인해야 합니다.

챗GPT는 이렇게 언어 기능뿐만 아니라 공익 정보와 서비스의 접근을 폭넓게 제공하고, 소통과 이해의 도구로 쓰이며, 재난 상황에서의 정보 제공 등 우리 사회 문제를 해결하고 삶의 질을 향상시키는 데에도 쓰일 수 있습니다. 우리 사회를 더 지능적이고 유익하게 연결하여 사회적 약자를 돕고, 기술과 상호 작용하는 방법에서 앞으로 더 큰 혁신을 일으킬 것으로 전망합니다.

빌 게이츠Bill Gates는 2023년 2월 자신의 블로그 노트에서 사회적 불평등 문제를 해결하는 데에 챗GPT와 같은 인공지능 서비스가 크게 기여할 수 있다고 주장했습니다. 전 세계적인 의료 불균형과 교육 격차를 해소하는 도구로도 이용될 수 있을 뿐만 아니라, 보통 사람들의 생산성 향상에도 큰 도움을 주고 창의성의 표현 가정에도 밀접하게 조력할 것이라고 합니다. 결국 모든 개인을 위한 비서로 인공지능 서비스가 이용된다면 인류의 미래에 긍정적으로 작용할 것이라는 전망을 강조하고 있습니다.

챗GPT의 교육적 장점 _ 언제든 묻고 따져도 돼

인공지능 비서의 역할을 톡톡히 해낼 수 있는 챗GPT는 특히 교육 분야에서 그 진가를 발휘할 수 있습니다. 고대의 구전설화를 시작으로 세상의 모든 지식은 언어에서 비롯되었고, 문해력literacy이 교육의 기본 바탕을 형성합니다. 코로나-19 팬데믹 동안 낯선 비대면 학습 환경이 시작되었는데, 동시에 유튜브, 틱톡과 같은 영상 중심의 SNS가 폭발적으로 성장하면서 어린이와 학생들의 문해력이 저하되어 학습 능력에 심각한 문제가 발생하기도 했습니다. 그러나 챗GPT와 같은 언어 기반의 인공지능 서비스가 등장하면서 다시 문해력이 중요하다는 인식이 커지고 있습니다. 직접적으로 언어에 관련된 교육 서비스 외에도 챗GPT는 교육 분야에서 다음과 같은 유익한 기능을 제공할 수 있습니다.

1   개인 맞춤형 학습: 챗GPT는 학생들을 위한 개인별 학습 경험을 창출하는 데에 쓰일 수 있습니다. 이 모델은 각 학생의 개인적인 니즈를 이해할 수 있고 학습 질문과 고민에 대해 맞춤형 답변을 제공할 수 있습니다.

2   지능형 학습 시스템: 챗GPT는 어려운 개념을 관통하는 가이드를 알려주거나 문제해결형 실습을 돕는 지능형 학습 시스템에 이용될 수 있습니다. 학생들에게 실시간 피드백을 주면서 오류를 확인하고 정정하는 데에도 도움을 줄 수 있습니다.

3   매일 24시간 가능: 챗GPT는 매일 24시간 응답하는 가상 도우미를 창출하는 데에 쓰일 수 있습니다. 수업 시간 외에도 언제든 필요에 따라 학생이 도움을 받을 수 있다는 의미입니다. 인간 선생님은 학생의 질문에 답변할 수 있는 시간과 상황에서 제한이 따르기 마련이지만, 챗GPT는 언제 어디서든 여러 번 묻고 따져봐도 항상 일정하게 답변을 생성합니다.

4   다국어 지원: 챗GPT는 학생들이 모국어가 아닌 다른 언어를 배우고자 할 때 유용하도록 여러 언어로 된 질문을 신속하게 이해하고 다른 언어로도 답변할 수 있습니다. 다국어 사용자라면 각 언어의 뉘앙스에 맞는 대화를 주고받을 수 있으며, 때와 장소를 가리지 않는 영어 교육의 수단으로도 활용할 수 있습니다.

5   상호 작용 가능한 학습: 챗GPT는 실제 대화처럼 자연스러운 응답 제공을 통해 학습 활동을 더 재미있고 상호 작용적으로 만들 수 있습니다. 그러면 학생들의 학습에 더 동기부여가 되고 스스로 주제를 탐구하는 데에 흥미를 느끼도록 도와줄 것입니다.

챗GPT는 개인화, 지능화, 상호 작용적 서비스 지원을 통해 학생들의 학습 방식에 큰 혁신을 가져올 것입니다. 학생과 교사의 지식수준 향상과 판단을 도와주는 장점을 계속 외면할 수 없기 때문에, 학교에서 인공지능 서비스에 접근하는 것을 막아야 한다는 주장은 앞으로 설 자리를 잃을 것입니다. 앞으로 챗GPT와 같은 인공지능 서비스는 교사와 학생 사이의 물리적, 심리적 격차를 해소하고 누구나 쉽게 접근하고 즐길 수 있는 학습이 되도록 도와줄 수 있을 것입니다.

할루시네이션(Hallucination)[2] 문제 _ 너무 믿지 마!

　　　똑똑한 만능 비서와 같은 챗GPT도 때로는 실수도 하고 오류를 범할 때가 있습니다. 언어 모델에서 '착각' 또는 '환각'을 뜻하는 영어 단어 'Hallucination'이란 언어 모델이 생성한 정보나 세부 입력이나 맥락에서 현실과 다르거나 정확하지 않은 현상을 일컫는 말입니다. 근본적으로 이것은 입력된 정보나 실제 세상의 지식에 근거하지 않고 모델이 상상하거나 지어낸 가짜 정보를 의미합니다.

할루시네이션은 얼핏 그럴듯해 보이지만 사실적으로 정확하지 않고, 주어진 맥락에 일치하는 텍스트를 언어 모델이 억지로 생성할 때 일어날 수 있습니다. 인간이 거짓말을 지어내는 상황과 유사합니다. 언어 모델도 틀린 정보, 입증되지 않은 주장, 입력에서 모호하게 제시된 어구, 실제 언급되지 않은 세부 상황을 포함하여 문장을 생성할 수 있습니다. 예를 들어, 한동안 인공지능을 풍자하는 밈[Meme]으로 유행했던 이른바 '세종대왕 맥북 던짐 사건'은 할루시네이션 현상의 대표적인 사례입니다. 챗GPT는 처음 한동안 사용자의 질문 의도를 제대로 파악하지 못하고 조선 시대 세종대왕이 맥북을 집어 던진 사건이 실제 있던 것처럼 착각하고 답변을 늘어놓기도 했습니다.

이와 같은 할루시네이션 현상은 훈련 데이터의 제한 또는 데이터의 편향성 때문에 발생할 수 있습니다. 언어 모델이 세상의 모든 분야에서 상세하고 정확한 데이터를 고루 갖추기는 매우 어렵습니다. 이러한 한계 상황에서 사용자가 그럴듯한 말로 질문하면 그 맥락에 맞춰서 대답하려고 말을 지어내다 보니 마치 거짓말을 늘어놓는 것과 같은 현상이 발생하는 것입니다. 기본으로 언어 모델은 인터넷상의 오류나 잘못된 정보, 편향성도 포함될 가능성이 있는 대량의 텍스트 데이터를 통해 훈련됩니다. 오류와 편향성 같은 문제는 언어 모델이 정확하고 맥락에 맞는

---

[2] 할루시네이션(Hallucination): 인공지능(AI)이 정보를 처리하는 과정에서 발생하는 오류. 주어진 데이터 또는 맥락에 근거하지 않은 잘못된 정보나 허위 정보를 생성하는 것.

답변을 생성하는지 효용성과 평판에 영향을 줍니다. 인공지능에 반대하는 전문가들은 이런 할루시네이션 현상과 함께 기존 데이터의 표절 문제를 자주 제기합니다.

언어 모델의 개발 과정에서 할루시네이션 현상을 줄이는 것은 꽤 도전적이고 어려운 숙제입니다. OpenAI도 이러한 문제를 잘 인식하고 있었기에 GPT-3 모델 개발 단계부터 할루시네이션 현상을 줄이고자 전문가들을 동원하여 큰 노력을 기울였습니다. 특히 최신 GPT-4 모델에서는 오류와 편향성 문제를 줄이기 위해 더 많은 장치를 추가하면서 오히려 처리 속도가 느려지고 답변이 지저분해지는 역효과도 발생하고 있습니다. 물론 언어 모델 연구자와 엔지니어들은 지금도 신뢰성 있는 데이터 소스의 공급, 특정 분야에서의 파인튜닝, 더 엄격한 디코딩 평가, 전문가의 답변 검토, 할루시네이션 감소 피드백 등이 포함된 기법을 통해서 모델의 답변 품질을 개선하기 위해 노력하고 있습니다. 이러한 노력과 투자가 계속 누적되면 향후 등장할 새로운 언어 모델은 더 정확하고 능숙하게 답변할 수 있을 것입니다.

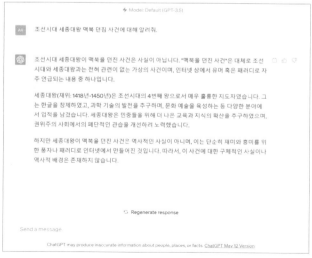

▲ 2023년 3월 전후 챗GPT의 엉뚱한 답변 사례로 널리 유행했던 '세종대왕 맥북 던짐 사건' 질문에 대하여 최근에는 할루시네이션을 일으키지 않고 올바르게 답변하고 있습니다.

데이터의 한계성과 접근성 _ 극복할 수 있는 문제

　　　　　이미 잘 알려진 것처럼 챗GPT의 사전 학습 데이터는 2021년 9월까지 온라인에 공개된 정보입니다. 따라서 그 이후의 정보와 뉴스를 검색하면 올바른 답변을 얻을 수 없습니다. 사전 학습은 앞서 살펴본 거대 언어 모델의 개발 과정에서 매우 큰 비중을 차지하고 엄청난 자원을 소모하기 때문에 최신 정보를 반영하기 위해 수시로 데이터를 업데이트하기는 불가능합니다. 물론 다음 버전의 GPT 모델이 나온다면 2021년 이후의 최신 정보까지 더 추가될 것이 분명합니다. 그때까지는 챗GPT를 최신 정보 검색 용도로 사용하는 대신 기존 정보를 정리하거나 콘텐츠로 산출하는 목적으로 이용하면 됩니다. 따라서 어떤 주제든지 챗GPT와 대화를 시도할 때 2021년 이전에 해당하는 내용이나 시기와 무관한 답변을 구해야 한다는 점을 염두에 두시기를 바랍니다. 아울러 챗GPT와 긴 대화를 마치고, 새로운 채팅을 시작하면 이전의 다른 대화 내용은 기억을 못한다는 점도 현재 상태의 한계입니다.

다만 최근에는 마이크로소프트의 빙^{Bing} 검색엔진과 챗GPT를 통합하거나 연계하여 최신 정보를 처리하려는 시도가 진전되고 있어 정보가 시기적으로 한정된 불편은 줄어들 전망입니다. 2023년 초부터 빙 AI 검색에 GPT-4 모델이 활용되기 시작해서 휴대폰 앱과 에지^{Edge} 브라우저로 접근 범위가 확장되었고, 조만간 윈도우 운영 체제에서도 챗GPT를 바로 코파

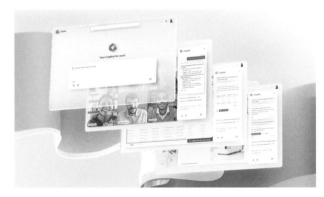

▲ 2023년 3월 16일 마이크로소프트가 오피스 365 앱에 인공지능 서비스 도입을 발표하고 시연한 코파일럿(Copilot) 서비스 소개 화면 (출처: https://www.microsoft.com/en-us/microsoft-365/blog/)

일럿^{Copilot} 서비스로 이용할 수 있도록 연동할 예정이라고 합니다. 부조종사^{Copilot}를

뜻하는 코파일럿 서비스는 마이크로소프트 오피스 앱에도 적용되어 사용자가 원하는 글이나 슬라이드를 순식간에 생성하는 기능을 쉽게 활용할 예정입니다.

2023년 5월에 OpenAI는 자체적으로 아이폰과 아이패드에서 구동되는 챗GPT 앱을 공식 출시했습니다. 처음에는 미국에서만 설치할 수 있도록 제한적으로 공개했지만, 5월 말에는 한국을 포함한 12개 국으로 확장했습니다.

▲ 마이크로소프트는 애저(Azure) 클라우드 데이터센터를 활용하여 챗GPT와 오픈소스 언어 모델의 개선과 협력을 주도하고 있습니다. (출처: https://mycloudit.com/blog/)

챗GPT 앱은 웹사이트 구성을 단순화한 화면 구성을 보여주는데, 다른 여러 나라의 언어와 안드로이드 스마트폰까지 지원을 시작했습니다. 이제는 누구나 손안의 스마트폰에서도 쉽게 챗GPT의 모든 기능을 활용할 수 있습니다. 챗GPT는 어느 경쟁자보다 더 빨리 매일 24시간 전 세계 어디서나 컴퓨터 없이도 접근할 수 있는 최초의 인공지능 서비스 시스템이 된 것입니다.

인공지능에 대한 우려와 비판 _ 그들이 반대하는 이유

빌 게이츠[Bill Gates]의 긍정적인 전망과 달리 인공지능 시스템의 놀라운 성장에 우려와 비판을 내놓는 견해도 많습니다. 세계적인 언어학자 노암 촘스키[Avram Noam Chomsky]는 챗GPT가 지능적인 표절 시스템에 불과하다고 주장했습니다. 베스트셀러 〈사피엔스〉의 저자 유발 하라리[Yuval Noah Harari]는 인공지능의 발전이 우리 사회의 문제를 부각하고 민주주의 체제를 위협할 수 있다고 경고합니다. 인공지능이 제공하는 비주체적 지식 정보 때문에 중요한 진실이 가려지고, 편견과 차별이 증가할 수 있다고 우려합니다. 사회 갈등과 같은 문제의 깊은 이면을 조사하기보다는 말만 번지르르하게 늘어놓는 현상이 증가하면 권력 집단이 주민의 요구에 경청하지 않는 일이 발생하기 쉽다는 비판입니다.

2023년 3월에 유발 하라리와 일론 머스크 등 세계적인 전문가들은 인공지능의 위험성을 주장하며 향후 6개월간 연구를 중지하고 윤리적 문제점을 논의하자는 제안을 내놓았습니다. 미국의 비영리 단체인 미래생명연구소 Future of Life Institute, FLI 명의의 서한에 서명한 수천 명의 전문가들은 "더 늦기 전에 비인간적 지성 Nonhuman Minds 이 인간의 삶에 직접적인 영향을 끼치는 상황을 점검해 봐야 한다."고 주장했습니다. 인간이 챗GPT와 같은 지능적 도구에 의존할수록 무의식 중에 도구에 지배당할 수 있고, 결국 인공지능 시스템을 통제하는 일부 소수의 전문가에게 절대다수가 종속되는 문제가 발생하게 된다는 우려를 강조하고 있습니다.

챗GPT에 대한 이러한 우려가 증가하면서 미국 상원의회는 2023년 5월 16일 OpenAI의 CEO 샘 알트먼 Sam Altman 을 법제사법위원회 청문회로 불러서 인공지능 서비스의 개발 상황과 문제점에 대해 질문을 제기했습니다. 의원들의 질문 공세에 시달리던 샘 알트먼은 인공지능 개발에 공공의 규제와 감독이 필요하다고 답변했습니다. 생성형 인공지능 서비스 시장에서 선두를 차지하고 있는 입장에서는 후발주자의 추격을 따돌리기 위해 규제에 찬성한 것이라는 추측 기사도 보도되었습니다. 이러한 일련의 논쟁과 주장은 결국 범용 인공지능 AGI 의 등장을 우려하는 시각과 맞닿아 있습니다.

거대 언어 모델을 활용한 생성형 인공지능 서비스 개발에서 인간이 개입하는 파인튜닝 및 강화학습 과정을 통해 윤리적인 규범과 제한사항들을 시스템에 주입하게 됩니다. 그런데도 새롭고 유용한 도구를 해킹하고 악용하려는 시도는 언제든 발생하기 마련입니다. 이것이 인공지능이라는 도구 자체의 문제인지 아니면 사용자인 인간의 태도 문제인지에 대해 토론이 더 필요하고, 오남용이나 악용의 소지가 없도록 법규나 규범을 제정하고 적용하는 일 또한 충분한 논의가 필요할 것입니다. 실제로 이탈리아와 같은 몇몇 국가는 저작권과 표절 문제로 챗GPT 서비스의 접속을 서둘러 차단한 사례가 있습니다.

언어 모델이 학습한 데이터의 저작권 침해와 생성된 답변에서의 표절 문제는 반대론자들이 항상 제기하는 문제점입니다. 이와 함께 인공지능 생성 모델 자체는 인격이 없기 때문에 생성된 결과에도 저작권 시비가 따라올 수 있습니다. 문제의 출발점은 인공지능 생성 모델이 도구라는 점입니다. 유용한 도구를 어떻게 사용하여 어떤 결과를 만들어 낼지는 전적으로 사용자에게 달려있습니다. 과거의 인터넷과 스마트폰 사례에서 알 수 있듯이, 앞으로의 시대에서는 이미 시작된 인공지능 서비스를 제외하고 살아갈 수 없을 것입니다. 기술의 발전을 거꾸로 되돌릴 수도 없습니다. 따라서 인공지능 서비스를 어떻게 활용할지가 중요한 문제입니다. 만약 인공지능을 활용할 때 우리가 얻을 수 있는 성취가 더 크다면 누구도 그 접근을 강제로 막을 수는 없을 것입니다.

▲ 2023년 5월 16일 미국 상원 청문회에 출석해 인공지능이 초래할 문제에 대해 답변하는 OpenAI CEO 샘 알트먼
  (출처: https://www.ny1.com/nyc/all-boroughs/politics/2023/05/16/)

인공지능 시대에 필요한 능력 _ 비서보다 주인이 똑똑해야 한다

챗GPT와 같은 생성형 인공지능 서비스가 일상적으로 쓰일 새로운 환경에서 뒤처지지 않기 위해 우리에게 필요한 능력은 무엇일까요? 인공지능에게 빼앗길 직업들의 순위가 언론에 오르내리며 막연한 불안감을 조성하고 있습니다. 지금 눈앞에 등장하고 있는 다양한 인공지능 서비스와 함께 일하고 생활하기 위해서 우리 스스로 보강해야 할 능력은 다음과 같습니다.

1   논리력: 인공지능은 거대한 논리 체계이자 소프트웨어 환경입니다. 개발 과정에서 인공지능이 스스로 학습하고 최적화 훈련을 위해 세밀하게 교정을 받는다고 하지만, 기본적으로 인공지능 서비스는 인간이 설계한 논리적인 시스템입니다. 코딩을 배운 사람이라면 컴퓨터 시스템이 논리에 따라 작동한다는 사실을 체감할 수 있습니다. 마찬가지로 챗GPT와 같은 챗봇 서비스와 대화할 때도 논리적으로 질문해야 제대로 된 답변을 받을 수 있습니다. 만약 질문과 답변에서 논리성을 갖추지 못한다면 원하는 답변이 아니라 실망스러운 결과가 나타날 것입니다.

2   기획력: 챗GPT와 같은 거대 언어 모델은 텍스트 기반의 콘텐츠를 만들어 내는 데 탁월한 장점이 있습니다. 챗GPT와 일반 검색 서비스의 차이점이 바로 콘텐츠 생성 능력입니다. 우리는 글을 쓰기 위해, 보고서를 작성하기 위해, 업무 기획안을 짜기 위해, 또는 사회적인 사실 관계 자료를 정리하기 위해 챗GPT를 사용할 수 있습니다. 우리가 챗GPT에게 요구하는 답변은 간단한 사실 확인을 넘어 유려한 문장으로 작성된 콘텐츠입니다. 원하는 콘텐츠를 신속하게 얻어내기 위해서 꼭 필요한 능력이 바로 기획력입니다. 이것은 기존의 검색 능력과 달리 인공지능을 통해 콘텐츠를 산출해 내도록 유도하는 능력입니다. 전체적인 계획을 바탕으로 세부 사항을 하나씩 요청하여 복잡한 콘텐츠 체계를 하나로 완성하는 방식의 접근이 필요합니다.

3   언어 능력: 챗GPT는 거대 언어 모델 기반 인공지능 서비스 중 하나입니다. 인간이 사용하는 말, 즉 자연어를 인식하고 질문이나 요구에 가장 근접한 키워드를 찾아 유사도를 비교하여 답변을 생성합니다. 따라서 우리가 대화를 나누듯 챗GPT와 오가는 질문과 답변의 언어 자체가 중요합니다. 사용자가 어떻게 말하고 어떤 요구를 하느냐에 따라 생성되는 답변의 내용이 달라집니다. 한국어로 문답을 주고받을 수도 있지만, 영어로 질문하며 세부적인 보충 답변을 요구하면 더 풍부하고 높은 수준의 답변을 얻을 수 있습니다. 만약 한국어든 영어든 문해력이나 언어 소통 능력이 충분하지 못하면 인공지능 서비스와의 대화에서도 곤란을 겪을 가능성이 있습니다. 인간보다 추론 능력이 부족한 인공지능 시스템에게 '우문현답(愚問賢答)'은 없기 때문입니다.

일반 성인들은 기존 학습 경험에 비추어 생성형 인공지능 서비스의 새로운 능력을 선택적으로 수용할 수 있습니다. 반면 어린 학생들은 전문가에 비교할 만큼 탁월한 인공지능의 능력을 성장기에 경험하는 중입니다. 스스로 학습하는 능력을 갖춘 학생이라면 챗GPT에 궁금한 점을 묻고, 상세한 답변을 참고하며 어려운 문제를 풀어갈 수 있습니다. 귀찮게 꼬치꼬치 캐물어도 사람처럼 짜증을 내지 않습니다. 다만, 거대 언어 모델 기반의 챗봇 서비스가 지닌 한계와 장단점을 명확히 파악하면서 접근해야만 할루시네이션이나 편향과 같은 부작용을 최소화할 수 있을 것입니다. 챗GPT는 훌륭한 비서이자 일상의 동반자입니다. 어린이 수준부터 대학원생 수준까지 폭넓은 지식 세계를 체계적으로 제공하는 새로운 도구입니다. 똑똑한 비서를 마다하고 스스로 자료를 찾고 검색해 가며 평소처럼 업무와 학습을 수행할지, 아니면 챗GPT와 함께 더 뛰어난 성과를 빠르게 만들어 낼지 선택의 순간이 다가왔습니다.

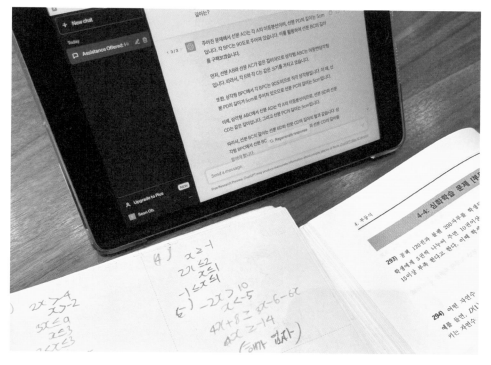

▲ 중학교 1학년 학생이 챗GPT를 활용하여 수학 심화 문제의 풀이 과정을 질문하고 참고하며 스스로 학습하는 장면

챗GPT 계정 만들고 로그인하기

챗GPT를 이용하기 위해서는 먼저 사용자 계정을 생성해야 합니다. OpenAI 웹사이트를 방문하여 사용자로 등록하고 챗GPT 서비스를 이용하는 방법을 알아보겠습니다. 챗GPT를 무료로 이용할 때나 유료로 이용할 때 모두 로그인과 같은 접근 방법은 똑같습니다. 챗GPT를 자주 이용한다면 웹브라우저에 바로가기 또는 북마크를 만들어 쓰면 편리합니다.

1. 챗GPT를 만나러 가는 길 – OpenAI 웹사이트 찾아가기

1   웹브라우저를 열고 구글 검색이나 네이버 검색에서 'ChatGPT' 또는 'OpenAI'를 입력합니다. 검색어 입력 후 나타나는 링크를 클릭해서 OpenAI 웹사이트로 이동합니다. OpenAI 사이트 링크 아래에 ChatGPT 링크가 함께 나타나면 바로 클릭해서 이동할 수도 있습니다.

2   OpenAI 웹사이트(openai. com)의 메인 화면은 인공지능 이슈와 관련하여 자주 바뀌는 편입니다. 상단의 메뉴에서 [Product] – [ChatGPT]를 실행합니다. 바로 회원 가입을 원하면 오른쪽 상단의 [Sign up] 버튼을 클릭합니다. 챗GPT 페이지에서 아래의 [Try on web] 버튼을 클릭합니다.

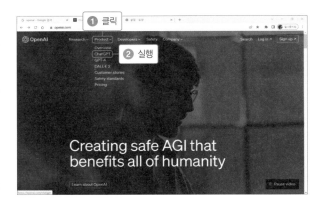

2. 사용자 계정 만들기

1   ChatGPT의 환영 페이지에서 [Sign up] 버튼을 클릭하여 새로운 계정을 만듭니다. 만약 계정을 이미 등록하였다면 [Log in] 버튼을 클릭해 사용자 계정에 로그인합니다.

계정 만들기(Create your account) 페이지의 Email address에 이메일 주소를 입력하고 아래 [Continue] 버튼을 클릭하여 계속합니다.

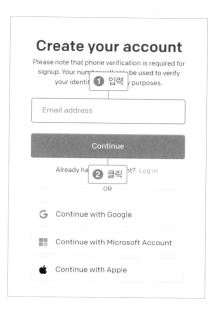

2   만약 사용 중인 구글 계정, 마이크로소프트 계정, 또는 애플 계정으로 등록하려면 아래 목록에서 선택하여 보유 중일 외부 계정을 연결할 수도 있습니다.

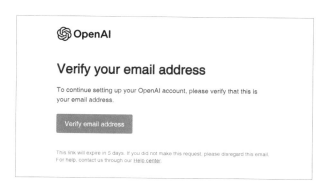

3. 챗GPT 서비스 로그인하기

1   계정 등록이 완료되면 OpenAI 웹사이트(www.openai.com) 또는 챗GPT 페이지(chatgpt.com)에서 [Login] 버튼을 클릭합니다. 등록한 이메일 주소와 비밀번호를 입력하고 [Continue] 버튼을 클릭합니다. 만약 비밀번호를 잊었다면 'Forgot password?'를 클릭하여 비밀번호 찾기를 시작합니다.

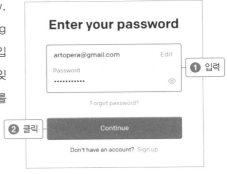

2   OpenAI 웹사이트 메인 페이지에서 로그인하면 다음과 같이 여러 서비스 메뉴가 나타나는데, 왼쪽 'ChatGPT'를 선택하여 챗GPT 서비스로 이동합니다.

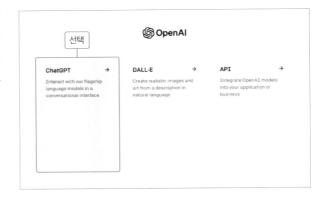

3   처음 접속하는 경우에 현재 챗GPT는 연구용이며 미리 보기 서비스라는 경고창이 여러 번 표시될 수도 있습니다. 이때 아래의 [Next] 버튼을 클릭해서 다음으로 넘어갑니다. 입력한 데이터가 인공지능 훈련에 사용될 수 있으니 민감한 정보를 공유하지 말라는 경고창이 표시되는데, 이때도 역시 [Next] 버튼을 클릭해서 다음으로 넘어갑니다. 세 번째로 사용자 피드백을 남기면 도움이 된다는 메시지 창이 표시되면 녹색 [Done] 버튼을 클릭해서 닫습니다.

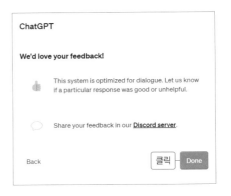

4   경고 창을 닫으면 오른쪽과 같은 챗GPT 서비스 화면이 나타납니다. 화면 왼쪽 회색 사이드바 (Sidebar) 영역에는 새로운 채팅을 시작하는 [+ New chat] 버튼과 채팅 히스토리가 나타나고, 그 아래에 유료 서비스로 업그레이드하는 [Up grade to Plus]와 [Log out] 등의 사용자 메뉴 버튼이 표시됩니다. 화면 중앙에는 챗GPT를 활용하는 질문 예시가 이미지, 문서, 아이디어, 데이터 유형 등으로 나열되어 있습니다.

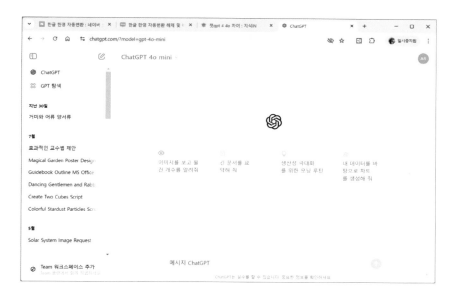

5   가운데 화면 아래 가로로 길게 표시된 프롬프트의 '메시지 ChatGPT' 부분에 텍스트를 입력하고 화살표 모양의 전송 아이콘을 클릭하여 챗GPT와 첫 대화를 시작할 수 있습니다. 그 아래에는 회색으로 'ChatGPT는 실수를 할 수 있습니다. 중요한 정보를 확인하세요.'라는 경고 메시지가 표기되어 있습니다. 대화를 시작해 보기 위해 '챗GPT는 무엇을 할 수 있어?'와 같은 간단한 질문을 입력하고 나서 검은색으로 활성화된 오른쪽 전송 아이콘을 클릭합니다.

챗GPT에 제대로 질문하기

생성형 인공지능 서비스 챗GPT에 질문하고 답변을 구하는 과정은 어렵지 않지만, 질문을 어떻게 제시하느냐에 따라 생성되는 답변의 차이는 매우 큽니다. 질문을 명확하게 제시하면서 키워드와 예시까지 전달하면 더 적절한 답변을 얻을 수 있습니다. 질문에서 역할이나 대상을 특정하게 지정하면 그에 적합한 말투로 답변 내용을 생성해 줍니다. 똑같은 질문을 여러 번 반복하면 답변 내용이 세부적으로 달라지는 언어 모델의 특성을 확인할 수 있습니다. 답변이 잘못되었다고 사용자가 지적하면 챗GPT는 곧바로 사과하고 다시 답변을 생성합니다.

인공지능에 질문하는 기법을 '프롬프트 엔지니어링^{Prompt Engineering}'이라고 합니다. 챗GPT와 같은 생성형 인공지능 서비스에 효과적으로 질문이나 명령을 전달하는 기술을 뜻합니다. 이 용어가 '엔지니어링'인 이유는 인공지능 시스템이 제대로 질문을 이해하고 답변을 산출할 수 있도록 유도하는 기술이기 때문입니다. 최근 챗GPT의 폭발적인 인기에 따라 프롬프트 엔지니어의 수요도 빠르게 증가하고 있습니다. 일반 사용자도 챗GPT를 제대로 이용하기 위해서 다음과 같은 질문 원칙들을 적용하면 더 나은 답변을 얻을 수 있습니다.

1. 명확한 문장으로 질문하기

챗GPT는 생성형 언어 모델입니다. 따라서 말을 지어내는 일을 제일 잘합니다. 챗GPT에 질문하거나 말을 걸 때는 인공지능 시스템이 잘 알아듣고 정확하게 답변할 수 있도록 질문해야 합니다. 무슨 답을 원하는지 문장 구조를 갖춰서 질문해야 답변도 잘합니다. 예를 들어, 일본 여행을 준비하기 위해 질문한다고 가정해 보겠습니다. 만약 별다른 질문의 의도 없이 일본 여행이 어떠냐고 질문하면 막연하고 일반적인 답변이 돌아옵니다. 때로는 답변의 정보가 사실과 다를 수도 있으니 한 번씩 사실관계를 검증하는 습관도 필요합니다.

복잡하거나 긴 답변을 생성할 때 중간에 잘리는 상황이 자주 발생합니다. 만약 답변이 생성되다가 잘린 상태로 멈췄다면 화면 아래쪽 [Continue generating] 버튼을 클릭하여 이어서 답변하도록 지시하면 됩니다.

```
이 외에도 규슈 지방에는 다양한 관



        ↻ Regenerate response    ⋙ Continue generating

Send a message
```

2. 키워드와 답변 스타일 제시하기

글을 생성할 의도로 챗GPT에 질문하거나 글 작성을 요구할 때는 원하는 글의 키워드와 예시를 제시하면 더 적절하고 빠르게 답변을 얻을 수 있습니다. 예를 들어, 여행을 마치고 돌아와서 블로그에 여행 후기와 같은 감상문을 작성한다고 가정하고, 글의 주제와 키워드를 제시하면 그럴듯한 감상문을 생성합니다.

챗GPT는 한번 시작한 세션 내의 대화를 기억하고 계속 응용하면서 답변할 수 있습니다. 만약 여행 감상문을 다른 목적으로 사용하기를 원한다면 그 대상과 스타일을 지정하여 다시 요구할 수 있습니다. 가족 여행을 다녀온 학생이 체험활동 보고서를 제출한다는 상황을 가정하고, 다시 요구하면 보고서 스타일에 맞게 작성해 줍니다. 생성된 답변에서는 한글 맞춤법에 어긋나는 표현도 있으니 그대로 복사해서 이용하기보다는 맞춤법 표기를 교정하고, 어색한 문장들은 본인 문체에 맞도록 편집해서 사용해야 합니다.

3. 여러 번 꼬리 물어 질문하기

사용자 요청에 따른 챗GPT의 답변은 그럴듯한 문구로 작성된 일반적인 내용인 경우가 많습니다. 언어 모델에 사용자가 원하는 특성을 대입하려면 질문이나 요구를 더 구체적으로 제시해야 합니다. 필요한 내용을 점차 구체적으로 여러 번에 걸쳐 나누어 질문하면 더 상세하고 정확한 답변을 얻을 수 있습니다. 이러한 방법은 꼬리에 꼬리를 물어 질문하는 것과 같습니다. 챗GPT는 동일한 대화 세션에서 이전의 대화를 기억하고 있습니다. 따라서 한번 나눈 대화라도 나중에 궁금한 것이 있다면 해당 대화를 다시 열어서 앞서 주고받은 내용을 전제로 추가 질문을 이어갈 수 있습니다.

4. 역할 부여하기

챗GPT에 적절하게 답변을 요구하는 방법의 하나는 역할을 부여하는 것입니다. 요구사항에 앞서 역할을 전제하고 질문하면 챗GPT는 그 역할을 가정하고 답변하기 시작합니다. 챗GPT가 수행할 수 있는 역할은 다양합니다. 예를 들어 선생님, 상담사, 회사원뿐만 아니라 변호사, 작사가, 회계사와 같은 전문적인 역할도 수행합니다. 특정 직업과 같은 역할을 부여하면 막연한 답변이 아니라 더 구체적으로 해당 직무에 맞추어 답변을 작성해 줍니다.

다음은 교사, 팀장, 회계사 등의 역할에 따른 답변 내용의 예시입니다. 각자의 역할에 따라 적절한 답변을 생성하는 것을 확인할 수 있습니다.

교사의 역할 예시

 초등학교 교사 입장에서 과잉 행동 장애 학생을 어떻게 대처해야 할까?

 과잉 행동 장애를 가진 학생을 대처하는 것은 교사에게 도전 과제일 수 있습니다. 다음은 초등학교 교사로서 과잉 행동 장애 학생에 대한 전략적 대처 방안입니다.

1. **학생을 이해하기**: 과잉 행동 장애 학생의 특성과 심리적, 사회적 요소에 대해 학습하세요. 이해하는 것은 그들을 더 효과적으로 지원하는 첫 번째 단계입니다. 학생이 왜 특정한 행동을 보이는지 이해하고, 그들에게 어떤 도움이 필요한지 파악하는 것이 중요합니다.

2. **일상 구조와 일관성**: 일상적인 루틴과 구조를 제공하여 학생이 예측할 수 있는 환경에서 안정감을 느낄 수 있도록 도와주세요. 시간표를 만들어 일관된 일상을 유지하고, 예상되는 변화나 이벤트를 학생에게 사전에 알려줌으로써 불안을 완화할 수 있습니다.

3. **명확한 지침과 규칙 설정**: 학생에게 명확하고 간결한 지침을 제공하세요. 규칙과 기대 사항을 명확히 설명하고 시각적인 지원 도구를 활용하여 시각적인 약속을 제공해 주세요. 이는 학생이 예상되는 행동을 이해하고 따를 수 있도록 돕습니다.

4. **긍정적인 강화**: 학생의 긍정적인 행동에 대해 칭찬과 강화를 제공하세요. 이러한 강화는 학생이 원하는 결과를 얻을 때 더 적절한 행동을 취할 가능성을 높입니다. 개별적인 강화 방법을 찾아 학생에게 맞춤형으로 적용해 보세요.

5. **관찰과 문제 해결**: 학생의 행동을 지속해서 관찰하고 문제가 발생할 때 적절한 대처 방법을 찾아보세요. 특정 상황에서 어떤 행동이 문제를 유발하는지 파악하고, 그에 맞는 전략을 개발하여 학생을 지원하세요.

6. **협력과 지원 체계**: 다른 교사, 교육 전문가, 학교 관리자 및 학부모와 협력해 학생을 효과적으로 지원할 수 있는 체계를 구축하세요.

이러한 전략은 과잉 행동 장애 학생을 대처하는 데 도움이 될 수 있지만, 각 학생은 개별적인 요구와 특성을 가질 수 있으므로 개별화된 접근 방식이 중요합니다. 상황에 따라 유연하게 대처 방법을 조정하고, 지속적인 관찰과 평가를 통해 학생의 진전을 모니터링하세요.

팀장의 역할 예시

 팀장이라 가정하고, 팀원들의 협력을 높일 방안을 알려줘.

 팀원들의 협력을 높이는 것은 효율적이고 성공적인 팀 업무 수행에 중요한 역할을 합니다. 다음은 팀원들의 협력을 높일 수 있는 몇 가지 방안입니다.

1. **목표 공유**: 팀원들과 공유할 명확하고 구체적인 목표를 설정하세요. 목표가 명확하면 팀원들이 나아갈 방향을 이해하고 동일한 목표를 향해 협력할 수 있습니다.

2. **역할 및 책임 할당**: 각 팀원에게 역할과 책임을 명확하게 할당하세요. 효율적인 협력을 위해서는 팀원들이 자신의 역할을 이해하고 임무를 완수하는 것이 중요합니다.

3. **개인의 강점 활용**: 팀원들의 개인적인 강점과 전문성을 인식하고 활용하세요. 각 팀원이 자신의 강점을 발휘할 기회를 주고, 업무 분담을 할 때 각자의 전문성을 고려해 조정하세요.

4. **의사소통 강화**: 효과적인 의사소통은 협력을 높이는 핵심 요소입니다. 정기적인 회의를 통해 팀원들과 의견을 공유하고, 문제점을 해결하기 위해 개방적인 대화를 끌어내세요. 소통 도구나 팀 협업 도구를 활용해 정보를 공유하고 협업을 강화하세요.

5. **동기 부여 및 인정**: 팀원들에게 업적을 인정하고 성과에 대한 동기를 부여해 주세요. 성과에 대한 공로를 인정하고, 개인적인 성장을 촉진하기 위한 개발 기회를 주세요. 피드백과 칭찬을 통해 팀원들을 지원하고 격려해 주세요.

6. **팀 빌딩 활동**: 팀원들 간의 관계를 강화하기 위해 팀 빌딩 활동을 추진하세요. 팀 구성원들이 서로를 더 잘 이해하고 신뢰할 수 있는 환경을 조성하는 것이 중요합니다. 팀 멤버들이 서로에게 관심을 가지고 함께 시간을 보낼 수 있는 활동이나 워크숍을 구성해 보세요.

문제를 해결하고 협력하는 데 필요한 기술을 개발하도록 지원하세요. 협업 기술, 충돌 관리, 효과적인 결정 방법 등을 교육하고 팀원들에게 필요한 도구와 자원을 제공해 주세요. 팀원들의 협력을 높이는 것은 지속적인 노력과 지원이 필요한 과정입니다. 팀의 특성과 상황에 맞게 이러한 방안을 조정하고 유연하게 대응해 주세요.

회계사의 역할 예시

회계사의 입장에서 영업 실적이 개선되지 않는 식당의 문제 해결 방법을 제안해 줘.

식당의 영업 실적이 개선되지 않는 문제를 해결하기 위해 회계사의 입장에서 몇 가지 제안을 드릴 수 있습니다.

1. **재정 분석 및 비용 관리**: 식당의 재정 상태와 비용 구조를 분석하세요. 수익과 비용을 자세히 살펴보고, 불필요한 비용을 줄이는 방법을 찾아보세요. 예산을 세우고 목표를 설정하여 비용을 효과적으로 관리하세요.

2. **메뉴 개선과 가격 전략**: 식당의 메뉴를 검토하고 개선해 보세요. 고객의 니즈와 요구에 맞춘 다양한 선택지를 제공하는 것이 중요합니다. 가격 전략을 검토하여 경쟁력 있는 가격을 제시하면서도 수익을 높일 방법을 고민해 보세요.

3. **마케팅 및 프로모션 활동**: 식당의 가시성을 높이기 위해 마케팅 및 프로모션 활동을 강화해 보세요. 소셜 미디어, 온라인 광고, 할인 행사, 이벤트 등을 통해 식당을 홍보하고 고객을 유치하세요. 주변 지역 사회 및 사업체와의 협력을 강화해서 네트워킹을 확장해 보세요.

4. **고객 경험 개선**: 고객 경험을 향상시켜 식당에 재방문을 유도할 수 있습니다. 서비스 품질, 음식 품질, 청결도 등을 주의 깊게 관리하세요. 고객의 의견을 수렴하고 피드백에 대응하여 식당을 개선해 보세요.

5. **경영 전략 재고**: 현재의 경영 전략과 방향성을 재고해 보세요. 타깃 고객층, 시장 변화, 경쟁 환경 등을 고려하여 새로운 전략을 수립하고 시도해 보세요. 새로운 시장 세그먼트, 혁신적인 메뉴, 서비스 확장 등을 고려해 보세요.

6. **재무적인 조언과 자금 확보**: 회계사로서 재무적인 조언을 통해 식당의 재정 상태를 개선할 방안을 찾아보세요. 자금 확보를 위해 금융 기관과의 협력을 모색하거나 정부 지원 프로그램을 탐색해 보세요.

위의 제안은 식당의 영업 실적 개선을 위한 일반적인 전략입니다. 실제 상황에 따라 맞춤화된 전략과 솔루션을 찾기 위해 전문적인 재무 컨설턴트나 비즈니스 전문가의 도움을 받는 것이 유용할 수 있습니다.

5. 예시를 제공하면서 질문하기

챗GPT에 글 작성을 요구할 때 기존 예시, 즉 답변 샘플을 제시하면 더 유사한 답변을 생성할 수 있습니다. 제시하는 예시는 길지 않고, 간결한 형식이면서 따옴표 안에 제시하면 더 좋습니다. 시 또는 홍보 문구처럼 간결하면서도 고도의 창작에 가까운 글 생성에는 시간이 다소 소요될 수 있으니 잠시 기다립니다.

홍보 문구 예시

 다음 예시와 같은 게스트하우스 홍보 문구를 3개 작성해 줘.

 "내 집처럼 편안하고, 클럽처럼 짜릿한 게스트하우스, 스테이클럽"

1. "편안함과 짜릿함이 한 자리에! 스테이클럽, 당신의 두 번째 집입니다."

2. "경험은 짜릿함으로, 휴식은 편안함으로! 스테이클럽, 최고의 게스트하우스 체험을 선사합니다."

3. "마음까지 따뜻한 편안함과 잊지 못할 짜릿함이 있는 곳, 스테이클럽에서 특별한 순간을 만끽하세요."

챗GPT는 각종 언어 데이터들을 풍부하게 학습한 생성형 언어 모델입니다. 사용자가 원하는 내용을 전달받으면 학습한 텍스트 중에서 적합한 내용과 스타일을 검토하고 순식간에 적절한 답변을 생성합니다. 인간의 언어는 분절된 데이터가 아니라 선형적으로 흘러가는 시퀀스의 특성이 있습니다. 챗GPT도 답변을 생성할 때 완성될 글의 가장 첫 문장, 첫 단어부터 생성하기 시작해 마지막 결론까지 쉬지 않고 글을 이어갑니다. 생성한 글의 내용이 평이하고 막연할 수도 있지만, 질문 요령에 따라 더 구체적이고 적합한 답변을 작성할 수 있습니다. 사용자가 더 적절하게 질문하고 시행착오 없이 요구하는 요령은 경험을 통해 배웁니다. 각자 필요에 따라 챗GPT를 더 쓸모 있고 유능한 비서로 활용하는 지혜가 필요합니다.

10110010
01010100

PART

2

챗GPT, 교육에 활용하기

거대 언어 모델 기반의 생성형 인공지능 서비스 챗GPT를 가장 효과적으로 활용할 수 있는 분야는 교육입니다. 어린이 대상의 초등 교육부터 대학원생의 논문 연구까지 모든 연령층과 교육 수준에 맞게 필요한 도움을 얻을 수 있습니다. 언어 모델 기반이기 때문에 여러 교육 분야 중에서도 글을 작성하거나 해석하는 방식의 활용은 충분히 가능합니다. 이번 파트에서는 다양한 방식으로 챗GPT를 교육에 활용하는 방법들을 예시와 함께 살펴보겠습니다.

교육적 활용 가능성 알아보기

챗GPT를 교육에 활용하는 유용성을 자기 주도 학습, 개인 맞춤형 학습, 고등 교육 수준 연구,
학교 교육에서의 적용 가능성 등의 측면에서 안내합니다.

챗GPT는 글을 지어내는 인공지능 서비스입니다. 따라서 교육의
다양한 방식 중에서도 글과 언어 기반의 도구로 쓰일 수 있습니다. 글짓기와 요약,
외국어 학습, 논문 작성 준비와 보고서 기획 등의 임무에는 훌륭한 비서이자 보조
교사 역할을 제공합니다. 사람과 달리 학습자의 반복된 질문이나 귀찮은 요구에도
짜증을 내지 않습니다. 그러나 사회적 상식이나 논문 자료를 요구하면 사실과
다른 답변을 생성할 수도 있으니, 사용자의 점검과 사실 확인이 필요합니다. 챗
GPT가 생성한 답변을 그대로 복사해서 사용하지 말고, 사실 확인 후 내용 편집과
교정을 거쳐 사용해야 합니다.

내 손안의 선생님 챗GPT _ 자기 주도 학습에 활용 가능

전통적인 교육에는 쓰이지 않던 인터넷과 스마트폰이 우리의 생
활 환경 전반을 변화시키면서 교육에도 충분히 활용되고 있듯이 인공지능 서비

스도 교육에 필수로 활용될 것입니다. 학교 교육에서는 7년 주기의 교육과정 개편 과정을 통해 새로운 교육 기법을 도입하기 때문에 오랜 기간이 소요될 것입니다. 반면 일상적인 학습 환경에서는 지금이라도 당장 챗GPT를 활용할 수 있습니다. 특히, 학생 스스로 챗GPT를 학습에 활용하는 방법이 가장 권장됩니다. 챗GPT는 사람과 비교해서 인내심이 크고 지치지 않는 보조 교사 임무를 수행합니다. 학생들에게 최신 경향이나 고급 정보를 알려줄 수는 없지만, 모르는 부분을 체계적으로 설명하면서 자료를 정리해 주는 능력은 학원 강사 못지않게 뛰어납니다. 이제는 손쉽게 아이폰 앱으로 만날 수 있으므로 쉬는 시간이나 이동 시간에 잠시 짬을 내서 학습에 필요한 질문과 답변을 주고받을 수 있습니다. 혼자만의 시간에 스스로 학습할 때는 남들 눈에 보이지 않는 유능한 선생님으로 활용할 수 있습니다.

학교 수업을 마치면 입시학원 또는 보습학원들을 순회하는 일반 학생들의 일과를 고려하면 챗GPT와 대화하면서 학습할 여력이 없다고 주장할 수도 있습니다. 그러나 과목의 도입부에서 미진한 개념이나 이론적 배경을 탐문하고 체계적으로 정리하는 데에 잠깐이라도 활용하면 편리합니다. 특히 영어, 과학, 세계사, 지리 등의 분야에서는 기존 학습 데이터가 방대하므로 무엇이든 물어보면 만족할 만한 답변을 제시해 줍니다. 그러나 수학이나 국어 학습에서는 주의가 필요합니다. 논리적으로 문제의 틀을 갖춘 서술형 수학 문제에는 챗GPT가 비교적 풀이 과정을 분명하게 답변하지만, 가끔 수치 계산이 틀리는 경우도 있고, 공식에 대입해서 문제를 빨리 푸는 방식에는 취약한 편입니다. 또한, 한국어 텍스트 데이터의 학습량은 영어와 비교하면 부족하기 때문에 국어 문제의 해석과 답변에 능숙하지 못합니다. 그런데도 챗GPT는 학습 계획 설정부터 풀이 과정의 점검까지 학습자의 필요에 충실한 보조 교사 역할을 잘 수행할 수 있습니다. 자기 주도 학습에 익숙한 학생이라면 챗GPT를 활용하여 부족한 내용의 보충에 도움을 얻어보기를 바랍니다.

우등생 챗GPT _ 맞춤형 학습 도우미로 활용 가능

모든 영역에서 아는 지식을 그럴듯하게 쏟아내는 챗GPT를 학습 도우미 또는 보조 교사로 활용할 때는 언어 모델 특성에 관한 이해와 적응 과정이 필요합니다. 언어 기반의 정보를 학습한 인공지능이기 때문에 언어에 관련된 모든 학습과 상담에 매우 유용합니다. 공부에 필요한 글을 생성하고, 학습 요소를 찾아주고, 수준별 문제를 만들어 주고, 답안을 가르쳐 주는 일에도 능숙합니다. 학습 목표와 계획을 설정하고, 단계별 주의 사항도 언급해 줄 수 있습니다. 이 정도로 학습 도우미 역할을 톡톡히 해냅니다. 다만, 제대로 도움을 받기 위해서는 질문과 요청을 정확히 해야 합니다.

글을 작성시킬 경우에도 주제, 형식, 분량, 키워드, 표 작성 여부, 항목 구분점 표시 등을 처음부터 요구해야 원하는 결과를 얻을 수 있습니다. 앞서 설명한 것처럼 인공지능은 사용자의 막연한 요구에 구체적으로 답변할 수 없습니다. 질문 요청에 따라 시각적으로 명확한 표를 작성해 줄 수도 있지만, 막연한 요청에 대해서는 아스키코드로 된 구분 선으로 대충 초안만 그려줄 수도 있습니다. 이럴 때는 표를 어떻게 작성해달라고 다시 요청하든가 아니면 사용자가 문서 작성이나 프레젠테이션 프로그램에서 직접 표를 짜야 합니다. 수학이나 과학 계열의 문제도 챗GPT에 질문할 때 주의해야 합니다. 단순 계산 정도는 쉽게 설명해 주지만, 지문 해석 능력이 필요한 서술형 문제의 경우 챗GPT는 태연하게 오답을 늘어놓기도 합니다. 이때 답변으로 제시된 풀이 과정을 꼼꼼하게 검토하여 해석이나 계산의 오류가 있는 부분을 찾아서 수정 보완을 요구하면 다시 풀이 과정을 정확하게 답변하기도 합니다.

이같이 오답을 아무렇지 않게 제시하는 상황은 챗GPT가 언어 모델 기반 서비스이기 때문에 발생합니다. 생성형 언어 모델은 질문에 적합한 말을 지어내기 위해 첫 단어를 설정하기 시작하여 가장 빈도수가 높은 단어로 다음 순서들을 연결하고 맥락에 맞게 문장을 다듬는 방식으로 답변을 생성합니다. 답변 생성을 일종의 확률 게임에 근거하고 작성하는 방식입니다. 따라서 학습한 데이터와 일치하고 근거가 확실한 질문에 대해서는 비교적 정확한 답변을 제시하지만, 모호한 질문에 대해서는 아무 말이나 늘어놓을 수 있습니다. 그러므로 챗GPT를 나만의 학습 도우미로 활용하며 적응할 때는 명확하고 구체적인 질문과 함께 답변 내용을 계속 의심하고 검토하는 습관이 필요합니다. 그렇다고 챗GPT를 몹쓸 거짓말쟁이로 여길 필요는 없습니다. 현재는 유료 구독 계정에서만 사용할 수 있지만, GPT-4 모델이 각종 자격시험에서 보통의 인간보다 더 우수한 점수를 얻었다는 점을 잊으면 안 됩니다. 인간으로 치면 우등생이긴 한데 눈치가 조금 없고, 아무 말이나 자랑스레 늘어놓는 친구를 연상하면 됩니다. 이런 친구를 어떻게 대하고 다독거려서 나의 학습 도우미로 삼을 수 있을지 고민이 필요합니다.

대학원생 수준의 챗GPT _ 교육과 연구의 동반자로 활용 가능

챗GPT의 교육 활용 가능성과 답변 수준에 관해서 많은 교육 전문가들은 그 능력치를 대학원생 수준에 비교할 수 있다고 말합니다. 대학원생 수준이라는 의미는 일단 자료의 취합과 정리에 능하고, 초안 수준의 보고서와 발표 자료를 작성할 수 있으며, 교육 행사의 기획과 성과 정리에도 도움을 받을 수 있는 수준입니다. 번역 서비스를 위한 언어 모델에 기반을 두었기 때문에 해외 교류 업무에 필요한 외국어 자료의 취합과 번역에도 능숙합니다. 조만간 마이크로소프트 오피스 365의 코파일럿^{Copilot} 기능이 온전히 제공된다면 분야를 가리지 않고 콘텐츠 창작에 더 많이 활용될 것입니다. 따라서 필요한 결과를 얻기 위해 챗GPT를 다용도로 이용하는 습관을 남보다 먼저 지닌다면 다른 인공지능 서비스가 출시되어도 어렵지 않게 적응할 수 있습니다.

대학생부터 교수까지 연구 종사자에게 챗GPT는 준비 시간을 아껴주는 스마트 조교 역할을 톡톡히 해냅니다. 논문 작성을 위한 준비 작업을 예로 든다면, 연구 주제의 탐색부터 필요성까지 챗GPT에 질문하고 타당성을 검토해 볼 수 있습니다. 기존 논문과 최신 연구 동향 자료들을 검색할 때 GPT-4 모델의 빙 검색을 활성화한 후 검색하면 해당 분야의 논문은 물론 최신 보도자료까지 일목요연하게 제공해 줍니다. 챗GPT는 연구 모델의 정립 과정에서도 기존 자료를 조사하고 분석하는 데에도 활용할 수 있으며, 비교 대상의 장단점 분석도 정교하게 제시합니다. 논문 작성 중 문장이 잘 풀리지 않을 때 키워드와 문제점을 챗GPT에 질문하면 보편타당한 해결책을 제시합니다. 완성한 논문의 요약을 부탁하여 초록으로 작성하고, 국문 초록을 영문 초록으로 번역하는 일도 챗GPT에 편하게 맡길 수 있습니다. 다만, 맞춤법이나 전문 용어의 정확성을 비롯해 문장 구조에 어색함이 없는지는 사용자가 끊임없이 확인하고 교정해야 합니다. 연구 윤리 문제뿐만 아니라 연구의 가치를 결정하는 내용을 챗GPT가 대신 작성해 줄 수는 없기 때문에 연구자는 일종의 인공지능 조교를 이용하고 있다는 점을 잊으면 안 됩니다.

보조 교사 챗GPT _ 학교 교육에서의 활용 가능

학교 교육 환경에서 교사나 교수가 챗GPT를 수업에 활용한다면 어떻게 접근해서 이용할지 프로세스를 고민해야 합니다. 먼저 수업 계획서를 작성하는 실무적인 일을 맡길 수도 있지만, 수업의 주제를 설정하고 핵심 키워드를 도출하는 일로 시작하는 것이 좋습니다. 이어서 각 키워드 또는 항목별 학습 요소와 내용을 준비하는 요청을 전달합니다. 그러면 챗GPT는 수업에 쓰일 수업 지도안을 준비하는 데에 필요한 내용과 학습 요소 준비에 도움을 제공할 수 있습니다. 이미 전 세계의 모든 텍스트 자료를 학습했기 때문에 국제적으로 통용되는 교육 요소를 제시할 수도 있고, 국내 교육과정에 부합하는 내용으로 한정하면 교실 수업에 적절하게 정리해 줍니다. 콘텐츠 제작 과정에 챗GPT를 이용할 때도 먼저 기획 아이디어가 필요하듯, 교사 또는 교수는 학생들에게 어떤 주제로 어떻게 수업을 이끌어야겠다는 아이디어를 스스로 준비해야 제대로 활용할 수 있습니다. 수업의 기획 아이디어부터 챗GPT에 의존하면 흔하고 구태의연한 답변을 얻기 때문입니다.

교사와 교수는 수업 외에도 많은 행정 업무와 잡무에 시달립니다. 각종 문서의 작성으로 귀결되는 잡무는 교육자의 귀중한 시간을 낭비하는 요인이 됩니다. 수업 외 시간에 학생 상담 보고서와 생활기록부를 작성할 때도 챗GPT의 도움을 받을 수 있습니다. 상담 보고서나 생활기록부에 들어갈 항목을 제시하고, 글자 수와 단어 제한을 언급하면 챗GPT는 기준에 맞춰 글을 작성합니다. 학생의 창의적 체험 활동^{창체} 내역이나 세부능력 특기사항^{세특} 등을 작성하고자 할 때는 학생의 활동 내역을 구체적인 세부 항목으로 제시하고 글자 수와 문장 예시를 제공하면 챗GPT는 그에 맞는 문장을 생성합니다. 또한, 교권 침해나 학생 인권에 관련된 문제에 대해서도 챗GPT는 심리상담사와 같은 조언을 들려줍니다. 인공지능 시대의 교수자는 학교 수업에서도 인공지능의 원리와 활용, 사회 문제와 윤리 등을 지도하고 토론하여 미래 세대에게 올바른 인식과 접근법을 제공해야 합니다.

최근 생성형 인공지능이 교육 분야에서도 활용되기 시작하면서 새로운 에듀테크 적용에 적극적인 교육부는 2022 개정 교육 과정의 일환으로 AI 디지털 교과서의 제작과 보급을 서둘러 준비하고 있습니다. AI 디지털 교과서는 기존의 디지털 교과서에서 더 나아가 학생들에게 맞춤형 교육을 제공하고, 각자의 학습 상황을 점검하여 개별 성취도를 교사가 실시간으로 관리하는 데에도 도움을 줄 수 있습니다. 그러나 기존의 디지털 교과서에서 나타난 문제점과 한계를 개선하기도 전에 체계적인 검토와 준비 과정도 없이 인공지능 기능을 성급히 도입하여 교육 현장에 혼란을 가중할 수 있다는 반론과 함께 어린 학생들의 디지털 중독에 대한 우려의 의견도 대두되고 있습니다.

인공지능 기술은 지금 고속 성장의 첫걸음을 뗀 상황이기 때문에 교육 당국은 향후 인공지능과 함께 공부하고 일하는 환경에 대한 치밀한 검토와 대응 준비를 전제해야 합니다. 생성형 AI의 등장과 함께 급변하는 교육 현장에서 교수자와 학생은 먼저 인공지능의 장점과 한계를 분명히 인식하고 윤리적인 측면까지 고려하면서 접근하면 시행착오를 줄일 수 있습니다.

자기 주도 학습에 활용하기

학생 스스로 과제를 설정하고 학습을 수행하는 자기 주도 학습에 가장 적합한 특성을 가진
챗GPT의 다양한 활용성을 예시와 함께 상세하게 알아보겠습니다.

자기 주도 학습은 학습자가 스스로 학습 방향과 목표를 결정하고,
계획을 수립하여 자신의 학습을 주도하는 학습법입니다.

표 1. 챗GPT의 학습 도우미 역할

챗GPT의 역할	교육 항목	학습자가 챗GPT로부터 받을 수 있는 도움
학습 컨설팅	목표 설정	학습 목표에 대한 탐색과 아이디어 제공
		목표를 정의하고 설정하는 데 필요한 제언
	학습 계획	단계적인 학습 계획 수립에 대한 조언
		자원 활용 방법과 순서에 대한 정보 제공
학습 콘텐츠 제공	맞춤형 자료 제공	관련 도서, 논문, 웹사이트, 온라인 강의 등 추천
		필요한 정보나 자료를 검색하여 제공
1:1 과외 선생님	문제 해결	어려운 문제에 대한 가이드나 해결 방법 제시
		비슷한 문제를 해결한 사례나 전략 공유
	창의적 아이디어	창의적인 학습 접근법이나 아이디어 제안
		예시나 실생활 적용 사례를 통해 창의적인 사고 유도
	피드백	학습 방법의 개선점에 대한 피드백 제공
		추가 학습 자료나 참고 자료 추천
평가 도구	학습 평가	학습 성과의 평가 및 분석
		개선을 위한 자기 평가 도구나 방법 제안

챗GPT는 자기 주도 학습을 위한 도구로 활용하기에 적합합니다. 학습자는 챗GPT와의 대화를 통해 자신의 학습 목표를 탐색하고 확인할 수 있으며, 학습 계획 수립부터 단계적으로 정보를 얻어가며 학습 과정을 구체화할 수 있습니다. 자기 주도 학습에 활용하기 위한 챗GPT의 역할은 1 학습 컨설팅, 2 학습 콘텐츠 제공, 3 개인 지도 선생님, 4 평가 도구로 구분할 수 있습니다.

막힘없는 챗GPT _ 나만의 학습 컨설턴트로 활용

학생들은 챗GPT가 자기 주도 학습에 어떤 도움을 줄 수 있는지 막연하게 생각할 수 있지만, 학생 스스로 학업 수준과 문제점을 파악하고 있어야 자기 주도 학습을 수행할 수 있습니다. 학습 컨설팅을 받기 위해서는 자신의 상태나 도움이 필요한 부분을 챗GPT에게 구체적으로 제시해야 합니다.

학습 목표에 대해 탐색하기

챗GPT와의 대화를 통해 자신의 관심사와 학습 방향을 탐색하고 학습 목표를 명확히 설정할 수 있습니다. 챗GPT는 학업에 대한 고충 상담을 통해 도서 추천, 학습 자료 검색, 학습 방법 제안 등으로 목표 설정에 도움을 줄 수 있습니다.

학업에 관한 대략적인 질문 예시

 나는 중학교 2학년 학생이야. 자기 주도 학습하려고 하는데 너는 어떤 과목들에 도움을 줄 수 있어?

 안녕하세요! 중학교 2학년 학생분이 자기 주도 학습하려는 데 도움을 줄 수 있는 과목들은 다음과 같습니다:

1. **수학**: 수학 학습에 도움을 드릴 수 있습니다. 수학 개념을 이해하는 데 도움을 주고, 문제 해결 방법을 제시할 수 있습니다. 어려운 문제를 해결하는 데 조언을 제공하고, 수학적 사고력을 향상시키는 방법을 안내할 수 있습니다.

2. **영어**: 영어 회화, 독해, 문법 등 영어 학습에 도움을 줄 수 있습니다. 영어 문장 구조를 이해하고 올바르게 사용하는 데 도움을 주며, 어휘 확장과 발음 개선을 지원할 수 있습니다. 영어 자료를 찾는 방법이나 영어 학습 자원을 추천해 드릴 수도 있습니다.

3. **과학**: 과학 학습에 대한 지원을 제공할 수 있습니다. 과학 실험 설계와 분석, 과학 개념 이해에 도움을 줄 수 있으며, 과학 프로젝트를 위한 아이디어와 조언을 제공할 수 있습니다.

4. **사회**: 사회 학습에서도 도움을 드릴 수 있습니다. 역사, 지리, 사회 현상에 관련된 질문에 답변하고, 연구 방법과 리서치 자료를 찾는 방법에 대하여 안내해 드릴 수 있습니다.

위의 과목들에 대해 자기 주도 학습을 위한 목표 설정, 학습 계획 수립, 자기 평가 및 피드백 과정에 관한 정보와 지원을 제공할 수 있습니다. 언제든지 궁금한 점이 있거나 도움이 필요하면 말씀해 주세요!

구체적인 학습 목표 질문 예시

 챗GPT, 나는 영어에 대해 더 깊이 공부하고 싶어. 어떤 주제나 자료를 추천해 줄 수 있을까?

 영어에 대해 더 깊이 공부하고 싶다면, 다음과 같은 주제와 자료를 추천해 드릴 수 있습니다:

1. **영어 문법**: 영어 문법을 이해하고 활용하는 것은 중요합니다. 챗GPT는 다양한 문법 규칙과 예시를 제공하여 올바른 문장 구조를 학습하는 데 도움을 줄 수 있습니다.

2. **어휘 확장**: 영어 어휘를 확장하는 것은 효과적인 의사소통을 위해 중요합니다. 챗GPT는 다양한 주제별 어휘 확장을 돕고, 유용한 어휘 목록이나 단어 사용 예시를 제공할 수 있습니다.

3. **독해 이해력**: 영어 독해는 중요한 능력입니다. 챗GPT는 다양한 독해 자료를 추천하고, 독해 전략과 문맥을 이해하는 방법을 안내해 줄 수 있습니다.

4. **회화 실력**: 영어 회화 능력을 향상시키기 위해서 챗GPT와 대화를 통해 영어 대화나 표현을 연습할 수 있습니다. 챗GPT는 다양한 주제에 대해 대화하고, 올바른 발음과 표현을 제시해 줄 수 있습니다.

또한, 챗GPT는 영어 관련 도서, 온라인 강의, 학습 자료 등을 추천해 줄 수도 있습니다. 원하는 주제나 학습 방법에 대해 자세한 정보를 제공해 주시면, 더욱 구체적으로 추천할 수 있습니다.

영어 학습 계획 세우기

챗GPT와의 대화를 통해 명확한 학습 목표와 계획을 설정한 후, 개인 맞춤형 학습 계획을 세울 수 있습니다. 학습 계획을 설정할 때는 학습 목표, 현재 수준, 필요한 학습 자료, 진행방식 및 일정 등을 고려하여 질문의 조건을 작성합니다. 챗GPT에게 "표로 작성해 줘."라고 요청하면 문장 형태의 계획서를 표 형식으로 받을 수 있습니다. 계획표에 어떠한 항목이 들어가야 할지를 구체적으로 요구해야 제대로 구분된 표로 작성됩니다. 챗GPT는 언어 모델 기반이기 때문에 영어 학습에서 더 상세한 도움을 받을 수 있습니다.

영어 독해 학습 계획 예시

 나는 중학생이고 해리포터와 같은 영어소설로 매일 공부하고 싶어. 5일 동안 독해, 문법, 단어 공부를 할 수 있도록 100자 내외의 재미있는 영어 지문을 만들어줘. 5일 동안 공부할 지문의 제목을 정리해 주고, 지문마다 배울 수 있는 문법을 키워드로 정리해 줘. 문법은 5일 동안 다양하게 학습할 수 있으면 좋겠어. 이를 통해 나의 일일 계획을 표로 작성해 줘. 일일 계획에는 리딩 주제, 학습할 단어, 학습할 문법, 학습 성과 평가 방법이 표시되었으면 좋겠어.

 일일 계획을 작성하기 전에, 5일 동안 배울 수 있는 문법 키워드와 그에 해당하는 재미

있는 영어 지문의 제목을 정리해 드리겠습니다. 각 지문은 문법 학습과 독해 연습에 도움이 될 것입니다.

일일 계획:

날짜	리딩 주제	학습할 단어	학습할 문법	학습 성과 평가 방법
Day 1	마법과 모험	Enchant, Sorcerer	동사 시제: 현재 시제 (Present Tense)	질문에 대한 답변 및 문장 완성
Day 2	비밀의 방	Mystery, Clue	명사 복수형 (Plural Nouns)	문맥에 맞는 단어 선택 및 문장 완성
Day 3	요정의 비밀	Fairy, Magic	형용사 비교급과 최상급(Comparative and Superlative Adjectives)	문장 완성 및 비교 형용사 사용
Day 4	시간 여행	Time, Adventure	조동사 (Modal Verbs)	빈칸 채우기 및 문장 완성
Day 5	용의 부활	Dragon, Hero	부정문과 긍정문의 변환(Negative to Positive Sentences)	글 내용을 요약하거나 새로운 문장 작성

이제 각 날짜에 해당하는 지문을 제공해 드리겠습니다.

Day 1: 마법과 모험(Enchant, Sorcerer)

제목: "The Enchanted Forest"

지문: Deep in the heart of the forest, a young sorcerer named Ethan discovered a hidden treasure. As he approached the sparkling chest, he felt a surge of excitement and curiosity. With a wave of his wand, the chest opened, revealing a magical amulet. Enchanted by its beauty, Ethan couldn't wait to uncover its powers and embark on his new adventure.

Day 2: 비밀의 방(Mystery, Clue)

제목: "The Mysterious Diary"

지문: Emily stumbled upon an old diary in the attic. Its pages were filled with cryptic messages and hidden clues. Determined to unravel the mystery, she gathered her friends and set out on a thrilling quest. As they followed the trail of clues, they discovered a secret room filled with ancient artifacts. The diary had led them to a treasure they never expected.

Day 3: 요정의 비밀(Fairy, Magic)

제목: "The Enchanted Meadow"

지문: In a secluded meadow, Lily encountered a group of playful fairies. Their wings shimmered in the sunlight as they danced in the air. Intrigued by their magic, Lily spent hours learning their enchanting spells. With the fairies' guidance, she gradually became skilled in the art of casting spells. Together, they protected the meadow from any harm that threatened its beauty.

Day 4: 시간 여행(Time, Adventure)

제목: "The Time Machine"

지문: Alex stumbled upon a forgotten time machine hidden in his grandfather's attic. Curiosity overwhelmed him as he tinkered with its buttons and levers. With a flash of light, he found himself transported to a different era. Thrilled by the adventure, Alex explored the ancient world and encountered remarkable figures from history. He returned home with a newfound appreciation for the past.

Day 5: 용의 부활(Dragon, Hero)

제목: "The Dragon's Resurrection"

지문: In a land plagued by darkness, a young hero named Marcus emerged. Legends spoke of a mighty dragon that could bring prosperity to the kingdom once again. Determined to fulfill his destiny, Marcus embarked on a treacherous journey. With each challenge he overcame, his courage grew. Finally, face-to-face with the fearsome dragon, Marcus realized that the true power was not in slaying the beast, but in understanding it.

영어 공부에 안성맞춤 _ 개인 맞춤형 학습 콘텐츠 생성

학교나 학원의 수업은 수강생 전체를 대상으로 수업 목표와 수준을 설정하기 때문에 가장 적합한 대상은 일부 학생에 한정될 수 있습니다. 그러나 챗GPT는 개인 사용자가 요구하는 상세 조건을 수용하여 응답을 제시하고 자료를 제공하기 때문에 개인 맞춤형 교육의 동반자로 이용하기에 편리합니다. 중학생 수준의 영어 과목과 탐구 계열 학습을 예시로 들어 개인 맞춤형 교육에 활용하는 방법을 소개하겠습니다.

지정하는 영어 단어로 독해 지문 만들기

암기가 어려운 영어 단어를 문장 속에서 익히고 싶을 때 챗GPT가 단어들을 활용해 독해 지문을 만들 수 있습니다. 챗GPT에게 어려운 단어들을 제시하고, 그것을 활용해서 원하는 스타일의 글로 작성해달라고 요청하면 됩니다. 해당 단어가 어디에 적용되었는지를 표시하고 싶을 때 컬러로 구별하는 것은 불가능하지만, 굵은 글씨의 볼드체로 구별해달라는 요청은 적용해 줍니다.

제시하는 영어 단어를 사용하는 지문 작성 예시

 discover, dusty, courage, legendary, embark 단어를 포함해서 100자 정도의 재미있는 판타지 영어소설을 작성해 줘. 해당 단어는 볼드체로 해 줘.

 In the mystical realm of Eldoria, a young and curious mage named Luna was determined to **discover** the secrets hidden within the **dusty** scrolls of the ancient library. With unwavering **courage**, Luna decided to **embark** on an extraordinary quest. Legends spoke of a **legendary** artifact, the Crystal of Eternia, said to grant unimaginable power to its possessor. Along her perilous journey, Luna encountered mythical creatures, treacherous puzzles, and daunting challenges. With each step, Luna's resolve grew stronger, fueled by the allure of the **legendary** prize that awaited her. Finally, standing before the mysterious chamber, Luna took a deep breath, ready to unravel the secrets and claim her destiny.

빈칸 채우기 형식의 문제 만들기

지정한 영어 단어의 지문을 이용하여 학습했다면, 성과를 평가하기 위한 빈칸 채우기 문제를 만들어 보겠습니다. 챗GPT에게 빈칸 채우기 형식으로 문장 완성 퀴즈를 만들어달라고 요청하면 됩니다. 그러면 빈칸 채우기 형식의 퀴즈가 제시되며 답은 아래에 제시됩니다. 필요에 따라 퀴즈의 답안을 사용자가 먼저 설정한 후 문제의 지문을 제시해달라고 요청할 수도 있습니다.

빈칸 채우기 문제 작성 예시

 앞의 지문을 활용하여 빈칸 채우기 형식의 문장 완성 퀴즈를 만들어줘.

 Sure! Here's a fill-in-the-blank quiz based on the previous passage:

1. In the mystical realm of Eldoria, a young and curious mage named Luna was determined to _____ the secrets hidden within the _____ scrolls of the ancient library.

2. With unwavering _____, Luna decided to _____ on an extraordinary quest.

3. Legends spoke of a _____ artifact, the Crystal of Eternia, said to grant unimaginable power to its _____.

4. Along her perilous journey, Luna encountered mythical creatures, treacherous _____, and daunting challenges.

5. With each step, Luna's resolve grew stronger, fueled by the allure of the _____ prize that awaited her.

6. Finally, standing before the mysterious chamber, Luna took a deep breath, ready to _____ the secrets and claim her _____.

Answers:

1. discover / dusty

2. courage / embark

3. legendary / possessor

4. puzzles

5. legendary

6. unravel / destiny

탐구할 주제에 관해 챗GPT와 대화하기

학습 과정에서 교과서 또는 교재에 등장하는 현상에 관해 탐구하고 토의하는 일은 매우 중요합니다. 동료의 관점과 경험을 이해하는 과정에서 자신의 시야를 넓히고, 더 깊은 수준의 지식과 통찰력을 얻을 수 있습니다. 문제집을 풀며 혼자 공부할 때는 이러한 토의 부분이 부족할 수 있습니다. 챗GPT에 객관적인 현상을 언급하고 탐구할 문제를 제시하면, 그에 따른 상세한 답을 얻을 수 있습니다. 챗GPT와의 질문과 답변 과정을 통해 학습자는 더욱 풍부한 지식과 이해를 구할 수 있습니다.

태양계 왜소 구성체에 관한 질문 예시

 행성과 위성 외에 태양계에 존재하는 작은 천체들에는 왜소 행성, 혜성, 소행성, 유성체 등이 있다. 이들은 무엇이 서로 다를까?

 태양계에는 왜소 행성, 혜성, 소행성, 유성체와 같은 작은 천체들이 존재합니다. 각각의 천체들은 고유한 특징과 중요성을 가지고 있습니다.

- **왜소 행성**: 왜소 행성은 태양 주위를 도는 작은 천체로, 몇 가지 행성과 유사한 특성을 가집니다. 왜소 행성 중에는 명왕성으로 불렸던 '플루토'가 있습니다. 왜소 행성들은 우리 태양계의 외곽 영역에 분포해 있으며, 우주 탐사와 천체 연구에 있어서 중요한 주제입니다.

- **혜성**: 혜성은 얼어붙은 가스, 먼지, 얼음으로 이루어진 천체로, 태양 주위를 고속으로

돌면서 꼬리를 내는 특징이 있습니다. 혜성은 태양계 초기에 형성된 남은 유적이며, 우리가 태양계의 탄생과 진화를 이해하는 데 도움을 줍니다. 또한 혜성의 내부 구조와 화학 조성을 연구하여 우주의 기원과 생명의 기반이 될 수 있는 정보를 제공합니다.

- **소행성**: 소행성은 행성과 천체 사이에 위치하는 작은 천체로, 대개는 태양 주위를 고속으로 돌며 행성들과 비슷한 원형 궤도를 가집니다. 소행성은 태양계의 탄생 단계에서 형성된 남은 조각들로, 우주 탐사 및 천체 역학 연구에 중요한 대상입니다.

- **유성체**: 유성체는 우주에서 지구로 떨어지는 미세한 입자들로, 유성이 지구 대기에 진입하여 타오르는 현상으로 알려져 있습니다. 유성체는 소행성이나 혜성에서 비롯될 수 있으며, 지구의 역사와 우주 환경을 이해하는 데 도움을 줍니다.

따라서 어떤 천체를 가장 주의해야 하는지는 연구 목적이나 우주 탐사의 목표에 따라 다를 것입니다. 각 천체는 우주의 이해와 우리의 과학적 지식에 중요한 기여할 수 있으므로, 모든 천체들에 대한 연구와 관심이 필요합니다.

특정 조건으로 학습 정보 받기

위키피디아와 같은 온라인 백과사전 텍스트 데이터를 학습한 챗GPT는 세계사와 지리에 관해 잘 알고 있습니다. 영어로 질문할 때 더욱 상세한 답변을 제공받을 수 있지만, 한글로 질문을 하더라도 명확한 답변을 얻을 수 있습니다. 단순한 사실 확인 외에도 챗GPT는 역사를 특정 조건에 따라 정리하고 설명해 줄 수도 있습니다. 탐구 과목의 학습에서는 다양한 질문을 통해 챗GPT와의 상호 작용으로 깊은 이해와 설명을 얻을 수 있습니다.

세계사 과목의 탐구 질문 예시

 로마 제국의 발전과 문화에 관하여 유명한 건축물을 중심으로 설명해 주세요.

 로마 제국은 그 발전과 문화로 유명한 건축물을 많이 보유하고 있습니다. 이 중에서 몇 가지 유명한 건축물을 중심으로 설명해 드리겠습니다.:

1. **콜로세움(Colosseum):** 로마 제국의 상징적인 건축물로, 히포드롬(Hippodrome, 대경기장)으로 사용되었습니다. 이 건축물은 70년부터 80년 사이에 완성되었으며, 최대 5만 명의 관객을 수용할 수 있었습니다. 그리스·로마 시대의 규모와 공학적인 혁신을 대표하는 건축물로, 시간이 흐를수록 로마 제국의 영광과 발전을 상징하는 상징물로서 유명합니다.

2. **판테온 신전(Pantheon):** 로마 제국 시대에 건설된 이 신전은 로마의 여러 신들을 위한 제사를 지내던 장소로 사용되었습니다. 가장 놀라운 특징은 건물의 원형 돔 형태로, 건축학적인 탁월성을 나타냈습니다. 판테온 신전은 아직도 거대하고 완벽한 돔 구조로 유명하며, 로마 제국 시대의 공학적 업적을 대표하는 건축물입니다.

3. **고대 로마 식수 시스템(Aqueducts of Ancient Rome):** 로마 제국은 많은 도시에서 식수 공급을 위해 거대한 수로 체계를 구축했습니다. 이 고대 로마 식수 시스템은 긴 거리를 가로지르며 물을 운반하는 고독한 아치 형태의 구조물로 구성되어 있습니다. 이 시스템은 로마 제국의 광범위한 영토에서 지속 가능한 물 공급을 제공했으며, 그중 일부는 현재까지도 사용되고 있습니다.

이 외에도 로마 제국은 로마 포럼(Roman Forum), 퀴리날레 궁전(Quirinale Palace), 마르쿠스 아우렐리우스 기둥(Column of Marcus Aurelius) 등 다양한 유명 건축물을 보유하고 있습니다. 이러한 건축물들은 로마 제국의 발전과 문화를 상징하는 중요한 유산으로 간주되며, 현재까지도 많은 사람이 그 아름다움과 역사적인 가치를 즐기고 있습니다.

한국에 관해서는 잘 몰라요 _ 한국사 학습에 주의하기

챗GPT는 자신이 학습한 영어 텍스트 자료에 관해서는 잘 기억하지만, 한국사와 같은 특정 영역에 관해서는 제대로 알지 못하는 경우도 많습니다. 예를 들어, 한국사나 한국인의 저서에 대해서 정확히 알지 못할 수 있습니다. 정약용의 〈목민심서〉에 관해 설명해달라고 요청하면, 챗GPT는 멋지게 글을 작성해 줄 수 있지만, 오류투성이의 답변을 내놓습니다. 답변은 외형적으로 일리가 있는 것처럼 보일 수 있으나, 실제로는 잘못된 정보가 포함될 수 있다는 점에 유의해야 합니다. 따라서 한국사 학습 과정에서 사실 확인 없이 챗GPT에만 의존하는 것은 주의해야 합니다. 다음 예시처럼 〈목민심서〉에 관해서 나무위키의 항목 설명과 챗GPT의 답변을 비교해 보면 정확성의 차이를 알 수 있습니다. 챗GPT의 답변이 더 상세한 것처럼 보이지만, 여러 오류가 포함되었고, 상투적인 말로 구태의연하게 서술한 내용으로 가득 차 있습니다.

표 2. 〈목민심서〉에 관한 나무위키와 챗GPT의 답변 내용 비교

	목민심서
나무위키의 내용	다산 정약용이 저술한 책이다. 제목의 뜻은 목민할 마음만 가졌지 몸소 시행할 수 없는 처지이기 때문이라고 다산 본인이 밝혔다. 혹은 목민관이 가져야 할 마음(牧民心), 백성을 다스리는 마음에 관한 책 정도로 해석할 수 있겠다. 내용적으로는 수령, 관리가 걸어야 할 올바른 길에 대해서 서술하고 있다. 즉 관리, 윗사람으로서의 솔선수범, 청렴함 등을 강변하고 있는데, 사실 실질적인 행정 업무 설명서적인 성격도 강하다. 또 관리가 가져야 할 마음가짐으로만 해석할 것이 아니라 현대 시대에서 시민으로서, 그리고 책임을 가진 사람으로서 어떻게 살아야 하는지로 의미를 확장해서 읽으면 굉장히 유익한 내용이 많다. (부정한 상사(上司)에게 굴해서는 안 된다는 말 등) 책 자체의 평가는 매우 높다.
	목민심서에 대하여 설명해 주세요.
챗GPT의 답변	〈목민심서(木民心書)〉는 조선 시대의 양반 사회에서 유행했던 책으로, 백성들에게 도덕적 가르침과 지혜를 전하고자 작성된 것입니다. '목민'은 일반 백성을 가리키는 말이고, '심서'는 가르침을 담은 책을 의미합니다. 이 책은 양반 사회의 지도자들이 일반 백성들에게 도덕과 예절을 가르치기 위해 필요한 지침을 담았습니다. 〈목민심서〉는 15세기 후반부터 19세기 중반까지 다양한 저자들에 의해 저술되었습니다. 가장 유명한 〈목민심서〉는 이황(李滉)이 쓴 〈동국이야기〉로 알려져 있습니다. 이 외에도 김시민의 〈삼강유사〉나 정약용의 〈고려사〉 등 여러 〈목민심서〉가 있었습니다. 〈목민심서〉는 주로 도덕적인 행동과 예절, 국가 경영, 가정 규율, 교육 방법 등 다양한 주제를 다루었습니다. 이 책들은 양반 사회의 지도자로서 백성들을 가르치는 데 필요한 도덕적인 지침과 행동 규범을 제시했습니다. 이를 통해 일반 백성들이 훌륭한 시민으로 성장할 수 있도록 도움을 주었습니다.

〈목민심서〉의 중요한 특징은 현실적이고 실용적인 내용을 담고 있다는 것입니다. 이 책들은 양반 사회의 지배 계층들이 실제로 실천할 수 있는 가르침을 제시했으며, 백성들의 실생활과 필요에 부응하도록 작성되었습니다. 따라서 〈목민심서〉는 그 당시 양반 사회의 유행과 가치관을 반영하고 있으며, 조선 사회의 도덕적 규범을 형성하는 데 큰 영향을 미쳤습니다.

이러한 〈목민심서〉의 가르침은 조선 시대의 교육체제에서도 중요한 역할을 했습니다. 〈목민심서〉의 내용은 사림(私校)이라 불리는 사립학교에서 가르쳐지기도 했으며, 양반 아이들의 교육에 사용되었습니다. 그 결과, 〈목민심서〉는 조선 사회 전반에 걸쳐 유행하고, 일반 백성들의 도덕적 가르침에 큰 영향을 끼쳤습니다.

무엇이든 설명하는 챗GPT _ 오류도 함께 찾기

풀이 과정을 설명해 주는 챗GPT

챗GPT는 계산과 관련된 능력이 뛰어난 편이기 때문에, 풀이 과정을 모르는 수학 문제가 있을 때 정확한 답변을 얻을 수 있습니다. 계산과 관련된 문제의 설명에는 별다른 오류 없이 정확한 답을 제시해 줍니다. 수학 과목에서는 정답을 구하는 것보다는 문제를 해결하는 과정에서 다양한 접근 방법과 논리적인 설명이 중요시되는 추세입니다. 수학 문제집에 있는 설명과는 다른 설명을 챗GPT에게 요청할 수도 있으며, 더 쉽게 설명해달라고 할 수도 있습니다. 챗GPT는 이러한 요구에 대해 다양한 방법으로 문제를 해설하고 설명해 줍니다.

수학 문제의 풀이 과정에 관한 설명 요청 예시

원가가 600원인 물건을 정가의 20%를 할인하여 팔아서 원가의 10% 이상의 이익을 얻으려고 한다. 정가는 얼마 이상으로 정하면 되겠는가?에 대한 풀이를 쉽게 설명해 주세요.

원가가 600원인 물건을 정가의 20%를 할인하여 판매하고자 한다면, 할인된 가격은 정가의 80%가 됩니다. 따라서 할인된 가격은 0.8×정가가 됩니다.

이익을 얻으려면 판매 가격은 원가보다 10% 이상 커야 합니다. 따라서 판매 가격은 원가의 110%가 되어야 합니다. 즉, 1.1×원가가 됩니다.

이제 원가와 할인된 가격, 그리고 판매 가격 사이의 관계를 세우면 다음과 같습니다:

0.8×정가 = 1.1×원가

정가를 구하기 위해 식을 정리하면 다음과 같습니다:

정가 = (1.1×원가) / 0.8

원가가 600원으로 주어졌으므로, 위 식에 대입하면 정가를 계산할 수 있습니다:

정가 = (1.1×600) / 0.8 = 660 / 0.8 = 825

따라서, 정가는 825원 이상으로 설정해야 원가의 10% 이상의 이익을 얻을 수 있습니다.

챗GPT가 오답을 제시할 때 다시 요구하기

난이도가 높은 수학 문제 유형을 보면 우등생에게도 어려울 정도로 긴 이야기 형식의 문제가 많이 등장하고 있습니다. 이처럼 문해력이 필요한 유형이 심화 수학 문제에 상당한 비중을 차지하고 있습니다. 챗GPT에 이러한 서술형 문제를 풀어달라고 요청하면, 때때로 오답을 제시하는 경우가 많습니다. 챗GPT의 논리적이고 유려한 답변을 100% 신뢰해서는 안 됩니다. 문제집의 정답을 확인하면서 이해가 안되는 점이 있을 때, 챗GPT의 풀이 방식을 참고하는 것이 좋습니다. 챗GPT가 오답을 제시한 경우, 한국어 이해의 한계일 수도 있으므로 다른 방법으로 질문을 시도해볼 수도 있습니다. 그래도 오답이 해결되지 않는다면, 챗GPT의 답변에서 어떠한 오류가 있는지 지적하고, 추가 질문을 통해 정답을 찾아가는 방법으로 활용합니다. 유료 회원의 경우 GPT-4 모델로 설정하면 더 정확한 답을 얻을 수 있습니다.

수학 문제에서 챗GPT가 오답을 제시한 예시

 Baseball에 있는 8개의 문자를 일렬로 나열할 때, 모음끼리 모두 이웃하도록 나열하는 경우의 수는?

 주어진 문자 "Baseball"을 일렬로 나열할 때, 모음끼리 모두 이웃하도록 나열하는 경우의 수를 계산해 보겠습니다. 모음은 'a', 'e', 'a'이므로 이들을 하나의 단위로 간주하고 나열해야 합니다.

모음 단위로 나열할 때, 모음끼리의 순서를 고려하지 않고 일렬로 나열한다면 총 3! = 6가지 경우의 수가 있습니다. 그리고 각 모음 단위 사이에는 5개의 자음이 있습니다. 이들을 일렬로 나열할 때의 경우의 수는 5! = 120가지입니다.

따라서 모음과 자음을 각각 나열한 후, 이들을 조합하는 경우의 수는 6 × 120 = 720가지입니다.

여러 번 꼬리를 물어 요청하기

챗GPT가 오답을 제시할 경우, 학습자는 챗GPT의 답변 중에서 오류를 찾아 그 부분을 지적하며 다시 풀어달라고 요청할 수 있습니다. 어느 부분에 문제가 있는지를 언급하며 다시 풀어달라고 하면, 챗GPT는 이전 대화의 맥락을 이해하고 있기 때문에 오류를 사과하면서 다시 풀이 과정을 제시해 줍니다.

챗GPT의 답안 오류를 지적하면서 다시 풀이 과정을 요구하는 예시

 이 풀이에는 중복순열을 반영하지 않았어. 다시 풀어줘.

 죄송합니다. 중복순열을 고려하여 문제를 다시 풀겠습니다.

주어진 문자 "Baseball"에서 모음은 'a', 'e', 'a'이므로 이들을 하나의 모음 그룹으로 취급합니다. 이 모음 그룹을 나열할 때의 경우의 수를 계산하겠습니다.

먼저, 모음 그룹을 나열하는 경우의 수는 3! = 3 × 2 × 1 = 6가지입니다.

모음 그룹을 나열한 후, 나머지 자음들을 채워넣어야 합니다. 총 5개의 자음 'B', 's', 'b', 'l', 'l'을 나열할 때의 경우의 수는 5! = 5 × 4 × 3 × 2 × 1 = 120가지입니다.

따라서 모음 그룹의 경우의 수와 자음의 경우의 수를 곱해 모음끼리 모두 이웃하도록 나열하는 경우의 수를 구할 수 있습니다. 즉, 6 × 120 = 720가지입니다.

정답을 제시하고 풀이 과정 요청하기

챗GPT가 새롭게 제시한 풀이에도 오류가 발생할 수 있습니다. 풀이 과정에서 챗GPT가 무엇을 실수했는지 점검하고 그것을 지적하거나 정답을 제시하면 올바른 풀이 과정을 답변합니다. 서술형 문제에 대해 챗GPT가 단번에 정답을 제시하지 못한다고 실망할 것이 아니라, 이러한 대화 과정을 통해 풀이 내용을 더욱 잘 이해하는 방법으로 활용하는 지혜가 필요합니다. 챗GPT와의 상호 작용을 통해 문제에 대해 이해하고 정답에 이르는 풀이 과정을 함께 이끌어나가는 과정에서 사용자의 학습 능력이 향상할 것입니다. 챗GPT는 꼬리를 무는 질문에 결국 올바른 답변을 제시하게 됩니다.

수학 문제에서 챗GPT에게 정답을 제시하고 풀이 과정을 수정하는 예시

 그런데 /B/s/b/l/l/에서 / 자리에 aea가 들어가는 경우의 수도 6이므로 90×6인 540이지.

 죄송합니다. 이전에 제시한 답변이 부적절하고 잘못된 정보를 포함하고 있었습니다. 주어진 문자열 "Baseball"에서 모음 그룹인 'aea'를 포함하여 나열하는 경우의 수를 계산해 보도록 하겠습니다.

모음 그룹 'aea'를 나열하는 경우의 수는 3! / 2! = 3입니다.

나머지 자음인 'B', 's', 'b', 'l', 'l'을 나열하는 경우의 수는 5! / (2! × 2!) = 30입니다.

이때, 모음 그룹과 나머지 자음을 조합하여 나열하는 경우의 수는 3 × 30 = 90입니다.

그리고 모음 그룹 'aea'를 나열하는 위치에는 6가지 경우의 수가 있습니다.

따라서, 모음 그룹을 포함하여 나열하는 경우의 수는 90 × 6 = 540이 됩니다.

정정된 답변으로 말씀드립니다. 죄송합니다. 이전에 잘못된 정보를 제공한 것으로 인해 혼란을 드려 죄송합니다. 올바른 답변은 540입니다.

변신의 귀재 챗GPT _ 학습 평가 도구로 활용하기

모의 인터뷰를 통한 영어 회화 학습

챗GPT와 함께하는 모의 인터뷰 연습은 영어 회화 학습에 쉽게 도움을 받는 방법입니다. 학습자는 모의 인터뷰를 통해 실제 대화 상황에서 명확하게 의사를 표현하고 유창하게 대화 능력을 향상시킬 수 있습니다. 챗GPT는 다양한 주제에 관한 대화를 능숙하게 도와주면서도 피드백, 평가, 지원에 해당하는 기능을 제공하여 언어 학습 능력을 향상시키는 데 일조합니다. 학습자가 챗GPT에게 인터뷰를 요청할 때는 인터뷰 상황, 챗GPT와 학습자의 역할, 질문 방식에 관해서 먼저 설정하는 것이 필요합니다. 상황 설정이 어렵다면 인터뷰 상황만을 제시하고 질문해달라고 요청하면 질문 여러 개를 한꺼번에 만들어 줄 수도 있습니다.

영어 인터뷰 상황 설정의 예시

 영어 인터뷰 연습을 하고 싶습니다. 저는 미국의 예술 고등학교에 진학할 예정이고 이를 가정하여 면접관이 되어서 질문해 주세요. 질문은 모두 영어로 해 주세요.

 물론이죠! 미국 예술 고등학교에 대한 면접 질문을 영어로 준비해 보겠습니다. 준비되셨으면 시작해 봅시다!

1. Why are you interested in applying to a high school for the arts in the United States?

2. What specific artistic discipline do you have the greatest passion for? Please explain your enthusiasm and talent in that field.

3. Can you describe a significant artistic accomplishment or project that you have been involved in? What was your role, and how did it impact your growth as an artist?

4. How do you envision your artistic journey progressing in a high school for the arts? What goals do you hope to achieve during your time there?

5. Collaboration is often crucial in the arts. Can you discuss a time when you worked collaboratively with others on a creative project? What was your role, and what did you learn from that experience?

6. In what ways have you explored and challenged yourself artistically outside of formal education? Have you pursued any extracurricular activities or personal projects?

7. How do you believe attending a high school for the arts in the United States will enhance your artistic skills and abilities? What unique opportunities do you expect to find there?

8. Cultural diversity plays a significant role in the arts. How do you believe exposure to diverse cultures and perspectives can positively influence your artistic development?

9. How do you plan to use your artistic talents to contribute to society? In what ways do you hope to make a difference through your art?

10. Lastly, what do you hope to gain from attending a high school for the arts in the United States? How do you envision it shaping your future artistic path?

이 질문들을 활용하여 영어로 면접 연습을 진행해 보세요. 저는 당신이 필요한 도움을 드릴 수 있습니다!

만약 질문과 답변이 한 번씩 오가는 현장 같은 분위기의 대화를 원하는 경우, "질문은 1개씩 해주고 제가 대답하면 다음 질문을 해주기를 바랍니다."와 같은 질문 생성 방법을 구체적으로 제시해야 합니다.

하나씩 질문하는 인터뷰 상황 예시

 영어 인터뷰 연습을 하고 싶습니다. 외국 예술고등학교에 진학한다고 가정하고 면접관이 되어서 질문해 주세요. 질문은 1개씩 영어로 해주시고 제가 대답하면 다음 질문을 해 주시기 바랍니다.

 Sure! I'd be happy to help you practice your English interview skills. Let's imagine you are applying to a foreign art high school. I will ask you one question at a time in English, and you can provide your response. Once you finish your answer, I will give you the next question. Let's begin!

Interviewer: Can you tell me about your background and why you are interested in attending our art high school?

인터뷰 답변에 대해 평가받기

학습자의 답변에 대해 평가해달라는 요청을 하면 구체적인 평가 내용도 받을 수 있습니다. "평가를 해 주세요."와 같이 요청하면 서술형의 정성적인 답변만 받을 수 있기 때문에 정량적으로 평가받기를 원하면 '100점 만점에 몇 점이 되는지'와 같이 제시하면 평가 점수를 얻을 수 있습니다.

학습자의 답변을 점수로 평가받는 예시

 제가 대답한 문장을 100점 만점에 몇 점인지 평가해 주세요.

 I would rate your response a 85 out of 100. It provides a good overview of your background and efforts to improve your drawing skills. However, it could be enhanced by including more specific details about the art classes you have taken or any notable projects you have worked on. Providing concrete examples would further strengthen your answer and make it more impactful.

다양한 글짓기에 활용하기

생성형 언어 모델답게 글짓기에 막힘이 없는 챗GPT를 이용하여 글의 개요 설정부터 보고서
작성까지 똑똑하게 활용하는 방법을 다양한 사례와 예시를 통해 살펴보겠습니다.

학교급을 막론하고 일반적인 학습 활동에는 다양한 글쓰기 능력
이 필요합니다. 글쓰기는 학생들이 경험과 체험을 기록하거나 독서 후 개인적인
생각과 감상을 표현하여 사고 능력을 향상하는 데에 중요한 역할을 합니다. 챗
GPT는 글쓰기에 능숙한 인공지능 서비스로서 다른 무엇보다도 사용자의 글 작
성을 돕기 위해 존재한다고 해도 과언이 아닙니다. 그러나 명심할 점은, 글을 작
성하는 주체는 사용자이며 챗GPT는 글짓기를 지원하는 역할이라는 한계점입니다.
사용자가 챗GPT의 도움을 받아 글을 쓸 때도 명확한 주제, 충분한 정보, 내용의
질과 진정성, 그리고 수정 작업에 대한 중요성은 전적으로 사용자 자신에게 있
다는 점을 염두에 두어야 합니다.

챗GPT와 함께하는 글짓기 작업에는 주의할 점이 많습니다. 먼저 글 작성을 전
적으로 챗GPT에게 맡기면 구태의연하고 상투적인 결과를 얻는다는 점에 주의
해야 합니다. 좋은 글을 원한다면 사용자가 글의 주제와 키워드를 먼저 고민해서
설정하여 챗GPT에게 전달해야 합니다. 최소한 주제와 형식을 우선 정해주고,

글에 들어갈 키워드와 분위기를 제시하면 됩니다. 한 번에 좋은 결과를 얻기보다는 주제 → 키워드 → 분위기 → 세부 요소 → 결론 순서로 작성을 요청하면 의도에 적합한 글을 얻을 수 있습니다. 챗GPT가 여러 과정을 거쳐 글을 생성하면 사용자는 맞춤법과 표현을 올바르게 교정해야 합니다. 챗GPT는 학습한 한글 데이터가 풍부하지 않아 일부 어색한 표현이 나타납니다. 챗GPT 특유의 말투와 문체가 사람과 구별될 정도로 특징적이기 때문에 오래 사용한 경험이 있는 사람은 어느 부분을 챗GPT가 작성했는지 구분할 수 있습니다. 따라서 사용자 의도와 생각에 부합하도록 글의 내용을 보완하고 수정하는 과정이 항상 필요합니다.

표 3. 챗GPT와 함께하는 글짓기 프로세스

순서	주요 항목	사용자의 작업 내용
1	주제와 형식 설정	챗GPT에 글의 주제와 형식을 명확하게 전달
2	정보의 충분성	글쓰기에 필요한 사실, 주제, 관련된 세부 내용 제시
3	내용의 진정성	개인적인 생각, 의견, 관점을 추가하도록 요청
4	수정 보완 작업	사용자 요청에 따라 챗GPT가 작성한 글을 검토하고, 맞춤법과 표현을 수정하여 자신의 글로 완성

먼저 개요를 작성해야 글이 풀린다 _ 글 작성하기

글의 개요 작성하기

완전한 글을 작성하기 전에, 사용자의 생각을 글의 순서대로 키워드를 배열하는 개요를 먼저 작성해야 합니다. 챗GPT는 글의 키워드나 내용을 계층적으로 배열하면서 표현하는 방식에 능숙합니다. 따라서 개요를 통해 사용자 생각을 정리하고 구조화된 글을 작성하기 시작할 수 있습니다. 독후감 형식의 글짓기를 예시로 먼저 개요 작성 후, 내용을 제시하고 글을 완성하는 과정을 살펴보겠습니다.

독후감의 개요 작성 요청 예시

 나는 초등학교 6학년 학생입니다. 헤르만 헤세의 〈데미안〉을 읽고 독후감을 작성하고 싶습니다. 글의 개요를 숫자와 함께 작성해 주세요.

 책 〈데미안〉을 읽고 독후감을 작성하고 싶으시군요! 아래는 독후감의 개요입니다. 각 목차에 따라 더욱 구체적으로 작성해 보세요.

—— 개요 시작 ——

독후감 작성을 위한 개요: 〈데미안〉 by 헤르만 헤세

1. 책의 제목과 작가:

　– 책의 제목: 데미안

　– 작가: 헤르만 헤세

2. 독서하게 된 동기:

　– 2.1 이 책을 선택한 이유:

　– 2.2 독서를 시작한 동기:

3. 주요 캐릭터:

　– 3.1 주인공:

　– 3.2 주요 부수 캐릭터:

4. 주제와 메시지:

　– 4.1 주요 주제:

　– 4.2 전달하려는 메시지:

5. 줄거리 요약:

　– 5.1 주요 내용 요약:

6. 인상 깊은 장면:

　– 6.1 가장 인상 깊었던 장면:

7. **감상과 생각:**

    – 7.1 느꼈던 감정과 생각:

8. **책의 가치와 교훈:**

    – 8.1 얻은 가치:

    – 8.2 얻은 교훈:

9. **추천 여부:**

    – 9.1 추천하는 이유:

—— 개요 끝 ——

위의 개요를 활용하여 〈데미안〉에 대한 독후감을 작성해 보세요. 항목마다 원하는 내용을 더욱 구체적으로 작성해 보세요. 좋은 작문이 되기를 기대합니다!

개요 작성 후 챗GPT에 독후감 작성 요청하기

챗GPT가 제안한 개요 항목을 수정하고 보완한 후, 각 항목에 해당하는 내용을 챗GPT에게 제시하고 주요 키워드를 포함하여 독후감 작성을 요청합니다. 구체적인 내용을 전달함으로써 챗GPT는 사용자가 작성한 요약 내용을 바탕으로 더 의미 있는 문장을 생성할 수 있습니다.

개요에 해당하는 내용을 챗GPT에게 전달하여 독후감을 작성한 예시

앞의 개요에 대해 "2.1 우연히 서점에서 발견해서 2.2 주제에 대한 호기심이 생겨서 독서를 시작한 동기 3.1 에밀 싱클레어 3.2 데미안 4.1 세상의 모든 것은 밝은 면과 어두운 면의 반대되는 것을 가지고 있습니다. 4.2 내면의 나를 찾는 자아의 성장은 어렵습니다. 5.1 에밀 싱클레어는 호기심으로 금지된 세계를 탐험하며 데미안과 친구가 되고 세상을 바라보는 새로운 시각을 얻었습니다. 고등학교에서는 베아트리체에게 사랑을 느끼며 자기 자신을 발견하고, 데미안과 재회하지만, 전쟁으로 인해 헤어지게 됩니다.

데미안의 말을 통해 자아의 내면을 들여다보고 싱클레어는 데미안과 닮아있다는 것을 깨달았습니다. 6.1 새는 알에서 나오려고 투쟁합니다. 알은 세계입니다. 7.1 아브락사스(Abraxas)는 신이기도 하고 악마이기도 한 신이었습니다. 8.1 모든 것은 나의 마음이 만들어 낸 것인 것 같습니다. 8.2 모든 것은 양면성을 가지고 있으니 한쪽 면만 바라보지 말아야 합니다. 9.1 마음이 커지는 것 같고 생각의 깊이도 깊어지는 것 같습니다.”

이 정보를 기반으로 독후감을 작성해 줘. 마음의 성장, 내면의 고통, 따뜻함을 키워드로 포함시켜 줘.

 —— 독후감 예시 ——

책 〈데미안〉은 우연히 서점에서 발견해서 읽게 되었고, 주제에 대한 호기심이 생겨서 독서를 시작한 동기였습니다. 이 책은 에밀 싱클레어라는 주인공을 중심으로 이야기가 전개됩니다. 데미안은 주요 부수 캐릭터로 나타나며, 세상의 모든 것이 밝은 면과 어두운 면의 반대되는 것을 가지고 있다는 주제를 담고 있습니다. 그리고 내면의 나를 찾는 자아의 성장은 어렵다는 메시지를 전달하고 있습니다.

에밀 싱클레어는 호기심으로 금지된 세계를 탐험하며 데미안과 친구가 되고 세상을 바라보는 새로운 시각을 얻게 됩니다. 그동안 고등학교에서 베아트리체에게 사랑을 느끼며 자기 자신을 발견하고, 데미안과의 재회로 인해 전쟁으로 헤어집니다. 데미안의 말을 통해 자아의 내면을 들여다보고, 싱클레어는 데미안과 닮아있다는 것을 깨닫습니다.

‘새는 알에서 나오려고 투쟁한다. 알은 세계다.’라는 문구는 마음의 성장과 내면의 고통을 표현하고 있습니다. 이 문구는 책에서 많은 고민과 투지를 가진 주인공을 통해 전해지는 따뜻함과 용기를 간접적으로 보여줍니다. 또한 ‘아브락사스는 신이기도 하고 악마이기도 한 신이었다.’는 표현은 인간 내면의 어둠과 빛을 동시에 품고 있는 복잡한 세계를 보여줍니다.

이 책을 읽으면서 모든 것은 나의 마음이 만들어 낸 것인 것 같다고 생각하게 되었습니다. 또한 모든 것은 양면성을 가지고 있으니 한쪽 면만 바라보지 말고 전체적인 시각을 가져야 한다는 교훈을 얻었습니다. 마음이 커지는 것 같고 생각의 깊이도 깊어지는 것 같은 느낌을 받았습니다.

〈데미안〉은 마음의 성장과 내면의 고통을 다루면서도 따뜻한 메시지를 전달하는 소중한 작품입니다. 이 책은 독자들에게 자아 탐색과 성장에 대한 깨달음을 주고, 마음을 키우고 생각의 깊이를 깊어지게 하는 기회를 제공합니다. 그래서 저는 이 책을 많은 사람에게 추천하고 싶습니다.

—— 독후감 예시 끝 ——

위의 예시를 참고하여 주어진 정보와 추가로 제시해 주신 키워드를 활용해 독후감을 작성해 보세요. 자신만의 감상과 생각을 더 해 좋은 독후감을 완성해 보세요!

안건부터 내용까지 능수능란 _ 회의록 작성하기

회의 안건 도출하기

회의를 준비하는 과정에서 안건을 도출하는 일은 매우 중요합니다. 안건은 회의 주체에 따라 결정되는 사안이지만, 학교 행사에서는 일반적으로 공통 내용을 포함하는 경우가 많습니다. 그래서 챗GPT에 회의 안건 도출을 요청하면, 사용자가 빠뜨릴 수도 있는 내용을 점검하는 기회가 됩니다. 안건 도출 후 필요한 내용을 추가해서 작성합니다.

 학교 행사로 체육대회를 위한 학급 회의를 진행하고 회의록을 작성하려고 합니다. 체육대회를 위한 학급 회의 안건을 도출해 주세요.

 체육대회를 위한 학급 회의 안건을 도출하기 위해 다음과 같은 항목들을 고려할 수 있습니다:

1. 체육대회 일정 조정
2. 종목 선정 및 참가자 선발 방법
3. 장소 및 시설 대여
4. 안전 및 응급 대비 조치

5. 대회 진행 일정 및 규칙

6. 팀 구성 및 리더 선정 방법

7. 보호자 및 관중 안내

8. 시상 및 포상 방안

9. 후속 조치 및 평가

위 항목들을 고려하여 체육대회를 위한 학급 회의 안건을 도출할 수 있습니다. 추가로 특정 학급이나 학교의 상황에 맞게 안건을 수정하거나 추가할 수도 있습니다.

안건 선택하여 회의록 포맷 만들기

챗GPT가 제안한 안건 중에서 회의록 작성에 포함하려는 안건만 선택하여 챗GPT에 작성을 요청합니다. 챗GPT는 현재 대화의 맥락을 이해하므로, 챗GPT가 제시한 번호로 안건을 요청해도 됩니다. 회의록 작성에는 회의 내용과 결정 사항을 포함해야 한다는 조건이 있고, 이것을 표 형식으로 작성해달라고 요청하면 표로 작성해 줍니다. 예시된 회의록에는 구체적인 내용(날짜, 시간, 장소, 참석자, 결정 내용 등)이 포함되지 않지만, 회의록 포맷을 참고하여 회의를 진행한 후, 세부 내용을 다시 챗GPT에 전달하면 완전한 회의록을 작성할 수 있습니다. 그런데 표 작성을 요청할 때, 처음부터 표를 작성해달라고 요구한 후 간단한 내용을 제시하면 온전한 표 형태로 답변을 얻을 수 있지만, 복잡한 구성의 경우에는 다음 예시처럼 글자 형식의 구분 선으로 작성한 답변을 받으므로 주의가 필요합니다.

회의 안건을 선택하여 회의록 작성을 요청하는 예시

 회의 안건은 1번, 2번, 5번, 6번, 9번입니다. 안건, 회의 내용, 결정 사항을 포함하여 회의록을 표로 작성해 주세요.

 다음은 표로 작성된 학급 회의 회의록 예시입니다:

…

학급 회의 회의록

일자: [날짜]

시간: [시간]

장소: [장소]

안건:

1. 체육대회 일정 조정

2. 체육대회 종목 및 참가자 선정

5. 체육대회 안전 및 응급 대비 조치

6. 체육대회 진행 일정 및 규칙

9. 체육대회 후속 조치 및 평가

참석자:

- [참석자 1]

- [참석자 2]

- [참석자 3]

- ...

회의록 작성자: [작성자]

안건 1: 체육대회 일정 조정

일정 항목	변경 전	변경 후
일정	[기존 일정]	변경된 일정]
변경 사유		

회의 내용:

- [체육대회 일정 조정에 대한 토론 내용]

결정 사항:

- [체육대회 일정 조정 결과]

안건 2: 체육대회 종목 및 참가자 선정

| 종목 | 참가자 수 | 참가자 선정 방법 |

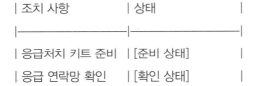

```
|——————————|——————————|——————————|
| [종목 1]        | [참가자 수]     | [선정 방법]      |
| [종목 2]        | [참가자 수]     | [선정 방법]      |
| [종목 3]        | [참가자 수]     | [선정 방법]      |
| ...             | ...            | ...             |
```

회의 내용:

－[체육대회 종목 및 참가자 선정에 대한 토론 내용]

결정 사항:

－[체육대회 종목 및 참가자 선정 결과]

안건 5: 체육대회 안전 및 응급 대비 조치

```
| 조치 사항           | 상태              |
|——————————|——————————|
| 응급처치 키트 준비   | [준비 상태]        |
| 응급 연락망 확인     | [확인 상태]        |
```

회의 내용:

－[체육대회 안전 및 응급 대비 조치에 대한 토론 내용]

결정 사항:

－[체육대회 안전 및 응급 대비 조치 사항]

안건 6: 체육대회 진행 일정 및 규칙

```
| 일정 항목           | 세부 사항          |
|——————————|——————————|
| 체육대회 일정        | [일정 계획]        |
| 체육대회 규칙        | [규칙 및 제재]      |
```

회의 내용:

－[체육대회 진행 일정 및 규칙에 대한 토론 내용]

결정 사항:

－[체육대회 진행 일정 및 규칙 결정]

안건 9: 체육대회 후속 조치 및 평가

조치 사항	계획
장비 반환 및 정리	[계획]
참가자 및 보호자 평가	[평가 방법]

회의 내용:

- [체육대회 후속 조치 및 평가에 대한 토론 내용]

결정 사항:

- [체육대회 후속 조치 및 평가 계획]

회의록 작성자: [작성자]

날짜: [작성일]

…

위의 예시를 참고하여 각 안건에 대한 회의록을 작성하시면 됩니다. 필요에 따라 내용을 추가하거나 수정하여 학급 회의 회의록을 완성해 주세요.

계획표부터 보고서까지 완성 _ 체험 활동 보고서 작성하기

보고서에 필요한 항목의 표 만들기

챗GPT는 사용자가 작성한 설명을 기반으로 보고서를 작성하는 데에도 도움을 줄 수 있습니다. 사용자의 의도를 정확하게 반영하기 위해서는 보고서 작성에 필요한 정보와 내용을 챗GPT에 자세히 알려주어야 합니다. 사용자와 챗GPT의 원활한 소통을 위해 먼저 계획표를 작성하고 검토합니다. 생성한 표에 추가하려는 내용이 있으면 셀을 추가해달라고 요청하면 됩니다. 표를 바탕으로 사용자의 정보와 내용을 자세히 대입할 수 있는 보고서를 작성해 보겠습니다.

여행 체험 활동 보고서에 필요한 구성표 작성 예시

 2박 3일로 제주도 여행을 다녀올 거야. 이후에 체험 활동 보고서를 작성할 예정인데, 체험 활동 보고서를 작성하기 전에 체험한 활동들을 구분하는 표를 만들려고 해. 필수적으로 포함되어야 하는 사항들을 반영하여 표로 작성해 줘.

 제주도 여행 체험 활동 보고서 작성을 위한 구성표입니다. 필수적으로 포함되어야 하는 사항들을 반영하여 작성하였습니다.

체험 활동	날짜	시간	장소	참여 인원	설명

참고: 이 표는 실습용으로 제작된 것이며, 실제 여행 일정 및 참여 활동은 상황에 따라 달라질 수 있습니다. 활동별로 날짜, 시간, 장소, 참여 인원 및 설명을 포함하여 작성해 주세요.

챗GPT가 작성한 구성표에 필요한 셀을 추가 요청하는 예시

 체험 활동별로 감정을 작성할 수 있도록 마지막에 감정 셀을 추가해 줘.

 제주도 체험 활동 보고서 구성표:

체험 활동	날짜	시간	장소	참여 인원	설명	감정

참고: 이 표는 실습용으로 제작된 것이며, 실제 여행 일정 및 참여 활동은 상황에 따라 달라질 수 있습니다. 활동별로 날짜, 시간, 장소, 참여 인원, 설명 및 감정을 포함하여 작성해 주세요. 각 체험 활동에 대한 감정은 개인의 경험과 느낌에 따라 달라질 수 있습니다.

보고서의 구성표에 들어갈 내용 작성하기

체험 활동 보고서에 들어갈 구성표에 사용자가 체험한 내용을 키워드 중심으로 간단하게 작성하여 챗GPT에 전달합니다.

표 4. 사용자가 입력한 체험 내용 예시

체험 활동	날짜	시간	장소	참여자	설명	감정
제주 오름 탐방	2023.7.2	9:00 AM	한라산 윗세오름	엄마, 아빠, 나	오름 탐방 및 산행 경험, 아름다운 풍경 감상	평온함, 안정감
제주 해안 경치 감상	2023.7.3	10:00 AM	용머리 해안	엄마, 아빠, 나, 할머니	아름다운 해안 경치 감상, 바다 풍경 감상, 다양한 해양 스포츠 체험	만족감, 즐거움
제주 테마 파크 방문	2023.7.4	11:00 AM	신화테마파크	엄마, 아빠, 나	신화테마파크 방문, 다양한 놀이기구 체험, 로컬 맛집 탐방	신나는, 기분 좋은
제주 특산품 구매	2023.7.5	12:00 PM	한라마을	엄마, 아빠, 나, 할머니	한라마을을 방문하여 다양한 특산품을 탐색하고 구매, 쇼핑과 즐거운 시간을 보냄	창의성, 만족감

체험 활동 보고서 작성하기

사용자가 입력한 내용을 바탕으로 챗GPT는 체험 활동 보고서를 작성할 수 있습니다. 구성표의 모든 내용을 복사하여 챗GPT의 질문 칸에 붙여 넣고, 체험 활동 보고서 스타일로 작성해 달라고 요청합니다. 문장 스타일의 조건을 번호 순서로 제시하면 챗GPT가 이해하기 쉽습니다. 예를 들어, 모든 문장을 "~했습니다."로 끝나도록 요구하면 문체를 통일할 수 있습니다.

사용자 입력 내용을 바탕으로 체험 활동 보고서 작성하기

 입력한 내용을 바탕으로 A4 용지 1장 분량을 중학교 1학년 체험 활동 보고서 스타일로 작성해 주세요. 다음의 조건을 만족해 주세요. (1) 모든 문장의 끝을 '~했습니다.'로 작성해 주세요. (2) 자연의 소중함, 가족의 사랑, 힐링을 키워드로 작성해 주세요. (3) 날짜별로 500자씩 작성해 주세요.

 [중학교 1학년 체험 활동 보고서]

제목: 제주 자연 속에서 가족과의 힐링 여행

활동 일정:

1. 제주 오름 탐방
- 날짜: 2023년 7월 2일
- 시간: 오전 9시
- 장소: 한라산 윗세오름
- 참여자: 엄마, 아빠, 나
- 설명: 우리 가족은 제주의 아름다운 한라산 윗세오름을 탐방하였습니다. 자연 속을 걷는 산행은 힐링의 시간이었고, 숲속에서 펼쳐진 아름다운 풍경을 감상하며 자연의 소중함을 깨닫게 되었습니다. 오름을 오르며 평온함과 안정감을 느낄 수 있었습니다.

2. 제주 해안 경치 감상
- 날짜: 2023년 7월 3일
- 시간: 오전 10시
- 장소: 용머리 해안
- 참여자: 엄마, 아빠, 나, 할머니
- 설명: 우리 가족은 용머리 해안에서 아름다운 바다 경치를 감상하였습니다. 파도 소리와 함께 펼쳐진 넓은 바다의 푸른 풍경은 우리에게 큰 만족감과 즐거움을 선사했습니다. 또한, 다양한 해양 스포츠 체험을 통해 자연과 함께하는 놀이 시간을 가졌습니다.

3. 제주 테마파크 방문
- 날짜: 2023년 7월 4일
- 시간: 오전 11시
- 장소: 신화테마파크

- 참여자: 엄마, 아빠, 나
- 설명: 우리 가족은 신화테마파크를 방문하였습니다. 다양한 놀이기구를 체험하면서 신나는 시간을 보냈고, 로컬 맛집을 탐방하며 지역 특산물을 맛보기도 했습니다. 이 테마파크 방문은 우리 가족에게 신나는 경험과 기분 좋은 시간을 선사했습니다.

4. 제주 특산품 구매

- 날짜: 2023년 7월 5일
- 시간: 낮 12시
- 장소: 한라마을
- 참여자: 엄마, 아빠, 나, 할머니
- 설명: 우리 가족은 한라마을을 방문하여 다양한 제주 특산품을 탐색하고 구매하였습니다. 쇼핑하며 가족과 함께 즐겁게 지냈습니다. 이를 통해 창의성을 발휘하며 다양한 제품을 선택하는 재미와 만족감을 느낄 수 있었습니다.

위의 체험 활동을 통해 자연의 소중함을 느끼고, 가족의 사랑과 함께 힐링하는 시간을 가질 수 있었습니다. 이번 여행을 통해 우리 가족은 자연과의 만남으로부터 오는 안정감과 평온함을 느낄 수 있었으며, 즐거운 활동과 다양한 경험을 통해 행복한 시간을 보낼 수 있었습니다. 이러한 경험을 통해 우리는 자연의 소중함과 가족의 사랑, 그리고 힐링의 중요성을 다시 한번 깨닫게 되었습니다.

챗GPT로 영어 에세이 작성하기

글짓기뿐만 아니라 번역에도 능통한 챗GPT는 영어 학습과 영작문을 위한 보조 교사 역할을 톡톡히 담당합니다. 한글 개요부터 영어 본문 작성은 물론 한영 대조와 교정을 통하여 완벽한 영작문을 완성할 수 있습니다.

거대 언어 모델 기반의 챗GPT는 글짓기뿐만 아니라 외국어 번역과 학습에도 출중한 역할을 담당합니다. 영어, 스페인어처럼 외국어로 작성된 텍스트를 한국어로 번역하고 사용자 요구에 맞는 외국어 글을 작성하거나 요약하는 데 도움을 줄 수 있습니다. 많은 시간을 영어 학습에 투입하는 우리나라의 교육 현실에서 챗GPT를 영어 학습에 이용하는 방법은 필수적입니다. 특히, 학습자의 생각을 영어로 정리하여 작성하는 에세이 쓰기는 영어 학습에서 중요한 기능을 담당합니다. 어렵고 막막한 영어 에세이 쓰기 연습 과정에서 챗GPT의 도움을 받으면 혼자서도 어렵지 않게 수행할 수 있습니다. 영어 에세이 작성 과정은 다음과 같은 단계로 수행합니다.

1 주제 추천, 2 아이디어 기획, 3 아웃라인 작성, 4 에세이 작성, 5 수정 및 편집, 6 피드백 받기

천 리 길도 한 걸음부터 _ 영어 에세이 쓰는 법 질문하기

영어 에세이를 작성하는 방법은 논문 작성 절차와 비슷합니다. 먼저 주제를 선정하고, 글의 아이디어를 설정하여 개요를 일목요연하게 정리합니다. 글을 이끄는 도입부에 해당하는 주제 소개를 시작으로 본문을 작성하고 글의 결론을 맺습니다. 이후 수정과 편집을 거쳐 글을 다듬고 나서 잘 작성했는지 피드백을 받으면 됩니다. 이런 과정에서 챗GPT는 훌륭한 가이드 역할을 담당할 수 있습니다.

영어 에세이 쓰는 방법 예시

 영어 에세이 쓰는 방법을 알려줘.

 영어 에세이를 쓰는 것은 몇 가지 중요한 단계를 따라야 합니다. 아래에는 영어 에세이를 작성하는 과정을 간단히 안내해 드리겠습니다.

1. **주제 선정**: 에세이의 주제를 선택합니다. 주제는 관심 있는 주제, 연구한 주제, 경험한 주제 등 다양할 수 있습니다. 중요한 것은 자신이 흥미가 있고 글을 쓰면서 발전시킬 수 있는 주제를 선택하는 것입니다.

2. **아이디어 기획**: 선택한 주제를 바탕으로 아이디어를 기획합니다. 에세이의 목적과 논거를 정립하고, 어떤 관점에서 접근할 것인지 생각해 봅니다. 아이디어를 구체화하고 주요 포인트를 파악합니다.

3. **아웃라인 작성**: 아웃라인은 에세이의 구조를 계획하는 단계입니다. 개요를 작성하여 에세이의 흐름과 구성을 정리합니다. 소개, 본론, 결론으로 구성되며, 각 부분에 포함될 내용과 논거를 알아봅니다.

4. **소개 작성**: 소개는 독자의 주의를 끌고 흥미를 유발하는 역할을 합니다. 주제를 소개하고, 독자에게 에세이의 중요성과 흥미를 전달해야 합니다. 소개에서는 논거를 간략히 소개하고, 에세이의 목적을 명확히 밝힙니다.

5. **본론 작성**: 본론에서는 아웃라인에서 정한 주요 포인트와 논거를 세부적으로 다룹니다. 각 포인트를 하나의 단락으로 구성하고, 시작 문장으로 주장을 제시한 후 이를 논거와 예시로 뒷받침합니다. 각 단락을 논리적으로 연결하여 에세이의 일관성을 유지합니다.

6. **결론 작성**: 결론에서는 에세이의 핵심 아이디어를 강조하고, 주장을 요약합니다. 새로운 아이디어나 정보를 제시하는 것이 아니라, 본론에서 제시한 내용을 다시 강조하고 정리합니다.

7. **수정 및 편집**: 에세이를 완성한 후에는 문법, 맞춤법, 구문 등을 검토하여 수정 및 편집해야 합니다. 문장의 흐름과 논리적 구성을 다듬고, 단어 선택과 문체를 개선하여 글을 더 강력하고 명확하게 만듭니다.

8. **피드백 받기**: 가능하면 에세이를 다른 사람에게 검토하도록 요청하거나, 영어를 잘하는 친구나 선생님에게 피드백을 받아봅니다. 다른 사람의 의견과 조언은 에세이를 개선하는 데 도움이 될 수 있습니다.

이러한 과정을 따르면서 주제를 확실하게 제시하고 논리적인 논거로 펼쳐가면서 읽기 쉽고 흥미로운 영어 에세이를 작성할 수 있습니다. 계속해서 연습하면서 영어 작문과 표현력을 향상하는 것이 중요합니다.

아이디어 뱅크, 챗GPT _ 주제 추천받기

어떤 글을 쓸까 고민하며 영어 에세이 작성의 첫 단계인 주제 선택에 막막함을 느끼는 사용자는 먼저 주제 선택에 대해 질문하면 됩니다. 챗GPT는 에세이와 관련된 주제를 적절하게 추천해 주는 역할을 쉽게 수행합니다. 조건을 명확하고 구체적으로 제시하면 한정된 주제에 맞추지만, 조건이 없는 경우 챗GPT와 대화를 통해 글의 주제 범위를 좁혀가는 것도 필요한 방법입니다.

에세이 주제 제안의 예시

 영어 에세이를 쓰려고 하는데 어떠한 주제가 좋을까?

 영어 에세이의 주제는 여러 가지로 선택할 수 있습니다. 주제를 선택할 때는 자신의 관심사, 경험, 연구 분야 또는 주변 사회 문제 등을 고려할 수 있습니다. 주제는 독특하고 흥미로운 것이어야 독자의 주의를 끌 수 있고, 논의할 만한 요소가 있어야 하며, 자신이 잘 이해하고 알고 있는 주제를 선택하는 것이 좋습니다.

다음은 영어 에세이에 적합한 몇 가지 주제 아이디어입니다:

1. **인터넷의 영향**: 인터넷이 우리의 생활과 사회에 미치는 영향에 대해 논의해 보세요. 사회적 연결, 정보 접근성, 개인 정보 보안 등과 관련된 주제로 발전시킬 수 있습니다.

2. **환경 문제와 지속 가능성**: 기후 변화, 자원 고갈, 재활용 등과 같은 환경 문제와 지속 가능성에 대해 논의해 보세요. 환경 보호와 지속 가능한 발전에 대한 해결책을 제시할 수도 있습니다.

3. **사회적 불평등**: 사회적 계층, 성별, 인종, 경제적 불평등 등과 같은 사회적 불평등에 대해 논의해 보세요. 이러한 문제의 원인과 영향, 개선 방안 등을 살펴볼 수 있습니다.

4. **교육 체계**: 교육 체계의 장단점, 학생들의 스트레스, 교육 목적 등에 대해 논의해 보세요. 교육 개혁과 혁신적인 교육 방법에 대해서 생각해 볼 수도 있습니다.

5. **기술 혁신과 사회**: 인공지능, 자율주행차, 사물인터넷 등의 기술 혁신이 사회에 미치는 영향과 도전에 대해서 논의해 보세요. 이러한 기술의 장점과 위험성을 분석하고 사회적 영향을 탐구할 수 있습니다.

6. **문화 다양성**: 다양한 문화 간의 상호 작용, 이주, 다문화 가정 등과 관련된 문화 다양성에 대해서 논의해 보세요. 문화 간의 이해와 대화, 차별과 편견에 대한 대안을 찾을 수 있습니다.

이는 주제 선택에 대한 몇 가지 아이디어에 불과합니다. 자신의 관심사와 지식에 기반하여 주제를 선택하고, 해당 주제를 자세히 탐구하며 논의하면서 흥미로운 영어 에세이를 작성할 수 있을 것입니다.

나에게 맞춰줘 _ 조건을 제시하여 구체적인 주제 선택하기

챗GPT가 제시하는 답변은 일반적인 내용이기 때문에 적합한 주제를 선택하기 어려울 수도 있습니다. 에세이 주제를 선정하기 위해서는 나의 관심사와 원하는 방향에 대해 고민해야 합니다. 학생이라면 미래의 직업이나 진로에 관련된 키워드를 먼저 설정하고 구체적인 주제를 요청하는 것이 좋겠습니다. 누적되는 질문에 따라 답변 결과가 달라질 수 있으므로, 주제를 적절히 설정하기 위해서 현재 상태와 장래 희망을 언급하는 조건을 키워드로 포함하여 요청해야 합니다. 추천된 주제를 한글로 받았다면, 영작을 위해 영어로 번역할 수 있습니다.

조건과 키워드를 설정하여 주제를 추천받는 예시

 나는 현재 중학생이고 미래에 과학자가 되고 싶습니다. 미래의 나의 꿈에 대해 영어 에세이를 작성하려고 합니다. 영어 에세이 주제 10개를 한국어로 추천해 주세요.

 미래에 대한 꿈과 열망에 관한 주제로 영어 에세이를 작성하는 것은 흥미로운 주제입니다. 다음은 미래의 꿈에 대한 영어 에세이를 작성할 수 있는 10가지 주제를 제안해 드리겠습니다.

1. **나의 미래의 꿈**: 어떤 과학 분야에서 일하고 싶은지, 그리고 왜 그 분야에 관심이 있는지 설명해 보세요.

2. **꿈을 향한 동기와 열정**: 어떤 경험이나 영감이 미래의 과학자로 성장하고자 하는 동기와 열정에 영향을 주었는지 이야기해 보세요.

3. **성취하기 위한 목표와 계획**: 어떤 목표를 이루기 위해 어떤 계획을 세웠는지 설명하고, 미래의 과학자로서 어떻게 발전해 나갈 계획인지 소개해 보세요.

4. **과학적 탐구와 발견의 즐거움**: 과학자의 역할에 대해 어떤 즐거움을 느끼고 있는지, 과학적 탐구와 발견의 경험을 공유해 보세요.

5. **과학적 지식의 활용과 사회적 영향**: 미래에 어떤 과학적 지식을 활용하여 사회에 영향을 주고 싶은지 설명해 보세요. 미래의 과학자로서 사회적인 변화를 끌어내는 역할에 대해 이야기해도 좋습니다.

6. **도전과 극복**: 과학 연구에서 어떤 도전에 직면했을 때 어떻게 극복했는지, 현재의 도전적인 상황에서 어떻게 성장하고 있는지 이야기해 보세요.

7. **멘토와 영향력 있는 인물**: 현재까지의 과학적인 꿈을 키우는 과정에서 어떤 멘토나 영향력 있는 인물에게 도움을 받았는지 소개해 보세요.

8. **꿈을 실현하기 위한 자기 계발과 교육**: 미래의 과학자로서 어떤 자기 계발과 교육을 통해 준비하고 있는지 설명해 보세요. 현재 노력과 학습 방법을 소개해도 좋습니다.

9. **협력과 공동 연구**: 미래의 과학자로서 협력과 공동 연구가 얼마나 중요한지 이야기해 보세요. 다른 사람들과의 협력을 통해 어떤 결과를 끌어낼 수 있는지 설명해도 좋습니다.

10. **꿈을 향한 실천 계획**: 미래의 과학자로서 꿈을 실현하기 위해 어떤 실천 계획을 세우고 있는지 자세히 소개해 보세요. 미래의 직업에 대한 열정과 결심을 강조해 주세요.

이러한 주제들을 활용하여 영어 에세이를 작성하면서 미래의 꿈에 대한 열망과 준비에 대해 자세히 설명할 수 있을 것입니다. 행운을 빕니다!

좋은 것은 섞어서 만들자 _ 주제 구체화하기

챗GPT가 제안한 주제를 살펴보고 마음에 드는 주제가 있다면, 선택한 주제로 영어 에세이를 작성하기 시작하면 됩니다. 해당 주제에 관한 예문이 필요하다면, 챗GPT가 제시한 10개의 주제 중에서 번호를 선택하여 "1번 주제로 영어 에세이를 작성해 주세요."와 같이 요청할 수 있습니다. 만약 제시된 주제 중에서 적절한 것이 없거나 여러 개가 마음에 든다면, 새롭게 요청하거나 섞어서 새로운 주제를 도출하면 더 창의적인 결과를 얻을 수 있습니다.

여러 개의 주제를 섞어서 다시 제안받는 예시

 그중 1번과 10번을 섞어서 진행하고 싶습니다. 주제를 다시 제안해 주세요.

 물론입니다! 다음은 1번과 10번 주제를 혼합한 주제를 제안해 드리겠습니다.

- 과학적 탐구와 미래의 꿈: 나의 관심 분야에서 어떤 과학적 탐구를 하고 싶은지 설명하고, 그것을 실현하기 위해 어떤 계획과 실천 방법을 가졌는지 소개해 보세요.

이 주제를 통해 미래의 꿈과 함께 과학적 탐구에 대한 열망과 그를 실현하기 위한 계획에 대해 자세히 서술할 수 있을 것입니다. 행운을 빕니다!

에세이 작성의 밑그림 _ 확정된 주제로 아이디어 기획하기

챗GPT가 제안한 주제 중에서 하나를 선정했다면 다음 단계인 아이디어 기획으로 넘어갑니다. 에세이를 작성하기 전에 글의 아이디어를 먼저 기획하면 선정한 주제로 어떤 아이디어를 적용하여 글을 전개할지, 어떤 결과를 도출할 수 있는지 미리 탐색할 수 있습니다. 또한 글의 구조를 전체적으로 구성하며 내용의 일관성을 준비할 수 있습니다. 챗GPT는 어떤 주제에 대해서도 그럴듯하고 흥미로운 글을 작성하기 때문에 사용자의 생각이나 현실과 관련 없이 겉으로 번지르르한 결과만 보여줄 수도 있습니다. 따라서 아이디어 기획 단계를 거쳐 에세이를 사용자 의도에 따라 진솔한 내용으로 작성할 수 있는지 확인해야 합니다. 이때 제안된 주제 일부분에서 표현이나 단어를 변경하도록 요구하면 사용자에게 더 최적화된 내용으로 발전시킬 수 있습니다.

에세이의 아이디어 기획 예시

 이 주제로 아이디어 기획을 해 주세요.

 미래의 꿈과 과학적 탐구를 혼합한 주제로 아이디어 기획을 해 보겠습니다.

주제: 과학적 탐구와 미래의 꿈을 통한 환경 문제 해결

1. 소개(서론)

- 미래의 과학자로서 저의 꿈과 열망을 소개합니다.

- 환경 문제에 대한 전반적인 이해와 중요성을 간략히 언급합니다.

2. 환경 문제의 현황(발단)

- 현재의 환경 문제와 그로 인한 영향을 소개합니다.

- 이로 인해 왜 환경 문제에 대한 과학적 탐구와 해결이 필요한지 설명합니다.

3. 관심 분야 및 과학적 탐구(본론)

- 제가 관심 있는 특정 환경 문제를 소개하고, 해당 분야에서의 과학적 탐구에 대해 이야기합니다.

- 관련된 연구 동향과 기술적 개발을 소개하며, 왜 이 분야에 대한 과학적 탐구가 미래의 꿈에 중요한 역할을 하는지 설명합니다.

4. 미래의 꿈과 해결 방안(본론)

- 미래의 과학자로서 저의 꿈과 목표를 상세히 설명합니다.

- 해당 분야에서 어떤 문제를 해결하고자 하는지, 어떤 방법과 접근법을 통해 문제를 해결할 계획인지 소개합니다.

- 현재의 장점을 활용하여 환경 문제를 탐구하고 해결하기 위한 실천 계획을 구체적으로 서술합니다.

5. 결론

- 미래의 꿈과 과학적 탐구를 통한 환경 문제 해결의 중요성을 강조합니다.

- 다시 한번 미래의 과학자로서의 열망과 의지를 언급하며, 환경 문제 해결을 위해 최선을 다하겠다는 다짐을 표현합니다.

이 아이디어 기획을 통해 에세이를 작성하면, 환경 문제에 대한 과학적 탐구와 미래의 꿈에 대한 열망을 효과적으로 결합시켜 설득력 있는 글을 쓸 수 있을 것입니다. 즐거운 쓰기 과정이 되길 바랍니다!

제안된 주제의 일부 단어를 변경하여 최적화하기

 환경 문제를 우주 연구로 변경하여 다시 기획해 주세요.

 주제: 과학적 탐구와 미래의 꿈을 통한 우주 연구와 탐사의 중요성

1. 소개(서론)

- 미래의 과학자로서 저의 우주 연구와 탐사에 대한 꿈과 열망을 소개합니다.

- 우주 연구의 중요성과 우주 탐사의 가치를 간략히 언급합니다.

2. 우주 연구의 중요성(본론)

- 우주 연구가 왜 중요한지 설명합니다.

- 우주 연구를 통해 우리가 얻을 수 있는 지식과 기술적 발전에 대해 이야기합니다.

- 우주 연구의 성과가 인류의 미래에 어떤 영향을 줄 수 있는지 소개합니다.

3. 관심 분야 및 과학적 탐구(본론)

- 제가 관심 있는 특정 우주 연구 분야를 소개합니다.

- 해당 분야에서 어떤 과학적 탐구가 진행되고 있는지, 어떤 문제를 해결하고자 하는지 설명합니다.

- 관련된 연구 동향과 기술적 개발에 대해 언급하며, 이 분야에서 과학적 탐구의 중요성을 강조합니다.

4. 미래의 꿈과 탐사 계획(본론)

- 미래의 과학자로서 저의 꿈과 목표를 상세히 설명합니다.

- 어떤 우주 탐사를 계획하고 있으며, 그를 위해 어떤 연구와 준비를 해 나가고 있는지 소개합니다.

- 현재의 장점과 능력을 활용하여 우주 연구와 탐사에 어떻게 기여할 것인지 설명합니다.

5. 결론

- 우주 연구와 탐사의 중요성과 가치를 강조합니다.

- 미래 과학자로서의 열망과 의지를 언급하며, 우주 연구와 탐사에 최선을 다할 다짐을 표현합니다.

이 아이디어 기획을 통해 에세이를 작성하면, 우주 연구와 탐사에 대한 열정과 목표를 잘 전달할 수 있을 것입니다. 행운을 빕니다!

내 이야기를 들어줘 _ 일반적인 내용을 자신과 연결하기

선정한 에세이 주제를 더 흥미롭게 발전시키기 위해 다시 기획을 요청합니다. 이때, 챗GPT에 '창의적'이라는 조건을 추가로 제시하여 주제를 더 창의적으로 발전시키도록 유도합니다. 일반적인 내용에 머무를 수 있는 기획안을 개인 맞춤형으로 구체화하기 위해서 자신만의 이야기를 표현하도록 '나와 연결'하라는 조건을 더 추가하여 주제를 재구성할 수 있습니다.

주제를 개인 맞춤형으로 구체화하는 예시

이 주제를 나와 연결하여 조금 더 창의적으로 변경해서 다시 기획해 주세요.

주제: 과학적 탐구와 나의 우주 모험: 개인적인 열망과 우주 탐사의 진정한 가치

1. 소개(서론)

- 나는 과학적 탐구와 우주 탐사에 끊임없는 열망을 품고 있는 사람으로 소개합니다.
- 나의 개인적인 열망과 우주 탐사가 어떻게 연결되어 있으며, 이 둘의 중요성에 대해 간략히 언급합니다.

2. 나의 우주 모험의 열망(본론)

- 나의 개인적인 우주 모험의 열망과 꿈을 소개합니다.
- 어떤 우주 탐사를 경험하고자 하는지, 그 목표와 동기를 이야기합니다.
- 나의 우주 모험에 대한 열망이 과학적 탐구와 혁신에 어떤 기여를 할 수 있는지 설명합니다.

3. 과학적 탐구와 우주 탐사의 상관 관계(본론)

- 과학적 탐구와 우주 탐사의 상관 관계에 대해 탐구합니다.

- 과학적 탐구가 우주 탐사를 이끌어내고, 우주 탐사가 과학적 탐구에 새로운 지식과 통찰력을 제공한다는 점을 강조합니다.

- 과학적 탐구와 우주 탐사의 상호 작용이 어떻게 우리의 세계관을 확장시키고, 기술적 발전을 이끌어내는지 소개합니다.

4. 나의 과학적 탐구 노력(본론)

- 나의 과학적 탐구 노력과 우주 모험을 위한 준비를 상세히 설명합니다.

- 어떤 분야에서의 과학적 탐구를 추구하고 있는지, 그에 대한 목표와 방법을 소개합니다.

- 나의 과학적 탐구 노력이 어떻게 나의 우주 모험에 기여하고, 우주 탐사의 진정한 가치를 실현할 수 있는지 이야기합니다.

5. 결론

- 과학적 탐구와 우주 모험의 진정한 가치와 중요성을 강조합니다.

- 나의 열망과 목표를 통해 우주 탐사에 대한 열정과 의지를 나타냅니다.

- 과학적 탐구와 우주 모험을 통해 새로운 지식과 혁신을 이루고자 하는 다짐을 표현합니다.

이 아이디어 기획을 통해, 과학적 탐구와 나의 우주 모험에 대한 독특한 시각과 열정을 잘 전달할 수 있을 것입니다. 행운을 빕니다!

글쓰기에는 개요가 먼저 _ 아웃라인 작성하기

챗GPT는 주제와 기획 아이디어를 발전시켜 아웃라인 작성에도 도움을 줄 수 있습니다. 에세이의 아웃라인은 글쓴이의 생각을 체계적으로 정리하는 데 도움이 되고, 서론, 본론, 결론 사이의 상관 관계와 논리적인 연결성을 확인하면서 주제와 관련 없는 내용을 정리하는 기회도 됩니다. 챗GPT는 이전 대화를 기억하고 있으므로 연속적인 질문으로 아웃라인 작성까지 진행할 수 있습니다. 어떤 글이든 주어진 주제에 대한 아웃라인은 일목요연하게 정리한 형태로 제시됩니다. 챗GPT에 충분한 조건과 정보를 제공하고 맥락을 명확히 전달할수록 원하는 에세이 작성에 도움이 될 것입니다.

에세이 아웃라인 작성 예시

 이를 통해 아웃라인을 작성해 봅시다.

 아웃라인:

I. 소개(서론)

　A. 과학적 탐구와 우주 모험에 대한 개인적인 열망 소개

　B. 주제의 중요성과 연결성 간단히 언급

II. 나의 우주 모험의 열망

　A. 나의 개인적인 우주 모험 목표 소개

　B. 해당 목표와 동기에 대한 상세한 설명

　C. 나의 우주 모험의 과학적 탐구와 혁신에 대한 기여

III. 과학적 탐구와 우주 탐사의 상관 관계

　A. 과학적 탐구와 우주 탐사의 관련성에 대한 탐구

　B. 상호 작용이 우리의 세계관과 기술적 발전에 미치는 영향 소개

　C. 과학적 탐구와 우주 탐사의 상관 관계를 지지하는 사례 소개

IV. 나의 과학적 탐구 노력

　A. 나의 과학적 탐구 노력과 우주 모험을 위한 준비 소개

　B. 추구하는 과학적 탐구 분야와 목표 상세히 설명

　C. 과학적 탐구가 나의 우주 모험과 진정한 가치 실현에 어떻게 기여할 수 있는지
　　강조

V. 결론

A. 과학적 탐구와 우주 모험의 진정한 가치와 중요성 재강조

B. 나의 열망과 목표를 통한 우주 탐사에 대한 열정과 의지 표현

C. 과학적 탐구와 우주 모험을 통해 얻을 수 있는 가능성과 성취감 강조

이 아웃라인을 기반으로 자세한 내용을 추가하여 영어 에세이를 작성할 수 있을 것입니다. 세부적인 사항과 관련된 이야기, 예시, 연구 결과 등을 더해 나아가면 됩니다. 출발점이 마련되었으니, 계속해서 내용을 발전시켜 가세요!

이제 본론으로 들어가자 _ 영어 에세이 작성하기

에세이 본문을 작성하는 요청을 챗GPT에 전달할 때는 구체적인 지침을 제시하는 것이 좋습니다. 예를 들어, "글의 길이를 1,500자 이내로 작성해 주세요."와 같은 조건을 제시하여 글의 길이를 조절할 수 있고, 중학생 수준으로 글의 난이도를 설정할 수도 있습니다.

글자 수 제한이 있는 영어 에세이 작성 예시

이를 통해 영어 에세이를 1,500자 이내로 작성해 주세요.

Title: Scientific Exploration and My Cosmic Adventure: Personal Aspirations and the True Value of Space Exploration

Introduction: I am someone who harbors an unwavering desire for scientific exploration and space travel. In this essay, I aim to explore the connection between my personal aspirations and space exploration, as well as shed light on the significance of both.

My Yearning for Cosmic Adventure: I possess a strong yearning and dream for cosmic adventures. I yearn to explore the vast realms of the universe and unravel the mysteries that lie within. I will discuss my goals and motivations, and elaborate on the specific type of space exploration I aspire to experience. Furthermore, I will delve into how my desire for cosmic adventure can contribute to scientific exploration and innovation.

The Correlation between Scientific Exploration and Space Travel: Scientific exploration and space travel are deeply intertwined, with scientific inquiry leading the way for space exploration and space exploration providing new knowledge and insights for scientific endeavors. I will highlight how the interaction between scientific exploration and space travel expands our understanding of the universe and drives technological advancements. For instance, advancements in robotics technology for space exploration can have direct applications in fields such as healthcare and environmental science on Earth.

My Endeavors in Scientific Inquiry: I am actively engaged in scientific inquiry in preparation for my cosmic adventure. I am pursuing research in the fields of astronomy and space science, striving to stay updated with the latest findings and analyzing relevant data. Additionally, I am acquiring education and training to acquire the necessary skills and expertise in the technologies and equipment required for space exploration.

Conclusion: Scientific exploration and space travel hold immense value and importance. Through my personal yearnings and goals, I demonstrate my passion and determination for space exploration. I express my commitment to using scientific inquiry and cosmic adventures to achieve new knowledge and foster innovation. Space exploration presents us with the potential to shape the future of humanity, and I am dedicated to finding my purpose within it.

Note: The above essay is a sample and provided as a reference for your own writing. Please use it as a guide while crafting your essay.

언어를 오가며 확인하는 습관 _ 영어 에세이를 한글로 번역하기

작성한 영어 에세이를 한글로 번역하여 원래 의도에 부합하는지 내용을 확인합니다. 챗GPT는 어떤 언어든 번역 업무를 능숙하게 수행할 수 있습니다. 챗GPT의 다국어 번역 능력은 외국어 학습과 업무에 큰 도움을 줍니다. 한국어로 쓴 글을 영어로 번역하고, 다시 한국어로 번역해 보면 어떤 문장이나 표현에 문제가 있는지 확인할 수 있습니다.

영어 에세이를 한글로 번역하는 예시

 위의 글을 한국어로 번역해 주세요.

 제목: 과학적 탐구와 나의 우주 모험: 개인적인 열망과 우주 탐사의 진정한 가치

소개: 나는 과학적 탐구와 우주 여행에 대한 확고한 열망을 품고 있는 사람입니다. 이 글에서는 나의 개인적인 열망과 우주 탐사의 연결성, 그리고 두 가지의 중요성에 대해 살펴보고자 합니다.

나의 우주 모험의 열망: 나는 광활한 우주의 영역을 탐험하고, 그 안에 숨겨진 신비를 해결하고자 하는 열망을 갖고 있습니다. 어떤 유형의 우주 탐사를 경험하고자 하는지, 그 목표와 동기를 소개합니다. 나의 우주 모험 열망이 과학적 탐구와 혁신에 어떻게 기여할 수 있는지 설명합니다.

과학적 탐구와 우주 탐사의 상관 관계: 과학적 탐구와 우주 탐사는 밀접한 관련성을 가지고 있습니다. 과학적 탐구가 우주 탐사를 이끌고, 우주 탐사가 과학적 탐구에 새로운 지식과 통찰력을 제공한다는 점을 강조합니다. 과학적 탐구와 우주 탐사의 상호작용이 어떻게 우리의 우주관을 확장하고, 기술적 발전을 선도하는지 소개합니다.

나의 과학적 탐구 노력: 나는 우주 모험을 위한 과학적 탐구 노력에 매진하고 있습니다. 천문학과 우주 과학 분야에서 연구를 추구하며 최신 연구 결과를 업데이트하고, 관련 데이터를 분석하기 위해 노력하고 있습니다. 또한 우주 탐사에 필요한 기술과 장비에 대한 필수적인 기술과 전문성을 습득하기 위해 교육과 훈련을 받고 있습니다.

결론: 과학적 탐구와 우주 탐사는 큰 가치와 중요성을 지닙니다. 나의 개인적인 열망과

목표를 통해 나는 우주 탐사에 대한 열정과 결의를 나타냅니다. 과학적 탐구와 우주 모험을 통해 새로운 지식과 혁신을 이루고자 하는 다짐을 표현합니다. 우주 탐사는 우리 인류의 미래를 형성할 수 있는 잠재력을 가지고 있으며, 나는 그 안에서 나의 목적을 찾기 위해 헌신하고 있습니다.

참고: 위 글은 예시로 제공되며, 여러분의 글 작성에 참고하시기를 바랍니다.

내 글로 완성하자 _ 자기 생각과 경험 추가하기

챗GPT를 이용한 글쓰기 결과는 대개 일반적인 내용으로 그럴듯하게 구성됩니다. 사용자가 키워드와 문구를 제시해도 챗GPT가 생성한 글에 사용자의 이야기가 충분히 반영되었다고 보기 어려우므로 수정 보완 작업을 거쳐야 합니다. 글에서 적합하지 않은 단어와 표현을 찾아 수정합니다. 챗GPT가 제시한 답변에서 일반적인 표현을 찾아 사용자 자신과 관련된 구체적인 내용으로 변경해야 합니다.

구체적인 내용을 추가하여 글을 수정하는 예시

 나의 과학적 탐구 노력에 최신 과학잡지를 읽고 교과서에 나온 모든 실험을 수행해 보며 과학관을 직접 다니면서 체험 공부를 한다는 내용으로 변경해서 영어 에세이를 작성해 주세요.

 Title: My Scientific Exploration Efforts: Reading Scientific Journals, Conducting Textbook Experiments, and Experiencing Science Firsthand

Introduction: In my pursuit of scientific knowledge and exploration, I have engaged in various efforts to enhance my understanding of the world around us. This essay aims to highlight my commitment to scientific exploration through activities such as reading scientific journals, conducting experiments from textbooks, and immersing myself in hands-on experiences at science centers.

Reading Scientific Journals: To stay updated with the latest scientific advancements and discoveries, I regularly read scientific journals. These publications provide me with in-depth insights into various scientific fields and expose me to groundbreaking research conducted by experts in the respective fields. By immersing myself in scientific literature, I broaden my knowledge base and gain a deeper understanding of the intricate workings of the natural world.

Conducting Textbook Experiments: In addition to reading scientific journals, I actively engage in practical learning by performing experiments outlined in textbooks. I believe that hands-on experimentation is crucial to truly grasp scientific concepts and principles. By meticulously following experiment procedures and carefully analyzing the results, I enhance my understanding of scientific principles while honing my practical skills. These experiments also serve as a platform for me to apply theoretical knowledge to real-world scenarios.

Experiencing Science Firsthand: To further immerse myself in the world of science, I make it a point to visit science centers and engage in experiential learning. These centers offer interactive exhibits, workshops, and demonstrations that allow me to witness scientific phenomena firsthand. Whether it's observing chemical reactions, exploring the wonders of astronomy, or participating in engaging discussions with science educators, these experiences deepen my passion for science and encourage me to explore new scientific frontiers.

The Impact of My Scientific Exploration Efforts: My dedication to scientific exploration has had a profound impact on my personal growth and development. By reading scientific journals, I gain insights into cutting-edge research, which inspires me to ask critical questions and seek innovative solutions. Conducting textbook experiments enables me to develop critical thinking and problem-solving skills, as well as cultivate a scientific mindset rooted in evidence-based reasoning. Experiencing science firsthand not only sparks my curiosity but also reinforces the practical applications and relevance of scientific knowledge.

Conclusion: Through my scientific exploration efforts, including reading scientific journals, conducting textbook experiments, and experiencing science firsthand, I have nurtured a deep passion for scientific discovery. These endeavors have allowed me to expand my understanding of the natural world, develop essential scientific skills, and ignite my curiosity to push the boundaries of knowledge. I am committed to continuing my scientific exploration journey, driven by the desire to contribute to the advancement of scientific understanding and make a positive impact on our world.

평가 도구로 활용 _ 영어 에세이 평가하기

학습자가 작성한 영어 에세이를 챗GPT로 평가받을 수 있습니다. 평가는 사용자가 설정한 기준에 따라 수행되므로 챗GPT의 답변은 매번 달라질 수 있습니다. 이때 어떤 기준으로 평가하며, 점수의 기준은 무엇인지 제시한 후 해당 기준에 따른 평가를 요구하면 됩니다. 챗GPT는 기준에 따른 점수와 함께 평가의 사유를 상세하게 설명해 줍니다.

영어 에세이 점수 평가 예시

 위의 영어 에세이를 중학생 기준으로 평가할 때 100점 만점에 몇 점이라고 생각해?

 중학생 기준으로 위의 영어 에세이를 평가할 때, 저는 90점 정도를 줄 수 있을 것 같습니다. 이 에세이는 다양한 활동을 통해 과학적 탐구에 참여하고자 하는 학생의 열정과 노력을 잘 보여주고 있습니다. 글은 명확하고 일관성 있으며, 핵심 아이디어와 주제를 잘 전달하고 있습니다. 문법과 어휘도 대체로 정확하고 적절하게 사용되었으며,

문장 구조도 다양하고 다소 복잡한 구조를 포함하고 있습니다. 하지만 몇몇 부분에서 문장의 흐름이 조금 어색하거나 표현이 좀 더 강화될 수 있을 것 같습니다. 더욱 다양한 어휘와 복잡한 문장 구조를 활용하여 글을 발전시키면 더욱 훌륭한 결과물이 될 수 있을 것입니다.

완벽할 때까지 계속 보완하자 _ 챗GPT에 교정 맡기기

평가 과정에서 챗GPT는 에세이의 보완 사항을 몇 가지 제시해 주었습니다. 이를 바탕으로 글을 교정하도록 요청하면 챗GPT가 보완한 글을 작성해 줄 것입니다. 이어서 보완된 글에 대해 다시 평가받으면 이전보다 더 높은 점수를 얻을 수 있습니다. 사용자 스스로 작성한 에세이도 챗GPT에 객관적으로 평가받고, 오류와 표현을 교정받는다면 더 수준 높은 결과를 얻게 됩니다. 챗GPT는 다국어 표현이 가능하지만, 특히 모든 영어 글짓기에 능통합니다.

챗GPT에 에세이의 보완과 교정을 맡기는 예시

 위 에세이의 오타 및 문법적인 오류를 수정하여 정리해 주세요.

 Certainly! Here's the revised version of your essay with corrected typos and grammar errors:

Title: My Scientific Exploration Efforts: Reading Science Journals and Conducting Experiments from Textbooks

Introduction: I am an individual with an insatiable desire for scientific exploration and have a particular interest in space exploration. In this essay, I will discuss how my personal aspiration and space exploration are interconnected, highlighting their significance.

My Yearning for Space Adventures: I will introduce my personal longing and dream for space adventures, including the specific space exploration

I wish to experience, along with my goals and motivations. Furthermore, I will explain how my desire for space exploration can contribute to scientific inquiry and innovation.

The Correlation between Scientific Inquiry and Space Exploration: I will explore the correlation between scientific inquiry and space exploration, emphasizing how scientific inquiry drives space exploration and how space exploration provides new knowledge and insights for scientific inquiry. I will also discuss how the interaction between scientific inquiry and space exploration expands our worldview and leads to technological advancements.

My Scientific Exploration Endeavors: I will provide a detailed account of my efforts in scientific exploration and preparations for space adventures. I will discuss the specific field of scientific inquiry I am pursuing, along with my objectives and methods. Additionally, I will highlight how my scientific exploration efforts contribute to my space adventures and help realize the true value of space exploration.

Conclusion: I will underscore the true value and significance of scientific inquiry and space exploration. Through my aspirations and goals, I will express my passion and determination for space exploration. I will also pledge to achieve new knowledge and innovation through scientific inquiry and space exploration.

Please note that this revision focuses on correcting typos and grammar errors. However, it's always a good idea to have someone proofread your essay to ensure accuracy and clarity.

영상 콘텐츠 기획안 작성하기

풍부한 지식과 자료를 바탕으로 참신한 기획안 작성을 도와주는 챗GPT는 시놉시스부터
비주얼 콘셉트 제안서까지 영상 콘텐츠 제작에도 유용하게 활용될 수 있습니다.

학습한 지식이 많고 문서 형식에 능통한 챗GPT를 활용하면 기획안을 작성하는 업무에도 도움을 받을 수 있습니다. 유튜브와 틱톡 플랫폼의 성공 이후 분야를 막론하고 영상의 수요가 많이 늘어나서 학교의 비대면 수업, 수행평가, 동아리 활동, 행사 등을 위해 영상 콘텐츠를 제작하는 빈도가 늘었습니다. 영상 콘텐츠의 제작 과정은 기획, 촬영, 편집, 후반 작업, 완성 단계로 이루어집니다. 영상 콘텐츠의 기획안은 제작 구성원들 간의 원활한 커뮤니케이션을 위한 필수 요소이며, 1인 창작의 경우에도 기획안을 통해 제작 과정을 계획적으로 진행하여 콘텐츠의 품질과 완성도를 높일 수 있습니다.

챗GPT는 언어 모델 기반이기 때문에 직접 영상 결과물을 생성하기는 어렵지만, 다른 프로그램과 연동하면 영상 콘텐츠를 생성할 수도 있습니다. 외부 프로그램과 연동할 때에도 챗GPT에서 작성한 기획안과 스크립트 등을 적용하면 제작 과정이 수월합니다. 영상 콘텐츠 기획 과정에서 챗GPT를 활용할 수 있는 부분은 1 콘텐츠 아이디어 도출, 2 시나리오 작성, 3 촬영 및 편집 준비, 4 비주얼 및 디자인 자문 등입니다.

표 5. 영상 콘텐츠 기획 과정에서 챗GPT의 도움을 받을 수 있는 내용

순서	업무	내용
1	콘텐츠 아이디어 도출	챗GPT에 영상의 주제나 콘셉트를 설명하고 요청하면 다양한 스토리 아이디어와 흥미로운 플롯을 제공받을 수 있음. 새로운 아이디어를 얻거나 기존 아이디어를 발전시킬 수 있음.
2	시나리오 작성	챗GPT는 영상의 시나리오 작성에 대한 조언과 지원을 제공할 수 있음. 각 장면의 구성, 대사 작성, 캐릭터 개발 등에 관한 가이드를 제시할 수 있음.
3	촬영 및 편집 준비	챗GPT는 촬영 및 편집 기술에 대한 정보와 조언을 제공할 수 있음. 카메라 각도, 조명 설정, 효과 적용, 편집 테크닉 등에 대해 도움을 줄 수 있음.
4	비주얼 및 디자인 자문	챗GPT는 영상의 비주얼 스타일과 디자인 요소에 대한 아이디어를 제공할 수 있음. 색상 선택, 그래픽 디자인, 애니메이션 등 제작 요소에 관한 조언을 받을 수 있음.

기획안 구성은 완벽하게 _ 콘텐츠 기획안 개요 작성하기

영상 콘텐츠의 기획은 영상의 주제와 유형을 먼저 결정하고, 필요한 구성 요소를 준비하는 과정으로 진행합니다. 영상의 유형에 따라 기획 과정과 기획안도 달라지지만, 영상 콘텐츠로 전달하려는 메시지를 최대한 부각시키고, 제작의 구성 요소 등을 꼼꼼하게 준비하는 일은 어느 분야에서나 필요합니다. 영상 콘텐츠의 기획안은 기관의 의사 결정권자를 비롯하여 참여 구성원들과 협력 업체, 학생과 학부모 등 수요자까지 포괄하는 제작 과정의 설계도 기능을 담당해야 하며, 기획안의 수요자에 적합하도록 내용 구성이 변경될 수 있습니다. 영상 콘텐츠뿐만 아니라 홍보, 광고, 행사, 사업 기획안 등을 작성할 경우에도 구성안 도출에 챗GPT의 도움을 받을 수 있습니다.

영상 콘텐츠 기획안 목차 작성하기

챗GPT에 기획안의 목차를 작성해달라고 요청하면 일반적인 방식대로 서론, 본론, 결론에 맞춰 글머리 기호에 따라 목차를 생성합니다. 영상 콘텐츠 제작을 위한 기획안이기 때문에 촬영이나 배경 음악에 관련된 항목도 포함됩니다. 일반적으로 통용되는 영상 기획안의 구성 요소를 갖추었기 때문에 사용자는 각 항목에 필요한 내용을 준비하면 됩니다.

영상 기획안 목차 작성 요청의 예시

 학교 소개 영상 제작을 위한 영상 기획안을 간단히 작성하려고 합니다. 기획안 목차를 작성해 주세요.

 서론
- 제작 배경 및 목적 소개
- 교육 기관/학교 소개

핵심 메시지 및 목표 설정
- 교육 철학 및 가치 전달
- 타깃 대상 및 주요 관심사

스토리 및 시나리오 개요
- 전체적인 영상 구성 설명
- 주요 콘텐츠 및 장면 설명

촬영 및 제작 계획
- 필요한 장소, 인원, 장비 등 명시
- 촬영 일정 및 데드라인 설정

주요 콘텐츠 및 시각적 요소
- 교사/학생 인터뷰
- 수업 활동 장면
- 학교 시설 및 환경

음악 및 배경음 설정

- 영상 분위기와 어울리는 음악 선택
- 추가적인 사운드 이펙트 고려

영상 편집 및 후처리 계획

- 필요한 편집 작업 설명
- 색감 보정, 그래픽 추가 등의 후처리 고려

영상의 활용 및 배포 방안

- 소셜 미디어, 웹사이트, 프레젠테이션 등의 활용 계획
- 영상의 대상 시청자/목적에 맞는 배포 방식 고려

예산 및 일정

- 예산 산정 및 사용 계획
- 촬영 및 제작 일정 계획

결론

- 기획안 요약
- 추가 사항 및 질문 사항

이러한 목차를 기반으로 영상 기획안을 자세히 작성하면, 교육 기관을 소개하고 핵심 메시지를 전달하는 효과적인 교육 소개 영상을 제작할 수 있을 것입니다.

영상 아이디어 제안

다음 단계에서는 영상 콘텐츠의 기획안을 바탕으로 구체적인 제작 아이디어를 도출해야 합니다. 챗GPT에게 영상의 수요자와 주제를 제시하고 아이디어를 추천해 달라고 요청하면 어떤 종류의 영상들이 구성에 필요한지 나열해 줍니다. 제안된 아이디어들을 검토하고 실제 촬영과 제작으로 진행할 항목을 선정하여 준비하면 됩니다.

영상 콘텐츠의 아이디어 구성을 요청하는 예시

 신입생을 위한 학교 소개 영상을 만들고 싶습니다. 아이디어를 추천해 주세요.

 신입생을 위한 학교 소개 영상을 만들기 위해 몇 가지 아이디어를 제안해 드릴게요:

학교 투어: 영상에서는 학교의 다양한 시설과 교내 주요 장소를 소개해 주세요. 강의실, 도서관, 체육관, 연구실 등을 포함하여 학생들이 학교생활을 어떻게 즐길 수 있는지를 보여줄 수 있습니다.

학생 인터뷰: 학교생활에 참여하고 있는 학생들과의 인터뷰를 통해 학교에서 제공하는 다양한 활동과 경험에 대해 이야기해 주세요. 클럽 활동, 대회 참가, 학술적인 연구 등 다양한 측면을 다룰 수 있습니다.

교사 인터뷰: 학교의 교사들에게 학생들을 위한 지도와 교육 방식에 대해 이야기하도록 인터뷰해 주세요. 교사들의 열정과 학생 지원에 대한 접근 방식을 강조할 수 있습니다.

학업과 프로그램 소개: 학교에서 제공하는 학문적인 프로그램과 학습 기회를 소개하세요. 과목들의 다양성과 교육 방식에 대해서 설명하여 학업에 대한 열정과 다양한 경로를 보여줄 수 있습니다.

학교 분위기: 학교의 분위기와 학생들 간의 관계에 초점을 맞춰주세요. 학교생활에서의 친목, 팀워크, 동료애 등을 강조하여 학생들이 학교에서 안전하고 포근한 환경에서 성장할 수 있다는 메시지를 전달할 수 있습니다.

야외 및 체험 활동: 학교 주변의 자연환경이나 도시에서 제공하는 야외 및 체험 활동에 초점을 맞추어 주세요. 등산, 캠프, 문화 체험 등을 통해 학교 위치와 주변 환경의 장점을 소개할 수 있습니다.

학생 성취: 학교의 성취와 학생들의 성공 이야기에 중점을 두세요. 학생들의 학업적인 성과, 예술 작품, 스포츠 경기 등 다양한 분야에서의 성과를 강조하여 학교의 품질과 학생들의 역량을 부각시킬 수 있습니다.

이러한 아이디어들을 활용하여 학교의 강점과 학생들의 성장을 중심으로 영상을 제작하면 신입생들에게 학교를 잘 소개할 수 있을 것입니다.

챗GPT와 본격적인 창작 작업의 시작 _ 시나리오 작성하기

영상 콘텐츠의 기획안과 구성 요소 도출이 완료되었다면 이제는 제작 과정의 기초가 될 시나리오^{Scenario} 작업을 진행해야 합니다. 시나리오는 기획안에 따라 쉽게 작성되는 것이 아니라, 영상의 스토리를 서술형으로 간략히 작성하는 시놉시스^{Synopsis} 단계와 주요 대사를 구성하는 스크립트^{Script} 작성 단계를 거쳐 종합적으로 작성하는 과정의 산물입니다. 챗GPT와 함께 영상 아이디어를 발전시켜서 시놉시스와 스토리보드^{Storyboard} 작성을 준비하면 이전의 방식보다 훨씬 수월할 것입니다.

영상 시놉시스 작성하기

시놉시스는 영상의 핵심적인 내용과 주제를 간략하게 소개하는 문서로, 영상 내용의 요약과 시간대별 장면 설명을 포함합니다. 챗GPT가 제안한 아이디어를 바탕으로 구체적인 상영시간과 함께 시놉시스를 작성하도록 요청합니다. 이와 같은 구성을 통해 영상의 핵심을 시놉시스 형식으로 간결하게 전달할 수 있습니다.

영상 콘텐츠의 시놉시스 작성 요청 예시

 위의 아이디어를 잘 조합하여 60초 정도의 영상을 만들려고 합니다. 시놉시스를 작성해 주세요.

 제목: "Discover Our Vibrant School Community"

시놉시스:

이 60초 영상은 신입생들에게 우리 학교의 활기찬 커뮤니티를 소개하는 것을 목표로 합니다.

1초

학교 로고가 등장하고 화면이 밝아집니다.

`2-5초`

캠퍼스 투어를 시작합니다. 우리 학교의 아름다운 건물과 넓은 녹지공간이 등장합니다. 학생들이 즐겁게 돌아다니며 웃고 있는 모습을 보여줍니다.

`6-10초`

학교 시설 소개를 합니다. 도서관에서 책을 읽고, 체육관에서 운동을 즐기며, 연구실에서 실험하고, 예술 교실에서 창의적인 작업을 하는 학생들의 모습이 등장합니다.

`11-15초`

인터뷰를 통해 교사와 학생들의 목소리를 들려줍니다. 교사들이 열정적으로 가르치고, 학생들이 친근하게 웃으며 즐거워하는 모습이 담깁니다.

`16-20초`

학교 행사와 활동을 소개합니다. 학생들이 경기를 펼치고, 예술 공연을 선보이며, 과학 박람회에서 실험하며, 클럽 활동에 참여하는 모습을 보여줍니다.

`21-25초`

학업 프로그램과 과목을 소개합니다. 교과 과정에 대한 간략한 설명과 함께 학생들이 실험, 프로젝트, 창작물 등을 통해 열정을 표현하는 모습을 담습니다.

`26-30초`

학생들의 업적과 성과를 소개합니다. 우리 학교 대표팀의 우승, 학술 대회에서의 입상, 예술 작품 전시 등 다양한 분야에서 학생들이 성공을 이룬 모습이 등장합니다.

`31-35초`

다양한 국제 교류 프로그램을 소개합니다. 외국 학생들과의 교류, 국제 학회 참여 등을 통해 학생들이 국제적인 시야와 문화적인 다양성을 경험하는 모습을 보여줍니다.

`36-40초`

감동적인 순간을 담습니다. 학생들이 서로 도와주고, 친목을 도모하며, 학교에서 만든 소중한 추억들을 함께 나누는 모습이 등장합니다.

`41~45초`

캠퍼스 투어로 돌아가 학교의 아름다움과 안전한 환경을 강조합니다. 학생들이 자유롭게 활동하고 학교를 자랑스러워하는 모습을 보여줍니다.

`46~50초`

신입생을 환영하는 메시지가 등장하며, 학교 로고가 다시 나타납니다. "Discover Our Vibrant School Community"라는 문구가 함께 표시됩니다.

`51~60초`

마지막으로 학교 로고와 함께 학교의 웹사이트 주소와 연락처 정보가 표시되며, 영상이 끝납니다. 신입생들이 학교에 대해 궁금한 점을 해결하고 학교에 대한 더 많은 정보를 얻을 수 있도록 안내합니다.

이 60초 영상을 통해 신입생들에게 학교의 활기찬 분위기, 다양한 활동과 프로그램, 열정적인 교사와 학생들, 그리고 아름다운 캠퍼스와 시설들을 소개함으로써 학교의 매력과 가치를 전달할 수 있습니다.

스타일 지정하여 구성하기

영상 콘텐츠의 기획과 제작 준비 과정에서 전체적인 분위기나 스타일을 설정할 수 있습니다. 기존의 사례를 참고하여 특정 브랜드의 영상과 유사한 스타일의 구성을 챗GPT에게 요청하거나, 독특한 분위기를 표현하는 형용사를 추가 조건으로 제시할 수도 있습니다.

특정 스타일의 시놉시스 구성 요청 예시

 Apple 브랜드 CF처럼 시놉시스를 구성해 주세요.

 당신을 위해 Apple 브랜드 스타일의 시놉시스를 구성해 보겠습니다:

"미래는 당신의 손에 있습니다. 이 60초 영상은 우리 학교의 혁신과 열정을 전합니다.

0:00 − **새로운 환경**: 우리 학교는 독특하고 혁신적인 환경으로 시작합니다. 최신 시설과 첨단 기술을 경험해 보세요.

0:10 − **삶의 주인공**: 우리 학교는 학생들을 중심으로 합니다. 학생들의 목소리와 이야기를 통해 우리 학교의 다양한 활동과 경험을 알려드립니다.

0:20 − **선생님들의 영감**: 우리 학교의 열정적인 교사들은 학생들의 성장을 위해 최선을 다합니다. 함께 성공을 위한 길을 찾아갈 수 있습니다.

0:30 − **무한한 가능성**: 우리 학교는 다양한 학문적 프로그램과 학습 기회를 제공합니다. 당신의 잠재력을 펼칠 수 있는 장소입니다.

0:40 − **커뮤니티의 힘**: 우리 학교는 포용적인 분위기와 친목을 추구합니다. 팀워크와 동료애가 우리 학교의 핵심 가치입니다.

0:50 − **세상을 탐험하세요**: 주변 자연환경과 도시에서의 다양한 야외 및 체험 활동을 통해 세계를 탐험해 보세요.

1:00 − **미래는 당신의 손에**: 우리 학교에서는 당신의 미래를 위한 준비를 합니다. 혁신과 열정이 당신을 기다립니다.

이제, 당신의 미래를 위한 학교에서 함께 시작해 보세요. 우리 학교에서 당신을 기다리고 있습니다."

스토리보드 작성하기

스토리보드는 촬영 전 영상 전체의 내용을 시각화하는 결과물로 영화에서는 콘티(Conti)라고도 부릅니다. 장면마다 등장인물의 연기부터 카메라 움직임까지 자세하게 시각화된 작업은 제작 구성원들의 이해를 도울 수 있습니다. 챗GPT가 스토리보드를 직접 그려서 작성해 주기는 어렵지만, 챗GPT가 생성한 텍스트를 시각화 인공지능 서비스의 프롬프트로 전달하여 이미지를 생성할 수 있습니다. 챗GPT는 각 장면에 등장할 시각적 요소와 상황 묘사를 제안해 줄 수 있습니다.

스토리보드 장면 묘사 작성 예시

 스토리보드를 작성해 주세요.

 제작할 영상의 스토리보드를 준비해 보겠습니다:

장면 1:

- 영상이 시작됩니다.

- 화면에 학교 건물이 선명하게 등장합니다.

- 학교 내부의 혁신적인 시설과 첨단 기술이 강조됩니다.

장면 2:

- 학생들이 다양한 활동을 하는 장면이 등장합니다.

- 다양한 학과, 동아리, 운동 및 예술 활동을 수행하는 학생들이 보입니다.

- 학생들의 웃음과 열정이 담겨있는 장면이 포착됩니다.

장면 3:

- 선생님들이 학생들과 함께 수업하는 장면이 등장합니다.

- 선생님들의 열정과 가르침이 학생들의 성장을 도와주는 모습이 강조됩니다.

장면 4:

- 다양한 학문적 활동과 학습 기회를 제공하는 장면이 등장합니다.

- 실험실에서의 실험, 도서관에서의 연구, 창의적인 프로젝트 등의 장면이 포착됩니다.

장면 5:

- 학생들이 함께 협력하고 소통하는 장면이 등장합니다.

- 팀 프로젝트를 수행하거나 동료와 함께 작업하는 학생들의 모습이 보입니다.

장면 6:

- 야외 활동과 체험 활동을 하는 장면이 등장합니다.

- 캠퍼스 주변의 자연환경이나 도심에서의 문화 체험 등 다양한 활동이 포착됩니다.

장면 7:

- 영상이 마무리됩니다.
- 학생들이 웃으며 친목을 형성하는 장면이 등장합니다.
- 학교 로고와 함께 "당신의 미래를 위한 학교"와 같은 문구가 표시됩니다.

위의 스토리보드를 참고하여 각 장면을 시각적으로 구성하고, 필요에 따라 촬영 위치와 각도, 영상의 흐름 등을 추가로 설계하여 영상을 제작할 수 있습니다.

명언을 활용한 영상 스크립트 작성하기

챗GPT는 텍스트 기반 서비스이기 때문에 영상에 들어갈 스크립트를 작성하는 데 도움을 받을 수 있습니다. 챗GPT가 생성한 텍스트를 기반으로 영상 생성 인공지능 서비스나 플러그인을 활용하여 스크립트에 어울리는 영상을 생성할 수 있습니다. Pictory, Video Stew와 같은 서비스는 텍스트를 시각화하고 애니메이션, 3D 그래픽 등을 적용하여 새로운 영상을 생성합니다.

영상 스크립트 생성 예시

 영상의 스크립트가 필요합니다. 주요 문구는 위인들의 명언으로 작성해 주세요.

 음악이 감동적으로 시작됩니다.

내레이터(음성 오버):

"우리는 당신의 꿈을 실현할 준비가 되어 있습니다.

강력한 명언으로 가득한 이 영상에서, 당신에게 영감을 전해드립니다."

장면 1

– 화려한 드론 촬영으로 학교 건물이 등장합니다.

내레이터(음성 오버):

"진정한 교육은 자유와 혁신으로 이루어집니다.

'교육은 자유의 날개이다.' – 에피쿠로스"

장면 2

– 학생들이 실험실에서 활동하는 장면이 등장합니다.

내레이터(음성 오버):

"새로운 지식을 탐구하는 과학의 세계로 여러분을 초대합니다.

'지식은 힘이다.' – 프랜시스 베이컨"

장면 3

– 창의적인 프로젝트를 수행하는 학생들의 모습이 등장합니다.

내레이터(음성 오버):

"창의성을 발휘하고 새로운 아이디어를 탄생시키는 곳입니다.

'모든 인생은 실험이다.' – 랄프 왈도 에머슨"

장면 4

– 다양한 학문 분야의 도서관 장면이 등장합니다.

내레이터(음성 오버):

"지식의 보고에서 세계와 대화하세요.

'책은 인간의 친구이다.' – 칼라일 지브란"

장면 5

– 학생들이 팀 프로젝트에 참여하고 소통하는 모습이 등장합니다.

내레이터(음성 오버):

"협력과 소통을 통해 더 큰 성공을 이루어 보세요.

'협력은 우리를 위한 힘의 원천이다.' – 헬렌 켈러"

장면 6

– 야외 체험 활동을 하는 학생들의 모습이 등장합니다.

내레이터(음성 오버):

"자연과 문화의 경험을 통해 넓은 시야를 갖추세요.

'생활은 모험이다.' – 테오프라스트"

장면 7

– 학생들이 웃으며 즐겁게 시간을 보내는 장면이 등장합니다.

내레이터(음성 오버):

"우리는 더 나은 미래를 위해 함께 웃고 성장합니다.

'미소는 모든 언어에서 이해됩니다.' – 달라이 라마"

영상 종료

내레이터(음성 오버):

"당신의 꿈을 펼칠 수 있는 곳,

[학교 이름]에서 여러분을 기다립니다."

음악이 감동적으로 사라집니다.

하나라도 놓치면 안 돼 _ 촬영 계획서 작성하기

영상 콘텐츠의 촬영 계획은 스토리보드를 기초로 각 장면의 내용에 따라 유기적으로 계획해야 합니다. 필요한 조건에 따라 챗GPT를 활용하면 장면별 계획을 어렵지 않게 작성할 수 있습니다. 챗GPT가 장면별로 기초적인 대상을 제시하면, 사용자는 실제 상황에 맞춰 계획을 검토하고 계획서를 완성할 수 있습니다. 영상 유형에 따라 촬영 계획서에 포함해야 하는 사항을 명시하고, 촬영 계획서 작성을 요청하면 됩니다.

촬영 계획서 작성 예시

 촬영 계획서를 작성해 주세요. 촬영 계획서에는 장소, 소품, 등장인물 등이 포함되어야 합니다.

 촬영 계획서를 작성해 보겠습니다:

촬영 일자: [일자 입력]

장소: [학교 내부 및 외부 촬영지]

소품: 학교 교실 소품, 실험 장비, 도서관 책, 예술 작품 등

등장인물:

1. 주역 – 학생들(다양한 학년 및 전공을 대표하는 학생들)
2. 부연 – 선생님들(다양한 과목을 가르치는 열정적인 선생님들)

장면별 촬영 계획:

장면 1

- 장소: 학교 메인 건물
- 주역: 학생들
- 내용: 학교 건물의 외관을 선명하게 촬영

장면 2

- 장소: 학교 내부 및 야외 활동 장소
- 주역: 학생들
- 내용: 다양한 활동을 수행하는 학생들을 촬영(학과 수업, 동아리, 운동, 예술 등)

장면 3

- 장소: 교실
- 주역: 학생들, 선생님들
- 내용: 선생님들이 학생들과 수업하는 장면을 촬영(토론, 실험 등)

장면 4

- 장소: 실험실, 도서관, 연구실 등
- 주역: 학생들
- 내용: 학생들이 다양한 학문적 활동을 수행하는 장면을 촬영(실험, 연구, 독서 등)

장면 5

- 장소: 팀 프로젝트 공간 또는 학교 내부 및 야외

- 주역: 학생들
- 내용: 학생들이 함께 협력하고 소통하는 장면을 촬영(팀 프로젝트, 협업 등)

장면 6

- 장소: 학교 주변 자연환경 및 도심
- 주역: 학생들
- 내용: 야외 활동과 체험 활동을 하는 장면을 촬영(자연환경 탐방, 문화 체험 등)

장면 7

- 장소: 학교 내부 또는 야외
- 주역: 학생들
- 내용: 학생들이 웃으며 친목을 형성하는 장면을 촬영, 학교 로고와 문구 삽입

위의 촬영 계획서를 참고하여 촬영 일정, 장소, 소품, 등장인물 등을 조율해서 원활한 촬영을 진행할 수 있습니다. 촬영 전에 필요한 장비와 스태프, 안전을 고려한 계획도 함께 수립해야 합니다.

보이는 게 전부야 _ 비주얼 콘셉트 제안하기

영상 콘텐츠의 기획안과 촬영 계획서를 완성했다면 공간 디자인과 의상, 소품, 색감 등 시각적 환경을 포괄하는 비주얼 콘셉트Visual Concept를 정해야 합니다. 이같은 비주얼 콘셉트는 포스트 프로덕션 과정에서도 영상의 완성도와 색 보정Color Correction을 위해 필요합니다. 챗GPT는 풍부한 표현의 글로 시각적인 구성에 관해 제안할 수 있습니다. 이와 같은 내용은 영상 제작에 필요한 촬영, 배경과 의상, 색감, 자막의 폰트, 그래픽 요소 등을 선택할 때 참고 사항으로 적용합니다.

비주얼 콘셉트 설정 예시

 이 영상의 콘셉트와 비주얼 콘셉트를 설정해 주세요.

 이 영상의 콘셉트와 비주얼 콘셉트를 설정해 보겠습니다:

콘셉트: "Discover the Journey(여정을 발견하다)"

이 영상은 학교 소개와 함께 학생들의 성장과 미래를 강조하는 여정을 발견하는 것을 주제로 합니다. 학교가 제공하는 다양한 경험과 활동을 통해 학생들은 자신의 역량을 발휘하고 성장해 나가는 여정을 발견하는 것을 강조합니다.

비주얼 콘셉트: "Vibrant and Empowering(활기차고 에너지 넘치는)"

비주얼 콘셉트는 활기차고 에너지 넘치는 이미지와 색감을 강조합니다. 밝고 생동감 있는 색조와 활발한 활동 장면들을 포함하여 학교생활의 에너지와 열정을 시각적으로 전달합니다. 동시에 전체적인 디자인은 깔끔하고 세련된 스타일을 유지하여 학교의 혁신적인 이미지를 강조합니다.

이러한 콘셉트와 비주얼 콘셉트를 기반으로 영상을 제작하면, 활기찬 학교생활과 학생들의 성장 여정을 시각적으로 전달하는 매력적인 학교 소개 영상을 만들 수 있습니다.

발표 자료 만들기

교육과 업무에 필수적인 발표 자료 작성 과정에서도 챗GPT는 훌륭한 조수 역할을 담당합니다.
대상과 수준에 맞춘 콘텐츠 최적화와 시각화 제안은 물론 발표 스크립트까지 도움을 받을 수 있습니다.

현재의 교육 환경에서 컴퓨터를 이용해 발표 자료를 제작하는 일은 교수자나 학생 모두에게 필수적인 일입니다. 챗GPT는 자료 작성에 필요한 사항으로 목적과 대상, 구조와 논리, 시각적 디자인, 간결성과 간소함, 시각적 자료 활용, 일관성과 통일성, 보충 설명, 시간을 고려하여 내용을 제안합니다. PPT 문서로 대표되는 발표 자료의 준비와 제작은 내용적 요소와 함께 시각적 구성으로 이루어집니다. 챗GPT와 함께 발표 자료 제작을 단계별로 준비해 보면 큰 도움을 받을 수 있습니다. 챗GPT에서 직접 발표 슬라이드를 작성하는 것은 불가능하지만, 톰Tome이나 감마Gamma와 같은 확장 프로그램을 활용하면 작업을 연계할 수 있습니다. 조만간 오피스 365 코파일럿 기능이 제공되면 파워포인트 프로그램에서 키워드 입력만으로도 직접 시각적인 슬라이드를 생성하는 일이 가능할 것입니다.

발표 준비의 시작 _ 발표 자료에 필요한 내용 확인

챗GPT와 함께 발표를 준비하기 위해서는 처음에 어떤 작업으로 시작해야 하는지 확인하는 것이 필요합니다. 챗GPT는 문장을 짧게 요약하고 정리하는 능력이 뛰어나기 때문에 발표 자료 제작에 필요한 내용을 단계별로 요청하는 접근 방법이 중요합니다. 챗GPT를 통해 발표나 수업에서 중요한 내용이 빠지지 않도록 꼼꼼하게 점검할 수 있습니다.

발표 자료 슬라이드를 준비할 때 필요한 내용 점검 예시

 수업 자료 PPT를 만들 때 필요한 내용은 무엇인가요?

 수업 자료 PPT를 만들 때 포함해야 할 필수적인 내용은 다음과 같습니다:

1. **제목 슬라이드**: 수업의 주제나 제목을 명확히 표시하는 슬라이드입니다. 이는 수업을 시작할 때 학생들의 주의를 집중시키고 토픽을 소개하는 역할을 합니다.

2. **개요 슬라이드**: 수업의 목차나 개요를 나타내는 슬라이드입니다. 학생들에게 수업 전체 구조를 소개하고 내용을 예고하는 역할을 합니다.

3. **핵심 개념 및 내용**: 수업의 핵심 개념이나 내용을 설명하는 슬라이드입니다. 이는 수업의 핵심을 강조하고 학생들에게 중요한 내용을 전달하는 역할을 합니다.

4. **그림, 차트, 다이어그램**: 시각적인 자료를 활용하여 내용을 보충하고 이해를 돕는 슬라이드입니다. 그림, 차트, 다이어그램 등을 사용하여 복잡한 개념이나 데이터를 시각화해서 이해를 쉽게 할 수 있습니다.

5. **예시나 실제 사례**: 개념이나 이론을 실제 예시나 사례를 통해 설명하는 슬라이드입니다. 학생들에게 실생활에서의 적용 가능성을 보여주어 이해를 돕고 관심을 유발할 수 있습니다.

6. **질문 및 토의**: 학생들과 상호 작용을 위한 질문이나 토의를 유도하는 슬라이드입니다. 학생들로부터 의견을 듣고 토론을 진행하며 수업의 참여도와 이해도를 높일 수 있습니다.

7. **요약 및 정리**: 수업의 요점을 간략하게 정리하고 핵심 내용을 되짚는 슬라이드입니다. 수업이 마무리되기 전에 학생들에게 마지막으로 전달하고자 하는 내용을 강조할 수 있습니다.

8. **참고 자료 및 문헌**: 수업에서 참고한 자료나 참고 문헌의 목록을 제공하는 슬라이드입니다. 학생들이 수업 이후에도 관련 자료를 찾아볼 수 있도록 도움을 줄 수 있습니다.

이러한 내용을 포함하여 수업 자료 PPT를 제작하면 구조적이고 효과적인 수업 진행이 가능해집니다.

챗GPT에게 역할을 주자 _ 사용자에게 질문하기

수업 상황을 가정하여 챗GPT에게 역할을 부여하고 사용자에게 필요한 내용을 질문하도록 유도하면 자료 준비 과정에 도움이 됩니다. 사용자는 챗GPT의 요청에 답변하는 것으로 필요한 내용의 준비를 맡길 수 있습니다. 챗GPT에게 많은 조건과 내용을 전달해야 할 때, 한 번에 긴 문장으로 질문하는 것보다는 챗GPT가 질문하고 사용자가 대답하면서 연속적으로 질문할 수 있는 구조를 만들면 편합니다. 챗GPT에게 질문하는 역할을 부여할 때는 구체적으로 어떤 상황인지를 전달하는 것이 필요합니다. 그러면 대화 구조가 더 유연해지고 추가적인 조건도 쉽게 제시할 수 있습니다.

챗GPT에게 역할 부여 예시

 당신은 초등학교 4학년 학생을 가르치는 선생님으로, 수업 자료 PPT를 만들어야 합니다. 당신이 만들어야 할 수업 자료 PPT는 다음의 조건을 충족해야 합니다. 1) 최대한 쉬운 언어로 설명해 주세요. 2) 이미지 등의 참고 자료가 많이 활용되고 재미있게 구성되어야 합니다. 3) 중간에 퀴즈와 실습을 넣어주세요. PPT를 만들기 위해 나에게 질문해 주세요.

당신이 가르치는 과목은 무엇인가요?

 수학

질문자의 역할을 부여받은 챗GPT의 질문에 번호와 함께 단답형으로 대답하면 이해가 쉽습니다. 챗GPT는 발표 자료의 작성을 위해 PPT 슬라이드에 필요한 사항들을 연이어 질문할 것입니다. 사용자가 그에 대한 대답을 구체적이고 명확히 대답할수록 챗GPT의 슬라이드 문구 작성에 도움이 됩니다.

발표 자료 작성을 위해 챗GPT에게 질문자 역할을 부여한 예시

 수학 수업을 위한 PPT를 만들기 위해 몇 가지 질문을 드릴게요.

1) 어떤 주제에 대해 수업을 진행하고 싶으신가요? 예를 들어, 소수, 분수, 기하학 등
2) 수업의 목표는 무엇인가요? 어떤 개념을 학생들에게 소개하고자 하시나요?
3) 학생들이 이미 알고 있는 배경지식이 있나요? 그렇다면 어떤 내용들을 이미 알고 있을지 알려주세요.
4) PPT에서 어떤 이미지나 참고 자료를 활용하고 싶으신가요? 특정 개념을 이해하기 쉽게 설명하기 위해 어떤 시각적 자료가 필요한지 알려주세요.
5) 퀴즈와 실습에 대해서 어떤 종류의 질문이나 문제를 활용하고 싶으신가요? 특정 개념의 이해도를 확인하거나 학생들이 실제로 문제를 해결해 보면서 학습할 수 있는 활동을 원하시나요?

위의 질문에 답변해 주시면, 더 구체적으로 PPT를 만들기 위한 도움을 드릴 수 있을 것 같습니다.

 1. 수의 역사 2. 수가 발전해 온 역사를 살펴보고 오늘날 사용되는 수의 의미 알아보기 3. 자연수, 소수 4. 다양한 수의 종류 5. 개념의 이해도를 확인하는 퀴즈

 감사합니다. 위의 내용을 바탕으로 수학 수업을 위한 PPT를 구성해 보겠습니다.

1. 소개 및 개요: 수의 역사에 대한 간략한 소개와 왜 수학이 중요한지에 대해 설명합니다. 수학의 역사를 다루며, 수의 개념이 인류 문명과 발전에 어떤 역할을 했는지 간략히 언급합니다.

2. **수의 발전과 오늘날 사용**: 수가 발전해 온 역사를 탐구하고, 다양한 문화에서 수의 의미와 사용 방법을 살펴봅니다. 다양한 문화에서 사용된 수 체계, 계산 도구, 그리고 수학적 발견들에 대해 언급하고 이미지를 통해 시각적으로 보여줍니다. 또한, 오늘날 우리가 사용하는 수의 의미와 중요성에 대해 간략히 설명합니다.

3. **자연수와 소수**: 자연수와 소수의 개념을 쉽고 명확하게 설명합니다. 자연수와 소수의 정의, 특징, 그리고 실생활에서 자연수와 소수가 어떻게 사용되는지 예시를 제시합니다. 이미지나 그림을 활용해 자연수와 소수를 시각적으로 이해할 수 있도록 돕습니다.

4. **다양한 수의 종류**: 정수, 유리수, 실수 등 다양한 수의 종류를 설명합니다. 각 수의 특징과 예시를 제시하고, 이러한 수들이 실생활에서 어떻게 사용되는지 알려줍니다. 이미지나 그래프를 활용하여 다양한 수의 종류를 시각적으로 이해할 수 있도록 돕습니다.

5. **퀴즈**: 중간에 퀴즈 섹션을 넣어 학생들의 개념 이해도를 확인합니다. 자연수, 소수, 다양한 수의 종류 등과 관련된 선택지 형식의 문제를 활용하며, 문제를 해결하고 토론할 수 있는 활동을 포함시킵니다. 학생들이 수의 의미와 사용 방법에 대한 이해를 확인하고 서로의 생각을 나눌 기회를 제공합니다.

위의 구성을 바탕으로 PPT를 작성하면서 최대한 쉬운 언어로 설명하고, 이미지와 참고 자료를 활용하여 재미를 더해 주세요. 학생들이 퀴즈를 통해 개념을 복습하고 자신의 이해도를 확인할 수 있도록 도와주세요.

얼마만큼 준비할까 _ 발표 시간에 따른 슬라이드 분량 파악하기

발표나 수업을 진행할 때 시간은 매우 중요한 요소입니다. 발표할 시간 분량이 몇 분인지 파악하고, 주어진 시간에 따라 발표 자료의 양을 결정할 수 있습니다. 챗GPT에게 시간 대비 분량을 질문하면, 발표 자료의 대략적인 분량을 추천해 줄 수 있습니다. 이를 통해 발표 자료에 적합한 내용을 담고 발표 시간을 효율적으로 사용할 수 있습니다.

발표 시간에 따른 자료의 분량 의논 예시

 초등학생을 대상으로 20분 정도 발표한다고 할 때 PPT 슬라이드는 몇 장 준비하는 것이 좋을까요?

 초등학생을 대상으로 20분 정도의 발표를 할 때, 슬라이드 수는 일반적으로 10장 정도로 구성하는 것이 좋습니다. 초등학생들은 집중력이 상대적으로 짧을 수 있으므로, 시간당 슬라이드 수를 줄이고 내용을 더 시각적이고 간결하게 제공하는 것이 중요합니다.

다음은 초등학생을 대상으로 20분 발표를 준비할 때 고려해야 할 몇 가지 요소입니다:

1. 각 슬라이드에는 핵심적인 정보를 담도록 하고, 글보다는 그림, 이미지, 다이어그램 등 시각적인 자료를 활용하는 것이 좋습니다.

2. 발표를 흥미롭게 유지하기 위해 슬라이드에는 다양한 요소를 포함할 수 있습니다. 예를 들어, 질문을 제시하고 학생들과의 대화를 유도하는 슬라이드를 넣을 수 있습니다.

3. 발표 시간 동안 학생들의 참여를 유도하기 위해 상호 작용 활동이나 게임 요소를 슬라이드에 포함할 수도 있습니다.

4. 텍스트는 간결하게 작성하고, 큰 글씨와 적절한 색상을 사용해 읽기 쉽게 만들어야 합니다.

5. 발표 중간중간에 학생들에게 질문을 던지거나 체조, 노래 등의 활동을 함께 진행해 발표를 활발하게 유지하는 것이 좋습니다.

이러한 요소들을 고려하여 10장 정도의 슬라이드로 발표를 준비하면, 초등학생들의 이해도와 관심을 높일 수 있습니다.

제목과 키워드를 정하자 _ 슬라이드 구성하기

챗GPT는 필요한 형식에 맞춰 글을 요약하고 키워드를 설정하는 능력이 뛰어납니다. 발표 자료 구성을 위한 질문과 답변을 통해 얻은 내용을 근거로 슬라이드 분량을 제시하여 순서대로 배열합니다. 챗GPT가 제안하는 발표 슬라이드 구성안을 통해 명확한 구조와 요약된 내용을 얻을 수 있습니다.

발표 슬라이드 구성 예시

 앞의 내용으로 PPT 슬라이드를 10장 구성해 주세요.

 총 10장으로 구성된 PPT 슬라이드를 제안해 드리겠습니다. 각 슬라이드에는 해당 내용을 쉽고 재미있게 설명할 수 있도록 이미지와 간단한 문구를 포함할 수 있습니다.

Slide 1: 제목 슬라이드 – "수의 역사와 의미"
– 수학 수업 PPT의 주제와 목표를 간략히 소개합니다.

Slide 2: 소개 – "수의 역사의 중요성"
– 수의 역사의 중요성과 수가 어떻게 발전해 왔는지 설명합니다.

Slide 3: 자연수와 소수 소개
– 자연수와 소수의 개념을 이미지와 함께 간단하게 설명합니다.

Slide 4: 자연수와 소수 예시
– 자연수와 소수의 예시를 이미지와 함께 보여주고, 각각의 특징을 설명합니다.

Slide 5: 다양한 수의 종류 소개
– 정수, 유리수, 실수, 복소수 등 다양한 수의 종류를 설명하고, 각각의 의미와 활용 사례를 알려줍니다.

Slide 6: 다양한 수의 종류 예시
– 다양한 수의 종류에 대한 예시를 이미지와 함께 보여주고, 쉽게 이해할 수 있는 그림이나 그래프를 활용합니다.

Slide 7: 수의 역사와 의미

– 수의 역사를 더 자세히 살펴보고, 오늘날 수가 어떻게 사용되고 의미를 갖는지 알아봅니다.

Slide 8: 수의 역사와 의미 예시

– 수의 활용 분야와 수의 표기법에 대한 예시를 이미지와 함께 보여줍니다.

Slide 9: 퀴즈 – 개념 이해도 확인

– 중간에 퀴즈를 통해 학생들의 개념 이해도를 확인합니다. 선택지 형식의 문제를 활용하여 학생들의 지식을 테스트합니다.

Slide 10: 마무리 및 질의응답

– 수업을 마무리하고 질의응답 시간을 가질 수 있는 슬라이드입니다. 이곳에서 학생들이 추가적인 질문을 할 수 있도록 장려합니다.

위의 구성은 참고로 제안된 것이며, 내용과 이미지는 상황에 맞게 조정하셔서 적절하게 사용하시면 됩니다. 학생들의 이해를 돕기 위해 최대한 쉬운 언어와 시각적 자료를 활용해 주세요.

조금 더 정리해 볼까 _ 슬라이드에 들어갈 표 만들기

발표 자료 슬라이드의 내용 중에서 일목요연하게 표로 정리하는 것이 필요한 슬라이드를 선정하고, 해당 내용을 표로 작성해달라고 요청하면 유용한 표 데이터를 얻을 수 있습니다. 이처럼 챗GPT는 내용 생성과 함께 각 슬라이드 내용을 검토하고 필요한 부분에 표를 작성하여 답변을 제공합니다.

발표 자료의 표 작성을 요청하는 예시

 위의 슬라이드 내용 중에서 표로 표현하면 좋은 슬라이드를 모두 골라주고 표를 작성해 주세요.

앞서 제안한 다양한 슬라이드 중 표로 표현하기 좋은 슬라이드들을 모두 골라서 표로 작성해 드리겠습니다.

Slide 3: 자연수와 소수 소개

자연수	소수
1	2
2	3
3	5
4	7
5	11
…	…

Slide 5: 다양한 수의 종류 소개

정수	유리수
−3	1.5
−2	2.7
−1	−0.75
0	3.14159
1	−2.5
2	0.333…

Slide 8: 수의 역사와 의미 예시

역사적 활용	현대적 의미
구약 성경의 기록	데이터 분석 및 통계
암호 해독	암호학 및 보안
천문학 관측	우주 과학 및 탐사
건축 및 공학	구조 설계 및 계획

위의 표들은 각각 자연수와 소수, 정수와 유리수, 그리고 수의 역사와 현대적 의미에 대한 예시를 표로 정리한 것입니다. 이러한 표들은 학생들이 정보를 시각적으로 비교하고 이해하기 쉽게 도와줄 수 있습니다. 필요에 따라 내용을 수정하거나 추가적인 표를 작성하시면 됩니다.

데이터에 추세가 있다면 _ 슬라이드에 들어갈 그래프 설계하기

발표 슬라이드에서는 정보가 한눈에 보여야 하므로 표와 함께 그래프도 많이 쓰입니다. 챗GPT에게 그래프가 필요한 슬라이드를 선택하여 그래프를 작성하도록 요청합니다. 챗GPT는 그래프를 넣기에 적절한 슬라이드를 선정하고 아스키코드 방식으로 그래프를 제안해 줄 수 있습니다. 텍스트 형식의 아스키코드는 이미지가 아니므로 제안을 참고하여 사용자가 직접 파워포인트 프로그램에서 그래프를 생성해야 합니다. 향후 오피스 365의 코파일럿 기능을 활용하면 파워포인트 프로그램에서 키워드 입력만으로도 직접 그래프를 생성하는 작업도 할 수 있습니다.

발표 슬라이드에 필요한 그래프 생성 예시

 위의 슬라이드 중 그래프로 표현하면 좋을 슬라이드를 모두 골라주고 그래프를 작성해 주세요.

 앞서 제안한 슬라이드 중 그래프로 표현하기 좋은 슬라이드들을 모두 골라서 그래프를 작성해 드리겠습니다.

Slide 6: 다양한 수의 종류 예시

...
그래프: 수의 종류에 따른 표현

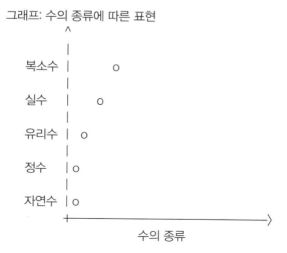

...

Slide 7: 수의 역사와 의미

...

그래프: 수의 역사와 의미

```
의미
 |
 |     o
 |        o
 |           o
 |              o
 |——————————————————>
 |   고대     중세    현대
 |   시대     시대    시대
            ...
```

위의 그래프는 각각 다양한 수의 종류와 수의 역사에 대한 예시를 나타내는 것입니다. 이러한 그래프는 학생들이 수의 종류의 특징과 수의 역사의 변화를 한 눈에 파악하고 이해할 수 있도록 돕습니다. 필요에 따라 그래프의 형식이나 내용을 수정하셔서 적절하게 사용하시면 됩니다.

보기 좋은 그림이 필요해 _ 슬라이드에 들어갈 이미지 제안

발표 슬라이드를 준비할 때 필요한 이미지를 계획하면서 동시에 내용을 준비하는 요령이 필요합니다. 슬라이드의 내용과 목적에 맞는 이미지를 검색하기 위해 어떤 유형의 이미지가 좋을지 챗GPT에게 추천받을 수 있습니다. 챗GPT는 이미지를 직접 생성할 수 없기 때문에 안내 문구와 설명을 얻은 후, 해당 키워드의 이미지를 검색하거나 생성 인공지능 서비스의 프롬프트에 적용하여 이미지를 생성할 수 있습니다.

발표 슬라이드의 이미지 설명 제안 요청 예시

 이미지가 들어갈 슬라이드를 골라주고 이미지에 대한 설명도 적어주세요.

 물론입니다! 이미지가 들어갈 슬라이드를 골라주고 이미지에 대한 설명을 작성해 드리겠습니다:

Slide 6: 다양한 수의 종류 예시

– 이미지: 그래프로 수의 종류에 따른 표현을 나타냅니다.

– (이미지 설명) 해당 이미지는 수의 종류를 시각적으로 보여주기 위한 그래프입니다. X축은 수의 종류를 나타내고, Y축은 해당 수의 특징을 나타냅니다. 그래프를 통해 정수, 유리수, 실수, 복소수의 관계와 특징을 이해할 수 있습니다.

Slide 7: 수의 역사와 의미

– 이미지: 시대별로 수의 의미와 사용이 변화하는 그래프를 보여줍니다.

– (이미지 설명) 해당 이미지는 시대별로 수의 의미와 사용이 변화하는 것을 그래프로 나타낸 것입니다. 그래프는 시간에 따른 수의 역사와 의미 변화를 보여주며, 특정 시기에서 수의 의미가 변하는 지점을 강조합니다.

Slide 8: 수의 역사와 의미 예시

– 이미지: 고대와 현대의 수 사용 예시를 비교하는 이미지를 추가해 주세요.

– (이미지 설명) 해당 이미지는 고대와 현대의 수 사용 예시를 비교하여 보여줍니다. 좌측에는 고대의 수 사용 예시가 나열되고, 우측에는 현대의 수 사용 예시가 나열되며, 두 시대 간의 차이점을 시각적으로 비교할 수 있습니다.

이미지 설명에서는 이미지가 어떤 내용을 나타내는지 간략하게 설명했습니다. 원하신다면 더 구체적인 이미지 설명을 추가할 수도 있으니 필요한 부분이 있으면 알려주세요.

발표 자료를 완성하자 _ 슬라이드 내용 작성하기

챗GPT가 제안한 슬라이드 구성안을 발표 자료로 쓰기에는 내용이 다소 부족해 보입니다. 그중에는 간단한 제목과 한 줄 정도의 설명만 제안한 슬라이드도 있습니다. 챗GPT에게 전체 또는 일부 슬라이드의 내용을 더 자세히 작성하도록 요청할 수 있습니다. 예를 들어, "각 슬라이드의 내용을 자세히 작성해 주세요."와 같은 요청을 제시해도 됩니다. 이와 같은 과정을 통해 챗GPT가 제안한 내용과 이미지, 표, 그래프 등을 발표에 사용할 수 있을 정도로 충분히 준비하면 됩니다.

발표 슬라이드의 내용 추가 예시

 위의 내용으로 각 슬라이드 내용을 자세히 작성해 주세요.

 Slide 1: 제목 슬라이드 – "수의 역사와 의미"

(제목 슬라이드 디자인)

Slide 2: 소개 – "수의 역사의 중요성"

– (이미지 없음)

– 수의 역사는 인류 발전과 밀접한 관련이 있습니다.

– 수는 사회적, 과학적, 경제적 등 다양한 영역에서 중요한 역할을 합니다.

– 수가 어떻게 발전해 왔는지 알아봅시다.

Slide 3: 자연수와 소수 소개

– (이미지 없음)

– 자연수는 양의 정수로 1, 2, 3, 4, 5와 같은 수를 말합니다.

– 소수는 1과 자기 자신만을 약수로 가지는 수로 2, 3, 5, 7, 11과 같은 수를 말합니다.

– 자연수와 소수의 개념을 이해하고 예시를 살펴봅시다.

Slide 4: 자연수와 소수 예시

– (이미지 없음)

– 자연수 예시: 1, 2, 3, 4, 5

– 소수 예시: 2, 3, 5, 7, 11

– 자연수와 소수의 특징을 이해하기 위해 다양한 예시를 살펴봅시다.

Slide 5: 다양한 수의 종류 소개

– (이미지 없음)

– 다양한 수의 종류를 알아봅시다.

– 정수: 양의 정수와 음의 정수, 그리고 0을 포함합니다.

– 유리수: 정수와 분수로 나타낼 수 있는 수를 말합니다.

– 실수: 유리수와 무리수로 이루어진 수의 집합을 말합니다.

– 복소수: 실수부와 허수부로 구성된 수로, a + bi 형태로 나타낼 수 있습니다.

Slide 6: 다양한 수의 종류 예시(그래프)

– 이미지: 그래프로 수의 종류에 따른 표현을 나타냅니다.

– (이미지 설명) 해당 그래프는 수의 종류를 시각적으로 보여주기 위해 사용되며, X축에는 수의 종류를, Y축에는 해당 수의 특징을 나타냅니다. 그래프를 통해 정수, 유리수, 실수, 복소수의 관계와 특징을 이해할 수 있습니다.

Slide 7: 수의 역사와 의미(이미지)

– 이미지: 시대별로 수의 의미와 사용이 변화하는 그래프를 보여줍니다.

– (이미지 설명) 해당 이미지는 시대별로 수의 의미와 사용이 변화하는 것을 그래프로 나타낸 것입니다. 그래프는 시간에 따른 수의 역사와 의미 변화를 보여주며, 특정 시기에서 수의 의미가 변하는 지점을 강조합니다.

Slide 8: 수의 역사와 의미 예시

– 이미지: 고대와 현대의 수 사용 예시를 비교하는 이미지를 추가해 주세요.

– (이미지 설명) 해당 이미지는 고대와 현대의 수 사용 예시를 비교하여 보여줍니다. 좌측에는 고대의 수 사용 예시가 나열되고, 우측에는 현대의 수 사용 예시가 나열되며, 두 시대 간의 차이점을 시각적으로 비교할 수 있습니다.

Slide 9: 퀴즈 – 개념 이해도 확인

– (이미지 없음)

– 문제 1: 자연수와 소수의 차이는 무엇인가요? (객관식)

- a) 자연수는 음수를 포함하지만, 소수는 양수만을 말한다.

- b) 자연수는 0을 포함하지만, 소수는 0을 포함하지 않는다.

- c) 자연수는 1을 포함하지만, 소수는 1을 포함하지 않는다.

- d) 자연수와 소수는 동일한 개념이다.

- 문제 2: 다음 중 정수가 아닌 수는 무엇인가요? (다중 선택)

  - a) −5

  - b) 0

  - c) 3/4

  - d) 2

Slide 10: 마무리 및 질의응답

- (이미지 없음)

- 수업을 마무리하고 질문이나 의견을 나누는 시간을 가지도록 합시다.

각 슬라이드의 내용을 보다 자세히 작성하였으며, 이미지가 필요한 슬라이드에 대해 이미지 설명도 추가하였습니다.

이제는 술술 발표하자 _ 발표 스크립트 작성하기

발표할 슬라이드의 내용을 더 추가한 후, 작성한 내용을 바탕으로 발표용 스크립트를 작성할 수 있습니다. 챗GPT에게 스크립트 작성을 요청할 때 "쉽고, 재미있게, 설명하듯"이라는 조건을 제시하면 학생들의 관심을 끌 수 있도록 재미있는 문장으로 스크립트를 작성해 줍니다. 어떤 청중을 대상으로 발표할지 고려하여 챗GPT에게 방향과 감정을 표현해서 요청합니다.

발표 내용을 바탕으로 스크립트 작성 예시

 이 슬라이드를 기반으로 발표용 스크립트를 쉽고 재미있게 설명하듯 적어주세요.

 Opening

안녕하세요 여러분! 오늘은 "수의 역사와 의미"에 대해 알아보려고 해요. 수는 우리 생활에서 어디에나 쓰이는 중요한 개념이죠. 그래서 오늘은 함께 수의 역사를 살펴보고, 지금 우리가 사용하는 수의 의미에 대해 알아볼 거예요. 재미있게 함께해 봐요!

Slide 1: 수의 역사

첫 번째 슬라이드를 봐주세요! 여기에는 수의 역사를 그래프로 표현해 놓았어요. 수의 개념은 고대부터 지금까지 계속 변화해 왔답니다. 그래프를 통해 시대별로 수의 의미와 사용이 어떻게 변화했는지 살펴볼 수 있어요. 이 그래프에서 변화하는 지점을 주목해 봐요!

Slide 2: 수의 의미의 변화

다음 슬라이드에서는 수의 의미의 변화를 자세히 알아볼게요. 예를 들어, 고대와 현대에서 수의 사용 예시를 비교해 보면 흥미로운 차이를 발견할 수 있어요. 어떻게 수의 사용이 변화했고, 수의 의미가 다른 시기에 어떻게 변화했는지 함께 살펴볼게요. 이런 변화를 통해 수의 역사의 중요성과 수의 의미의 다양성을 이해할 수 있어요.

Slide 3: 자연수와 소수

세 번째 슬라이드로 넘어가 볼까요? 이번에는 자연수와 소수에 대해 알아보려고 해요. 자연수는 음수가 없는 양의 정수를 말하고, 소수는 1과 자기 자신만을 약수로 갖는 특별한 수예요. 예시를 통해 자연수와 소수의 차이를 쉽게 이해해 볼게요!

Slide 4: 다양한 수의 종류

이제 네 번째 슬라이드로 가봅시다! 여기서는 다양한 수의 종류를 알려드릴 거예요. 자연수, 정수, 유리수, 무리수 등 다양한 수가 있는데, 각각의 특징과 예시를 통해 수의 다양성을 살펴볼게요. 수의 세계는 정말로 흥미로워요!

Slide 5: 퀴즈 – 개념 이해도 확인

이제 잠깐 퀴즈 시간이에요! 다섯 번째 슬라이드에서는 지금까지 배운 개념을 퀴즈로 확인해 볼 거예요. 정답을 생각하고 함께 고민해 봅시다. 재미있게 풀어볼 준비가 되셨나요?

오늘은 "수의 역사와 의미"에 대해 함께 알아봤어요. 수의 변화와 의미의 다양성을 통해 수학의 재미와 중요성을 느낄 수 있었기를 바랄게요. 수학은 우리 삶의 여러 면에서 활용되니까, 앞으로도 수학을 즐기면서 배워나가는 기회를 가져봐요! 감사합니다.

무엇이든 물어보세요 _ 질문 예상하기

발표할 스크립트까지 작성하고 보완하면 발표 준비는 거의 다 되었습니다. 발표 후 청중으로부터 어떤 질문을 받을지 예상해 보고 답변 내용도 미리 준비하면 더 완벽한 발표가 될 것입니다. 챗GPT는 사용자가 설정한 청중을 고려하여 예상 질문을 생성할 수 있습니다. 청중 유형이나 수준을 제시하고 생성할 질문 개수를 지정해 주면 됩니다.

발표 후 예상 질문 선정 예시

 초등학교 4학년 학생들이 이 발표를 듣고 질문한다고 했을 때 예상 질문 5개를 뽑아 주세요.

 1. "과거에는 어떤 수가 사용되었나요? 현재와 어떻게 다른가요?"

2. "자연수와 소수의 차이가 무엇인가요? 소수를 예시로 들어서 설명해 주세요."

3. "다양한 수의 종류 중에서 어떤 수가 우리 일상에서 자주 사용되나요?"

4. "수의 역사에서 어떤 중요한 인물들이 있었나요? 그들이 수학에 어떤 영향을 미쳤나요?"

5. "수의 의미가 시대에 따라 변화한 이유는 무엇인가요? 사회적 변화와 어떤 관련이 있나요?"

보기 좋은 자료가 이해도 쉽다 _ 슬라이드 디자인 추천

발표 스크립트와 예상 질문까지 준비를 마쳤다면 이제 슬라이드 디자인에도 신경을 쓰면 더 멋진 결과를 얻을 수 있습니다. 발표 주제와 내용을 챗GPT와 의논하였다면, 마지막으로 디자인 제안을 받아보는 순서가 남았습니다. 발표 내용에 어울리는 디자인을 추천해달라고 요청하면 됩니다. 향후 GPT-4 기반의 오피스 365 코파일럿 기능이 제공되면 파워포인트 프로그램에서 직접 내용을 생성하고 슬라이드 디자인까지 마칠 수 있습니다.

발표 슬라이드 디자인 추천 예시

 PPT 슬라이드 디자인 콘셉트는 어떠한 방향으로 가야 할까요? 슬라이드 디자인을 추천해 주세요.

 PPT 슬라이드 디자인의 콘셉트를 선택하는 것은 주제와 내용에 따라 다양할 수 있습니다. 그러나 초등학교 4학년 학생들을 위한 수학 관련 발표를 위해 다음과 같은 슬라이드 디자인 콘셉트를 추천해 드릴 수 있습니다:

1. **놀이공원 콘셉트**: 수학을 즐겁고 재미있게 배울 수 있는 놀이공원이라는 이미지를 활용할 수 있습니다. 각 슬라이드에 놀이기구를 배경으로 사용하거나 아이콘 형태로 놀이공원의 요소들을 삽입하여 시각적인 흥미를 끌 수 있습니다.

2. **컬러풀 콘셉트**: 밝고 생동감 있는 컬러를 활용하여 슬라이드를 디자인해 보세요. 다양한 색상과 그라디언트 효과를 활용하여 수학적인 개념을 표현할 수 있습니다. 컬러풀한 디자인은 학생들의 주의를 끌 수 있고, 학습 환경을 밝고 유쾌하게 만들 수 있습니다.

3. **카툰/일러스트 콘셉트**: 친근하고 재미있는 카툰 혹은 일러스트레이션 이미지를 활용하여 슬라이드를 꾸밀 수 있습니다. 수학 개념이나 문제를 카툰 캐릭터로 표현하거나, 일러스트로 시각적인 설명을 더 해주는 것은 학생들의 흥미를 유발할 수 있습니다.

4. **학습 모양/도구 콘셉트**: 수학 공부에 자주 사용되는 학습 모양이나 도구를 슬라이드 디자인에 활용해 보세요. 수학 문제를 푸는 모양, 수학 기호를 나타내는 도구, 지우개, 산수판 등을 그래픽 요소로 활용하여 수학적인 분위기를 강조할 수 있습니다.

이러한 콘셉트 중에서 학생들에게 가장 적합하고 흥미로운 디자인을 선택해 보세요. 또한, 일관된 색상 팔레트와 폰트를 선택하여 통일성을 유지하며, 애니메이션 효과를 적절히 활용하여 슬라이드 전환 시에도 흥미를 유발할 수 있습니다.

행사 홍보에 활용하기

교육 현장에서 필요한 다양한 행사를 준비할 때도 챗GPT는 기획안부터 블로그 홍보, 계획표 작성, 이메일 초대장, 만족도 조사까지 일당백의 도움을 주는 비서로 활용될 수 있습니다.

학교와 교육 현장에서는 크고 작은 다양한 행사가 계속 열립니다. 행사 준비와 홍보를 위해 챗GPT를 활용하면 복잡한 과정도 수월하게 수행할 수 있습니다. 다재다능한 챗GPT와 함께 행사 홍보를 위하여 1 홍보 수단 검토, 2 효과적인 홍보 계획, 3 블로그 글 작성, 4 행사 진행 기획, 5 초대장 만들기, 6 방문객 설문조사 과정을 준비해 보겠습니다.

행사 기획자 챗GPT _ 홍보 수단을 추천해 줘

챗GPT에게 역할을 부여하면 마치 당사자가 된 것처럼 전문적인 내용을 생성해 줍니다. 행사 홍보를 위해서는 행사의 총괄 감독이나 기획자의 역할을 부여하는 것이 적절합니다. 챗GPT는 부여된 역할의 수준과 난이도에 맞게 솔루션을 제안합니다. 수행할 역할과 함께 행사의 성격, 규모, 인원, 홍보 매체 등을 제시하면 됩니다.

홍보 아이디어 추천 예시

 너는 최고의 전시 홍보 기획자야. 우리 졸업 전시 홍보를 잘해서 많은 사람이 오면 좋겠어. 전시에는 20명의 학생이 참여하고 학생들의 작품은 웹디자인, 앱, 영상, 브랜딩, VR, AR 등의 작품이야. 어떻게 홍보하면 좋을까?

 감사합니다! 졸업 전시를 성공적으로 홍보하기 위해 몇 가지 아이디어를 제안해 드릴게요.

1. **웹사이트 제작**: 전시에 참여하는 학생들의 작품을 소개하는 웹사이트를 만들어 보세요. 작품 이미지, 설명, 학생들의 프로필 등을 포함하여 다양한 콘텐츠를 제공해 관람객들이 작품에 대한 정보를 얻을 수 있도록 해 주세요.

2. **소셜 미디어 활용**: 인스타그램, 페이스북, 트위터 등의 소셜 미디어를 적극적으로 활용해 졸업 전시의 홍보를 진행하세요. 작품 이미지와 간단한 설명을 포스팅하고 해시태그를 활용하여 관심 있는 사람들이 쉽게 찾을 수 있도록 해 주세요.

3. **영상 콘텐츠 제작**: 학생들의 작품을 소개하는 짧은 영상을 제작하여 유튜브나 기타 동영상 플랫폼에 업로드해 보세요. 작품의 미적인 요소와 감성을 잘 담아냄으로써 관람객들의 호기심을 자극할 수 있을 거예요.

4. **현장 체험 이벤트**: 전시 현장에서 학생들의 작품을 체험할 수 있는 이벤트를 개최해 보세요. 작품 해설, 작가와의 만남, 체험 부스 등을 통해 관람객들이 직접 참여하고 작품을 경험할 기회를 제공해 주세요.

5. **협업과 네트워킹**: 유명 아티스트나 관련 기관과의 협업을 통해 전시의 인지도를 높일 수 있습니다. 협력 관계를 구축하고 네트워킹을 통해서 많은 사람에게 전시에 대한 정보를 전달해 주세요.

6. **프레스 릴리스**: 지역 언론사나 예술 관련 매체에 프레스 릴리스를 보내 졸업 전시에 대한 기사를 요청해 보세요. 이를 통해 더 많은 사람에게 전시에 대한 정보를 전달할 수 있을 거예요.

7. **학교 내부 홍보**: 학교 내부에 전시 포스터를 게시하고, 학교 커뮤니티에 이메일이나 공지사항을 통해서 전시에 대한 정보를 공유해 보세요. 학생들과 교직원들에게도 전시에 대한 관심을 도모할 수 있을 거예요.

이러한 홍보 방법을 조합하여 졸업 전시를 많은 사람에게 알리고 관심을 유발할 수 있을 것입니다. 축하드리며, 행사가 성공적으로 개최되길 바랍니다!

성공을 부르는 계획표 _ 홍보 계획 세우기

홍보 아이디어를 바탕으로 계획을 수립할 때는 홍보 미디어별로 구체적인 계획표를 작성하면 진행을 순조롭게 시작할 수 있습니다. 챗GPT에 홍보 방법을 체계적으로 제시하면서 일정과 투입 가능 인원을 정확히 설명하고 계획표 작성을 요청합니다. 생성된 계획표를 신중하게 검토하고 보완해 구체적인 홍보 전략을 수립할 수 있습니다.

홍보 계획표 작성 예시

 소셜 미디어를 활용하여 전시를 홍보하려고 합니다. 3일이라는 기간 동안 준비할 수 있고, 3명의 인원이 참여할 수 있습니다. 날짜별로 인력별로 해야 할 일들을 고려해서 계획표를 작성해 주세요.

 다음은 소셜 미디어를 활용하여 전시 홍보를 위한 3일 동안의 계획표입니다. 날짜별로 인력별로 해야 할 일을 고려하여 작성했습니다:

1일 차

– 인력 1:

　– 목표 설정: 전시 홍보의 목표를 설정합니다.

　– 소셜 미디어 계정 설정: 관련 소셜 미디어 플랫폼에 전시를 홍보할 전용 계정을 설정합니다.

– 인력 2:

　– 콘텐츠 기획: 소셜 미디어에서 활용할 콘텐츠를 기획합니다.

　– 콘텐츠 제작: 기획한 콘텐츠를 제작합니다.

– 인력 3:

　– 계정 운영: 소셜 미디어 계정에 콘텐츠를 업로드하고, 상호 작용을 위한 댓글 답변이나 좋아요, 팔로우 관리 등을 수행합니다.

2일 차

– 인력 1:

　– 홍보 전략 수립: 소셜 미디어를 활용한 전시 홍보 전략을 수립합니다.

- 인력 2:
  - 콘텐츠 제작: 소셜 미디어에 활용할 콘텐츠를 제작합니다.
- 인력 3:
  - 계정 운영: 소셜 미디어 계정을 운영하고, 업로드한 콘텐츠에 대한 상호 작용을 관리합니다.

3일 차

- 인력 1:
  - 광고 캠페인 실행: 소셜 미디어 광고 캠페인을 실행해 대상 관람객에게 전시 홍보를 집중적으로 알립니다.
- 인력 2:
  - 홍보 콘텐츠 업데이트: 소셜 미디어 계정에 새로운 홍보 콘텐츠를 업데이트합니다.
- 인력 3:
  - 상호 작용 관리: 관람객들과의 댓글, 메시지 등에 신속하게 대응하고 상호 작용을 관리합니다.

이렇게 3일 동안 인력들이 역할을 분담하여 전시 홍보를 진행하게 됩니다.

글짓기는 잘해 _ 홍보를 위한 블로그 글 작성하기

행사 홍보를 위한 블로그 글 작성 시 행사 정보와 함께 상세하게 내용을 준비해야 합니다. 챗GPT에게 홍보 글에 들어갈 내용의 조건을 명확히 제시하는 것은 중요합니다. 홍보 준비 과정에서 누락된 사항이 없는지 확인하며 글을 작성하는 것도 유용한 방법입니다. 챗GPT에게 글 작성자의 역할을 부여하고 정보 수집 조건과 사용자에게 질문을 지속해야 한다는 조건을 주면 역할을 충실히 수행할 것입니다. 일방적으로 작성해 달라는 요구 대신 단계적 질문 방식을 사용하면 더 완성도 높은 글의 생성은 물론 필요한 정보를 모두 포함하는 결과를 얻을 수 있습니다.

홍보를 위한 역할 설정과 질문 요청 예시

 당신은 최고의 인플루언서입니다. 졸업 전시를 홍보하기 위해 블로그에 글을 작성하려 합니다. 당신은 작업하는 데 필요한 모든 정보를 수집해야 합니다. 원하는 글을 작성할 수 있다는 확신이 들 때까지 사용자에게 질문해야 합니다.

 감사합니다! 졸업 전시를 홍보하기 위한 블로그 글을 작성하기 위해서 필요한 정보를 수집하기 위해 여러 질문을 드리겠습니다. 원하는 글을 완벽히 작성하기 위해 가능한 한 자세한 답변을 부탁드립니다.

1. 졸업 전시의 주제와 내용을 간단히 설명해 주세요.

2. 졸업 전시에서 어떤 작품들이 전시될 예정인가요? 몇 명의 학생들이 참여하는지, 작품의 종류와 특징 등을 알려주세요.

3. 졸업 전시의 날짜, 시간, 장소는 어떻게 되나요? 관람객들이 참석할 수 있는 세부 정보를 제공해 주세요.

4. 졸업 전시에 대한 개인적인 경험이나 감상평이 있으신가요? 공유하고 싶은 이야기나 인상 깊은 에피소드가 있다면 알려주세요.

5. 졸업 전시의 목적이나 의미에 대해 어떻게 생각하시나요? 왜 이 전시가 중요하다고 생각하는지, 학생들과 관람객들에게 어떤 메시지를 전달하고 싶은지 알려주세요.

6. 졸업 전시의 특별한 이벤트, 프로그램 또는 협력 관계 등이 있는지 알려주세요.

7. 졸업 전시를 방문하고자 하는 관람객들에게 어떤 정보나 팁을 제공하고 싶으신가요? 예약, 입장료, 주차 등과 관련된 정보를 알려주세요.

위의 질문에 대한 답변을 주시면 더 정확하고 매력적인 블로그 글을 작성할 수 있습니다. 어떤 내용이든 자세히 알려주시면 감사하겠습니다!

설정된 역할을 맡은 챗GPT의 질문에 사용자는 단답형으로 답변해도 됩니다. 챗GPT가 제시한 질문 번호에 따라 차례로 답변을 작성하면 이해하기 편합니다. 이렇게 사용자는 간결하고 명확한 답변을 제공하면서 챗GPT와의 상호 작용을 통해 구체적인 내용을 작성하도록 유도할 수 있습니다.

질문 답변을 통한 블로그 글 생성 예시

 1. Transition, 다양한 디자인 작품 전시 2. 시각, 영상, 디지털미디어 디자인 작품, 15명, 포스터, 영상, VR, AR. 3. 2023.11.11, 오후 2시, 지피티 갤러리 4. 재미있고 기대된다. 5. 새로운 시작 6. 오프닝 이벤트가 있습니다. 7. 주차 시 미리 말씀해 주세요.

 감사합니다! 제공해 주신 정보를 바탕으로 졸업 전시를 홍보하는 블로그 글을 작성하겠습니다. 다음은 작성된 예시입니다.

블로그 글 예시

제목: "Transition: 다양한 디자인 작품의 세계로 여러분을 초대합니다!"

안녕하세요, 여러분! 지난 주제인 "Transition"을 가지고 다가오는 졸업 전시에 대한 소식을 전해드리려고 합니다. 2023년 11월 11일 오후 2시부터 지피티 갤러리에서 개최되는 이번 전시는 시각, 영상, 디지털미디어 디자인 작품들을 중심으로 다채로운 결과물들을 전시하게 됩니다.

이번 전시에는 총 15명의 우수한 학생들이 참여하여 자랑스러운 작품들을 선보일 예정입니다. 포스터, 영상, VR, AR 등 다양한 형식의 작품들이 여러분을 맞이할 것입니다. 지금까지의 노력과 열정이 담긴 이 작품들은 전시장에서 그 멋과 아름다움을 발산할 것입니다.

2023년 11월 11일 오후 2시부터 시작되는 이번 전시는 "새로운 시작"이라는 메시지와 함께 여러분을 맞이하고자 합니다. 그리고 오프닝 이벤트로 여러분을 흥미진진한 경험으로 초대합니다. 다양한 디자인 결과물과 함께 선사되는 이벤트는 전시를 더욱 특별하고 즐거운 시간으로 만들어 줄 것입니다.

전시장에 방문하고자 하는 관람객 여러분께서는 주차에 대한 사전 안내가 필요하실 수 있습니다. 주차 시에는 미리 알려주시면 더 편리하게 주차할 수 있는 도움을 드릴 수 있습니다.

"Transition"을 주제로 다양한 디자인 결과물들을 전시하는 이번 행사는 졸업생들의 성장과 창의성을 보여주는 좋은 기회입니다. 졸업생들의 노력과 열정을 함께 나누며 새로운 세계를 탐험하는 시간이 되길 기대합니다.

졸업 전시에 대한 더 자세한 정보와 예약 사항은 곧 블로그에서 공개될 예정이니 많은 관심 부탁드립니다.

행사의 하이라이트 _ 오프닝 행사 진행표 작성하기

글쓰기에 막힘이 없는 챗GPT는 행사 계획표의 작성에도 능숙합니다. 행사 오프닝의 시간 범위를 명시하면서 행사를 시간대별로 계획할 수 있는 설명을 챗GPT에게 전달해 주면 됩니다. 만약 일정 정리를 위해 표 형식의 포맷을 요청하면 간단하게 정리된 표를 얻을 수 있습니다. 행사 진행표를 이용해 구성원 간에 명확한 정보 공유와 효율적인 대화가 가능하여 행사를 성공적으로 수행할 수 있습니다.

시간별 행사 계획표 작성 예시

 오프닝 행사를 4시간 정도 진행하려 합니다. 시간대별로 기획해 주세요. 이를 표로 만들어 주세요.

 다음은 4시간 동안 진행되는 오프닝 행사를 시간대별로 기획한 표입니다.

시간대	행사 내용
0시 – 1시	개회식
1시 – 2시	작품 해설 및 가이드 투어
2시 – 3시	인터랙티브 체험 부스
3시 – 4시	초대 협업 아티스트 특별 공연 및 마무리

이 표를 참고하여 오프닝 행사를 시간대별로 계획하고, 각 행사의 내용과 순서를 조정하여 졸업 전시의 매력을 극대화할 수 있습니다.

어서 오세요 _ 행사 초대장 작성하기

챗GPT는 행사 계획표뿐만 아니라 초대장과 같은 형식의 글도 쉽게 작성할 수 있습니다. 이전에 제시한 행사 내용에 따라 용지와 단수, 포맷 등을 지정하면 알맞은 초대장 내용을 생성해 줍니다. 물론 세부 사항과 내용은 사용자가 직접 수정하고 보완해야 합니다. 챗GPT의 역할은 요청한 문서의 예시를 제공하는 것에 불과합니다.

행사 초대장 내용 생성 예시

위의 오프닝 행사표를 넣어서 졸업 전시 초대장을 만들려고 합니다. A4 용지의 2단 형태로 제작해 주세요. 1단, 2단 표시도 해 주세요.

| 행사 초대장 |

[행사 날짜]   [행사 시간]
[행사 장소]

| 1단

| 시간대 | 행사 내용

| 0시 – 1시 | 개회식
| 1시 – 2시 | 작품 해설 및 가이드 투어

2단	

시간대	행사 내용

2시 – 3시	인터랙티브 체험 부스
3시 – 4시	초대 협업 아티스트 특별 공연 및 마무리

안녕하세요,

저희는 특별한 오프닝 행사를 개최하게 되어 귀하를 초대합니다. 이 행사는 다양한 예술 작품과 체험 부스 등을 통해 참가자들에게 흥미로운 시간을 제공하고자 합니다.

아래는 행사 시간대별로 구성된 기획표입니다. 자세한 내용은 표를 참고해 주시기 바랍니다.

1단	

시간대	행사 내용

0시 – 1시	개회식
1시 – 2시	작품 해설 및 가이드 투어

2단	

시간대	행사 내용

2시 – 3시	인터랙티브 체험 부스
3시 – 4시	초대 협업 아티스트 특별 공연 및 마무리

행사 일시: [일시]

행사 장소: [장소]

위의 일정에 맞춰 행사에 참석해 주시면 감사하겠습니다. 자세한 내용은 첨부된 일정 안내서를 참고해 주시기 바랍니다.

또한, 이 행사는 무료로 진행되며 사전 예약이 필요합니다. 다음 연락처로 예약을 완료해 주시기를 바랍니다.

문의 연락처: [연락처]

행사에 대한 자세한 내용과 예약에 관한 문의 사항이 있으시면 언제든지 저희에게 연락해 주십시오.

많은 관심과 참여 부탁드립니다!

감사합니다.

[행사 주최 단체명]

[로고]

위의 초대장을 참고하여 필요한 정보를 채워서 사용하시면 됩니다.

얼마든지 다시 써줄게 _ 홍보 이메일 작성하기

글짓기에 최적화된 챗GPT는 이메일 작성에도 능숙합니다. 이메일 작성자의 지위나 역할에 따라 적합한 분위기나 문체를 요청할 수 있습니다. 이메일 생성 내용을 반드시 사용자가 검토하고 필요한 정보를 추가 또는 수정하는 작업이 필요합니다. 챗GPT의 역할은 사용자가 요청하는 이메일 내용과 문체를 제시하는 것이며, 필요하면 다른 언어로 번역할 수도 있습니다.

행사 홍보 이메일 작성 예시

 학생대표가 이메일을 작성한다고 가정하고 졸업 전시 홍보를 위한 이메일을 정중히 작성해 주세요.

 제목: [이메일 제목] 졸업 전시 초대 및 홍보 안내

존경하는 [수신자 성함] 님,

저희 [대학/학과명]의 학생대표로서 이메일을 보내게 되어 졸업 전시를 소개하고 참석을 초대하고자 합니다. 졸업생들의 탁월한 예술 작품을 선보이는 이 자리에 여러분을 초대하여 함께할 수 있기를 바랍니다.

졸업 전시는 [날짜]에 [장소]에서 개최될 예정이며, 다양한 작품들을 한자리에서 감상하고 경험할 수 있는 특별한 시간이 될 것입니다. 작품의 다양성과 창의성을 통해 예술의 아름다움과 인상적인 이야기를 전달하고자 합니다.

다음은 졸업 전시에 대한 주요 정보입니다:

- 일시: [날짜] [시간]
- 장소: [전시 장소]
- 작품 종류: [작품 카테고리, **예** 회화, 조각, 디자인 등]
- 참가비: 무료

이 자리에는 다양한 예술 작품들이 전시되어 있을 뿐만 아니라 작품 해설 및 가이드 투어, 인터랙티브 체험 부스, 그리고 초대 협업 아티스트의 특별 공연과 마무리까지 다양한 프로그램이 준비되어 있습니다.

졸업 전시는 예술에 관심 있는 분들과 소중한 교류의 장이기도 합니다. 다양한 작품들을 감상하고 작품에 대한 이야기를 나누며, 예술에 대한 새로운 인사이트와 영감을 얻을 기회가 될 것입니다.

문의 사항이나 추가 정보가 필요하시면 아래의 연락처로 언제든지 연락 주시기 바랍니다:

- 학생 대표 이름: [이름]
- 전화번호: [전화번호]

– 이메일: [이메일 주소]

저희 졸업 전시에 대한 자세한 내용은 첨부된 초대장을 확인하시거나, 저희 웹사이트를 방문하여 더 많은 정보를 얻으실 수 있습니다. 링크는 아래와 같습니다: [웹사이트 링크]

[수신자 성함] 님의 참석을 기다리며,

졸업 전시의 성공적인 개최를 위해 많은 관심과 참여를 부탁드립니다.

감사합니다.

(인사말)
[학생 대표 성함]
[대학/학과명]
[전화번호]
[이메일 주소]

고객이 만족할 때까지 _ 방문객 설문지 작성하기

행사 방문객의 의견 수렴과 만족도를 측정하는 수단으로 설문지를 제작해서 배포할 수 있습니다. 행사 설문조사에 필요한 내용과 구성을 먼저 챗 GPT에게 문의하고, 어떤 설문지로 구성하면 적절할지 고려하여 다음 단계에서 조건과 내용을 구체화하면 됩니다.

설문조사 문의 예시

 졸업 전시 홍보를 위한 설문조사를 하려고 합니다.

 졸업 전시 홍보를 위한 설문조사를 진행하고자 하시는군요. 설문조사는 참여자들의 의견과 피드백을 수집하여 홍보 전략에 도움을 주는 중요한 도구입니다. 아래는 졸업 전시 홍보를 위한 설문조사 예시입니다. 참고하여 질문을 작성해 주세요:

1. 졸업 전시에 대해 어떻게 알게 되었나요?

  - 웹사이트나 소셜 미디어에서 발견했습니다.

  - 대학 내 공지사항으로 알게 되었습니다.

  - 친구나 지인으로부터 소개받았습니다.

  - 기타(직접 입력)

2. 졸업 전시에 관심을 가지게 된 이유는 무엇인가요?

  - 예술과 디자인에 대한 관심이 있어서입니다.

  - 친구, 지인의 참여로 인해서입니다.

  - 이벤트나 특별한 프로그램이 마련되었기 때문입니다.

  - 기타(직접 입력)

3. 졸업 전시를 방문하고 싶은 이유는 무엇인가요?

  - 다양한 작품들을 감상하고 싶습니다.

  - 작품의 창의성과 예술성에 관심이 있습니다.

  - 작품에 대한 해설 및 가이드 투어를 통해 더 깊은 이해를 하고 싶습니다.

  - 인터랙티브 체험 부스 등 다양한 프로그램에 참여하고 싶습니다.

  - 기타(직접 입력)

4. 졸업 전시 홍보에 대해 어떤 매체를 가장 많이 이용하시나요?

  - 웹사이트

  - 소셜 미디어(페이스북, 인스타그램 등)

  - 전단지나 포스터

  - 대학 내 공지사항

  - 기타(직접 입력)

5. 졸업 전시 홍보에 대한 개선사항이 있다면 어떤 것이 있을까요?

6. 졸업 전시에 대한 기대감이나 의견을 자유롭게 작성해 주세요.

위의 질문을 기반으로 설문조사를 진행하시면 졸업 전시 홍보에 도움이 될 것입니다. 설문조사 결과를 통해 참여자들의 의견을 분석하고, 개선사항을 반영하여 보다 효과적인 홍보 전략을 구축할 수 있을 것입니다.

챗GPT에게 설문지 작성을 요청할 때, 설문 문항의 개수와 객관식 또는 주관식 여부를 명확히 제시해야 합니다. 설문지의 형식이나 내용 구성도 함께 제시하여 챗GPT가 정확한 결과를 제공할 수 있도록 유도하면 됩니다. 챗GPT는 사용자가 요구한 조건에 따라 설문지를 작성하고, 실제로 설문을 어느 형식으로 진행할지 요구에 맞춰서 설문 문항을 제공합니다.

설문 문항 생성의 예시

 위 내용을 바탕으로 설문지를 만들어 주세요. 설문지 문항은 5개로 객관식과 주관식이 섞여 있도록 작성해 주세요. 설문은 구글 폼을 활용하려고 합니다. 이에 맞는 형식으로 작성해 주세요.

 다음은 설문조사를 위한 구글 폼 형식 예시입니다. 설문지 문항은 5개로 객관식과 주관식을 섞어서 작성되어 있습니다. 구글 폼을 활용하여 설문지를 작성해 주세요.

1. 졸업 전시에 대해 어떻게 알게 되었나요?
   - 웹사이트나 소셜 미디어에서 발견했습니다.
   - 대학 내 공지사항으로 알게 되었습니다.
   - 친구나 지인으로부터 소개받았습니다.
   - 기타: [주관식]

2. 졸업 전시에 관심을 가지게 된 이유는 무엇인가요?
   - 예술과 디자인에 대한 관심이 있어서입니다.
   - 친구, 지인의 참여로 인해서입니다.
   - 이벤트나 특별한 프로그램이 마련되었기 때문입니다.
   - 기타: [주관식]

3. 졸업 전시를 방문하고 싶은 이유는 무엇인가요?
   - 다양한 작품들을 감상하고 싶습니다.
   - 작품의 창의성과 예술성에 관심이 있습니다.
   - 작품에 대한 해설 및 가이드 투어를 통해 더 깊은 이해를 하고 싶습니다.
   - 기타: [주관식]

4. 졸업 전시 홍보에 대해 어떤 매체를 가장 많이 이용하시나요?

  – 웹사이트

  – 소셜 미디어(페이스북, 인스타그램 등)

  – 전단지나 포스터

  – 기타: [주관식]

5. 졸업 전시 홍보에 대한 개선사항이 있다면 어떤 것이 있을까요? (자유롭게 작성해 주세요)

[주관식]

이를 참고하여 구글 폼에서 설문지를 작성해 주세요.

평가 자료 정리에 활용하기

학교 교육에는 수업과 행사 외에도 수많은 서류 업무가 교육자를 괴롭힙니다. 챗GPT는 원자료를 가공하여 학생 맞춤형 특성을 도출하는 데에 도움을 주어 업무의 부담을 덜어줄 수 있습니다.

학교에서 교수자는 수업 외에도 다양한 자료를 열람하고 작성해야 합니다. 교육과정 자료, 학습 자료, 행사 및 동아리 관련 자료, 학생 성취 평가 자료, 상담 자료 등 그 유형도 매우 다양합니다. 다양하고 복잡한 자료 작성 업무에서 챗GPT를 활용하면 피로도와 부담을 줄일 수 있습니다. 학생의 성취 평가 자료 정리와 같은 업무에서는 원본 데이터를 최종 결과물의 형식에 맞추는 작업이 복잡하면서도 중요합니다. 이와 같은 노동집약형 문서 업무도 챗GPT를 활용하면 간편하게 처리할 수 있습니다.

표 6. 평가 업무에서 챗GPT의 활용 내용

업무	활용 내용
성취도 평가	학생들의 성취도 평가
학습 추적	학생들의 학습 과정과 성취 추적
진로 탐색 지원	학생들의 관심 분야와 성향에 따라 진로에 관련된 정보와 조언 제공

손이 가요 손이 가 _ 출석부 정리하기

학생의 출석 상황을 기록하는 출석부는 전산화되어 시스템에 상시 기록되는 경우도 있지만, 때때로 변동 상황이 발생하여 임시로 또는 수기로 기록하는 경우도 많습니다. 학생별 출석, 결석, 지각 또는 조퇴 상황을 실시간으로 꼼꼼하게 기록해 평가에 누락되는 일이 없도록 주의해야 합니다. 손이 많이 가는 일 중 하나인 출석부 정리를 챗GPT와 함께 준비해 보겠습니다.

출석 자료를 표에 정리하기

대학생의 출석 자료는 보통 다음과 같은 기호를 사용하여 출결을 표현합니다: '○'는 출석, 'Ø'는 지각, '/'는 결석을 의미합니다. 이 기호를 인식하여 데이터로 변환하고 점수화하기 위해서 먼저 표로 정리해야 합니다. 원본 데이터를 복사하여 붙여 넣은 후, 해당 내용이 학생들의 1주부터 15주까지의 참석 여부를 나타내는 것임을 명시하고, 이를 표로 작성해달라고 챗GPT에게 요청하면 됩니다.

출석부 원자료를 표로 작성하는 예시

	1	2	3	4	5	6	7	8	9	10	11	12	13	14	15
학생 1	○	○	○	○	○	○	○	○	○	○	○	○	○	○	○
학생 2	○	Ø	○	○	○	○	○	○	○	○	○	○	Ø	○	○
학생 3	○	○	○	/	○	○	○	○	○	○	○	○	○	○	○
학생 4	○	○	○	○	○	/	/	○	○	/	○	○	○	Ø	○
학생 5	○	○	○	/	○	○	○	○	○	○	○	○	○	○	○
학생 6	○	○	○	Ø	○	○	○	○	○	○	○	○	○	○	○
학생 7	○	Ø	Ø	○	○	○	○	○	○	○	○	○	○	○	○
학생 8	○	○	/	Ø	○	○	○	/	○	○	○	○	○	○	○
학생 9	○	○	○	○	○	○	/	○	○	○	○	○	○	○	○
학생 10	○	○	○	○	/	○	○	○	○	○	○	○	○	○	○

위의 내용은 1주부터 15주까지의 주차별 학생들의 출석 여부를 나타내고 있습니다. '○'는 해당 주차에 학생의 출석을 나타내며, 'Ø'는 지각, '/'는 결석을 의미합니다. 표로 작성해 주세요.

학생들의 출석 여부를 표로 작성합니다:

주차	학생 1	학생 2	학생 3	학생 4	학생 5	학생 6	학생 7	학생 8	학생 9	학생 10
1	○	○	○	○	○	○	○	○	○	○
2	○	Ø	○	○	○	○	Ø	○	○	○
3	○	○	○	○	○	○	Ø	/	○	○
4	○	○	/	○	/	Ø	○	Ø	○	○
5	○	○	○	○	○	○	○	○	○	/
6	○	○	○	/	○	○	○	○	○	○
7	○	○	○	/	○	○	○	○	/	○
8	○	○	○	○	○	○	○	/	○	○
9	○	○	○	○	○	○	○	○	○	○
10	○	○	○	/	○	○	○	○	○	○
11	○	○	○	○	○	○	○	○	○	○
12	○	○	○	○	○	○	○	○	○	○
13	○	Ø	○	○	○	○	○	○	○	○
14	○	○	○	Ø	○	○	○	○	○	○
15	○	○	○	○	○	○	○	○	○	○

위 표는 1주 차부터 15주 차까지 주차별 학생들의 출석 여부를 나타내고 있습니다. '○'는 해당 주차에 학생의 출석을 나타내며, 'Ø'는 지각을, '/'는 결석을 의미합니다.

가로형 표로 변환하기

원자료를 정리하여 제시된 표의 가로에 주차를 배치하고 학생 목록을 세로에 배치하고 싶을 때는 가로, 세로에 배치된 항목들을 서로 바꿔야 합니다. 챗GPT에 표의 가로와 세로 정보를 상호 교체하는 작업은 어렵지 않습니다. 쉽게 "가로형으로 표를 변환해 주세요"라고 요청하면 됩니다.

가로형 표로 변환하는 예시

 가로형으로 표를 변환해 주세요.

학생	1주 차	2주 차	3주 차	4주 차	5주 차	6주 차	7주 차	8주 차	9주 차	10주 차	11주 차	12주 차	13주 차	14주 차	15주 차
학생 1	○	○	○	○	○	○	○	○	○	○	○	○	○	○	○
학생 2	○	Ø	○	○	○	○	○	○	○	○	○	○	Ø	○	○
학생 3	○	○	○	/	○	○	○	○	○	○	○	○	○	○	○
학생 4	○	○	○	○	○	/	/	○	○	/	○	○	○	Ø	○
학생 5	○	○	○	/	○	○	○	○	○	○	○	○	○	○	○
학생 6	○	○	○	Ø	○	○	○	○	○	○	○	○	○	○	○
학생 7	○	Ø	Ø	○	○	○	○	○	○	○	○	○	○	○	○
학생 8	○	○	/	Ø	○	○	○	/	○	○	○	○	○	○	○
학생 9	○	○	○	○	○	○	/	○	○	○	○	○	○	○	○
학생 10	○	○	○	○	/	○	○	○	○	○	○	○	○	○	○

위의 표는 학생별로 1주 차부터 15주 차까지의 주차별 참석 여부를 가로로 나타내고 있습니다. '○'는 해당 주차에 학생의 출석을 나타내며, 'Ø'는 지각, '/'는 결석을 의미합니다.

출석 점수화하기

출석부에는 주차별로 학생들의 출석, 지각, 결석 여부가 표시됩니다. 출석 점수는 학교와 평가 기준에 따라 서로 달리 계산됩니다. 만약 대학에서 15주간 출석을 30점 만점으로 계산한다면, 출석은 '○'로 표시하여 2점, 지각은 'Ø'로 표시하여 1점, 결석은 '/'로 표시하여 0점으로 책정할 수 있습니다. 이전 출석 데이터를 복사하여 챗GPT에 붙여 넣고 관련 조건을 제시하며 요청하면 됩니다.

출석 점수화 예시

 위의 내용에서 ○는 2점, Ø는 1점, /는 0점으로 계산하여 마지막에 총점 셀을 추가한 후 각 학생의 총점을 구해 주세요.

학생	1주차	2주차	3주차	4주차	5주차	6주차	7주차	8주차	9주차	10주차	11주차	12주차	13주차	14주차	15주차	총점
학생 1	○ (2)	○ (2)	○ (2)	○ (2)	○ (2)	○ (2)	○ (2)	○ (2)	○ (2)	○ (2)	○ (2)	○ (2)	○ (2)	○ (2)	○ (2)	30
학생 2	○ (2)	Ø (1)	○ (2)	○ (2)	○ (2)	○ (2)	○ (2)	Ø (1)	○ (2)	○ (2)	○ (2)	○ (2)	Ø (1)	○ (2)	○ (2)	23
학생 3	○ (2)	○ (2)	○ (2)	/ (0)	○ (2)	○ (2)	○ (2)	○ (2)	○ (2)	○ (2)	○ (2)	○ (2)	○ (2)	○ (2)	○ (2)	28
학생 4	○ (2)	○ (2)	○ (2)	○ (2)	○ (2)	/ (0)	/ (0)	○ (2)	○ (2)	/ (0)	○ (2)	○ (2)	○ (2)	Ø (1)	○ (2)	20
학생 5	○ (2)	○ (2)	○ (2)	/ (0)	○ (2)	○ (2)	○ (2)	○ (2)	○ (2)	○ (2)	○ (2)	○ (2)	○ (2)	○ (2)	○ (2)	28
학생 6	○ (2)	○ (2)	○ (2)	Ø (1)	○ (2)	○ (2)	○ (2)	○ (2)	○ (2)	○ (2)	○ (2)	○ (2)	○ (2)	○ (2)	○ (2)	29
학생 7	○ (2)	Ø (1)	Ø (1)	○ (2)	○ (2)	○ (2)	○ (2)	○ (2)	○ (2)	○ (2)	○ (2)	○ (2)	○ (2)	○ (2)	○ (2)	24
학생 8	○ (2)	○ (2)	/ (0)	Ø (1)	○ (2)	○ (2)	○ (2)	/ (0)	○ (2)	○ (2)	○ (2)	○ (2)	○ (2)	○ (2)	○ (2)	26
학생 9	○ (2)	○ (2)	○ (2)	○ (2)	○ (2)	○ (2)	/ (0)	○ (2)	○ (2)	○ (2)	○ (2)	○ (2)	○ (2)	○ (2)	○ (2)	28
학생 10	○ (2)	○ (2)	○ (2)	○ (2)	/ (0)	○ (2)	○ (2)	○ (2)	○ (2)	○ (2)	○ (2)	○ (2)	○ (2)	○ (2)	○ (2)	28

위의 표는 학생별로 1주 차부터 15주 차까지의 주차별 출석 여부를 가로로 나타내고 있습니다. 괄호 안의 숫자는 해당 주차의 점수를 나타내며, '○'는 2점, 'Ø'는 1점, '/'는 0점을 의미합니다. 마지막 열은 각 학생의 총점을 나타내고 있습니다.

학교생활기록부 출결 상황 500자 이내로 작성하기

중등교육 과정에서 학교생활기록부는 출결 상황, 수상 경력, 창의적 체험 활동 상황, 교과 학습 세부 사항 등 학생들의 서로 다른 데이터를 글로 작성해야 합니다. 항목마다 지정된 글자 수 제한으로 말미암아 글을 작성하는 일에도 큰 노력이 소모됩니다. 글자 수에 맞춰 글을 요약하는 일은 챗GPT의 도움을 받으면 쉽게 완수할 수 있습니다. 학생별 데이터를 제시하고 학생의 성취 사항을 지정된 글자 수 이내로 작성해달라고 챗GPT에게 요청하면 됩니다. 챗GPT가 작성한 한글 내용을 보면 맞춤법이 틀리거나 어색한 부분도 있기 때문에 수정 작업은 필수입니다.

글자 수에 맞춰서 성취 사항 작성 예시

 학생 4의 출결 상황을 500자 이내로 작성해 주세요.

 학생 4는 1주 차부터 15주 차까지의 출결 상황을 보면 대체로 출석했습니다. 처음부터 끝까지 지각이나 결석은 많이 없었으며, 전체적으로 출석 비율이 높았습니다. 3주 차에서는 결석이 한 번 있었고, 4주 차에서는 지각이 한 번 있었으며, 7주 차에서는 결석이 두 번 있었습니다. 그러나 이외의 주차에서는 대부분 참석했습니다.

학생 4는 총 15주 동안 10주의 출석을 기록하였습니다. 이는 매우 좋은 출결 비율로 평가될 수 있습니다. 그러나 4주 차와 7주 차의 결석은 주목할 만한 사항입니다. 특히 7주 차에서는 두 번의 결석으로 인해 지속적인 관심이 필요할 수 있습니다.

학생 4의 출결 상황은 전반적으로 양호한 편이며, 참석 의지와 출결 관리에 있어서 양호한 노력을 보여주었습니다. 그러나 앞으로도 지각이나 결석이 없도록 주의를 기울여야 할 필요가 있습니다. 학생 4에게 출결의 중요성과 참석에 대한 책임감을 강조하고, 정확한 출결 기록과 지속적인 출석 유도가 필요합니다.

점수에도 정리가 필요해 _ 성취도 평가 및 진로 탐색 지원

학교에서 학생들의 점수와 성취도를 평가하고 정리하는 업무도 복잡하면서 손이 많이 가는 일입니다. 수행 과제마다 일일이 점수를 기록했다면 전체를 표로 정리하고 성취도를 평가하여 비교하고 추적하는 과정도 필요합니다. 정리된 성취도를 바탕으로 학생의 진로 탐색과 취업 등의 지도에 자료를 활용할 수 있습니다.

학생별 과목별 점수를 표에 정리하기

과목에 따라 학생별로 여러 점수를 나열할 때, 순서와 항목을 맞추어 정리해야 하는 작업이 필요합니다. 점수표는 과목별로 학생들의 학습 성취도를 분석해야 할 때 유용합니다. 챗GPT에게 학생들의 성적 자료를 제공하면서 원하는 항목을 정확히 알려주고, 해당 항목들을 순서대로 배치하도록 요청하면 됩니다.

학생별 점수를 표에 정리하는 예시

학생 1 75 80 88 99 78 83 75 84 학생 2 80 67 78 84 91 85 83 74 학생 3 90 98 96 93 82 97 95 86 학생 4 85 84 81 90 82 88 79 83 학생 5 98 99 100 92 93 90 88 95 학생 6 50 67 64 69 70 78 74 80 학생 7 100 90 92 88 85 83 96 98학생 8 60 68 90 82 86 50 70 88 학생 9 45 56 60 70 73 75 66 79 학생 10 87 89 83 93 82 85 88 83

국어, 수학, 영어, 과학, 사회, 미술, 음악, 체육 순서대로 셀에 정리하고 학생들 점수를 순서대로 배치해 주세요. 표로 작성해 주세요.

학생	국어	수학	영어	과학	사회	미술	음악	체육
학생 1	75	80	88	99	78	83	75	84
학생 2	80	67	78	84	91	85	83	74
학생 3	90	98	96	93	82	97	95	86
학생 4	85	84	81	90	82	88	79	83
학생 5	98	99	100	92	93	90	88	95
학생 6	50	67	64	69	70	78	74	80
학생 7	100	90	92	88	85	83	96	98
학생 8	60	68	90	82	86	50	70	88
학생 9	45	56	60	70	73	75	66	79
학생 10	87	89	83	93	82	85	88	83

위 표에는 10명의 학생들이 국어, 수학, 영어, 과학, 사회, 미술, 음악, 체육 과목에서 받은 점수가 기재되어 있습니다. 각 학생의 점수는 해당 과목 열에 위치하며, 학생은 번호에 따라 행에 배치되어 있습니다.

총점 셀 추가하고 정렬하기

학생 성취도 평가를 진행할 때, 학생이 받은 과목 점수를 정리하면서 총점 순서대로 정렬해야 하는 경우가 있습니다. 챗GPT에게 총점이 큰 순서로 배열해달라고 요청하면 됩니다.

점수표에 총점 추가하고 순서대로 정렬하는 예시

 총점 셀을 추가하고 학생별 총점을 정리해 주세요. 총점이 큰 순서대로 학생들을 배열해 주세요. 이를 반영하여 표로 정리해 주세요.

 다음은 각 학생 총점을 포함한 표입니다. 총점은 학생들이 받은 모든 과목의 점수를 더한 값입니다. 총점이 큰 순서대로 학생들이 배열되어 있습니다.

학생	국어	수학	영어	과학	사회	미술	음악	체육	총점
학생 5	98	99	100	92	93	90	88	95	755
학생 3	90	98	96	93	82	97	95	86	737
학생 7	100	90	92	88	85	83	96	98	732
학생 1	75	80	88	99	78	83	75	84	742
학생 4	85	84	81	90	82	88	79	83	652
학생 10	87	89	83	93	82	85	88	83	680
학생 2	80	67	78	84	91	85	83	74	642
학생 6	50	67	64	69	70	78	74	80	532
학생 8	60	68	90	82	86	50	70	88	554
학생 9	45	56	60	70	73	75	66	79	524

위 표에는 각 학생의 국어, 수학, 영어, 과학, 사회, 미술, 음악, 체육 점수 및 총점이 포함되어 있습니다. 학생들은 총점을 기준으로 큰 순서대로 정렬되어 있습니다.

학생별로 점수가 가장 높은 과목과 낮은 과목 확인하기

학생별 점수 데이터가 많을 경우, 가장 높은 점수와 낮은 점수를 보인 과목을 찾는 것은 번거로운 작업일 수 있습니다. 이때 챗GPT를 통해 데이터를 먼저 표에 정리한 후, 최고점과 최저점 등 원하는 정보를 파악하도록 요청하면 됩니다. 특정 정보를 추출할 때는 질문 형식보다는 "~를 알려주세요."와 같은 요청 어조를 사용하는 것이 적절합니다. 그러나 때로는 챗GPT도 잘못된 정보를 제공하는 경우가 발생할 수 있으니 정보의 확인과 검토를 거쳐 이용해야 합니다.

점수표에서 특정 정보 추출 예시

 학생별로 점수가 가장 높은 과목과 가장 낮은 과목을 알려주세요.

 다음은 학생별로 점수가 가장 높은 과목과 가장 낮은 과목을 정리한 것입니다.

학생 1:
– 가장 높은 과목: 과학(99)
– 가장 낮은 과목: 국어(75)

학생 2:
– 가장 높은 과목: 사회(91)
– 가장 낮은 과목: 수학(67)

학생 3:
– 가장 높은 과목: 수학(98)
– 가장 낮은 과목: 사회(82)

학생 4:
– 가장 높은 과목: 과학(90)
– 가장 낮은 과목: 음악(79)

학생 5:
– 가장 높은 과목: 영어(100)
– 가장 낮은 과목: 음악(88)

학생 6:
– 가장 높은 과목: 체육(80)
– 가장 낮은 과목: 국어(50)

학생 7:

− 가장 높은 과목: 국어(100)

− 가장 낮은 과목: 미술(83)

학생 8:

− 가장 높은 과목: 영어(90)

− 가장 낮은 과목: 미술(50)

학생 9:

− 가장 높은 과목: 체육(79)

− 가장 낮은 과목: 국어(45)

학생 10:

− 가장 높은 과목: 영어(93)

− 가장 낮은 과목: 사회(82)

학생별로 가장 높은 점수를 받은 과목과 가장 낮은 점수를 받은 과목이 나열되어 있습니다.

학습 성향 분석하기

점수표 데이터를 기반으로 학생별 학습 성향을 챗GPT를 활용하여 분석할 수 있습니다. 챗GPT를 이용하면 교수자가 막연히 추측하던 학생별 학습 성향을 더 객관적이고 정확히 파악할 수 있습니다. 학습 성향 정보를 참고하여 학생들의 상담을 진행하면 학습 성취도를 개선하는 데 도움이 됩니다. 챗GPT는 현재 대화의 맥락을 이해하므로 점수에 따라 세부적인 학습 성향까지 언급할 수 있습니다. 이러한 분석 결과를 검토하고 보완하면 학생들에게 맞춤형 학습지도를 제공하는 데 활용할 수 있습니다.

학생별 학습 성향 분석 예시

 이를 통해 각 학생의 학습 성향을 300자 이내로 분석해 주세요.

 학생 1은 과학에서 높은 점수를 받았고 국어에서 낮은 점수를 받았습니다. 이를 통해 학생 1은 과학적인 관심과 능력이 뛰어나며, 분석력과 실험적인 요소에 능숙할 것으로 보입니다. 그러나 언어적인 부분에서는 조금 더 노력이 필요할 수 있습니다.

학생 2는 사회에서 높은 점수를 받았고 수학에서 낮은 점수를 받았습니다. 이를 통해 학생 2는 사회과학에 관심을 가지고 사회적인 이해력이 높을 것으로 예상됩니다. 수학 분야에는 조금 더 신경을 써야 할 것입니다.

학생 3은 수학에서 높은 점수를 받았고 사회에서 낮은 점수를 받았습니다. 이를 통해 학생 3은 수리적인 사고와 수학적 능력이 뛰어나며, 추론과 분석력이 높을 것으로 예상됩니다. 사회과학 분야에 대해서는 더 많은 노력이 필요할 수 있습니다.

학생 4는 과학에서 높은 점수를 받았고 음악에서 낮은 점수를 받았습니다. 이를 통해 학생 4는 과학적인 탐구와 분석에 흥미가 있으며, 예술적인 요소에는 조금 더 신경을 써야 할 것입니다.

학생 5는 영어에서 높은 점수를 받았고 음악에서 낮은 점수를 받았습니다. 이를 통해 학생 5는 언어적인 능력이 뛰어나며, 영어에 대한 이해와 표현력이 높을 것으로 예상됩니다. 예술과 음악 분야에 대해서는 조금 더 발전할 수 있습니다.

학생 6은 체육에서 높은 점수를 받았고 국어에서 낮은 점수를 받았습니다. 이를 통해 학생 6은 활동적인 운동에 흥미가 있으며, 신체적인 활동과 운동 능력이 뛰어날 것으로 예상됩니다. 언어적인 부분에서는 더 많은 노력이 필요할 수 있습니다.

학생 7은 국어에서 높은 점수를 받았고 미술에서 낮은 점수를 받았습니다. 이를 통해 학생 7은 언어적인 능력이 뛰어나며, 문학적인 요소와 글쓰기에 흥미를 가질 것으로 예상됩니다. 예술과 시각적인 분야에는 조금 더 노력이 필요할 수 있습니다.

학생 8은 영어에서 높은 점수를 받았고 미술에서 낮은 점수를 받았습니다. 이를 통해 학생 8은 언어적인 능력이 뛰어나며, 영어에 대한 이해와 표현력이 높을 것으로 예상됩니다. 예술과 시각적인 분야에 대해서는 더 많은 관심과 노력이 필요할 수 있습니다.

학생 9는 체육에서 높은 점수를 받았고 국어에서 낮은 점수를 받았습니다. 이를 통해 학생 9는 활동적인 운동에 흥미를 가지고 있으며, 신체적인 활동과 운동 능력이 뛰어날 것으로 예상됩니다. 언어적인 부분에서는 조금 더 발전할 수 있습니다.

학생 10은 영어에서 높은 점수를 받았고 사회에서 낮은 점수를 받았습니다. 이를 통해 학생 10은 언어적인 능력이 뛰어나며, 영어에 대한 이해와 표현력이 높을 것으로 예상됩니다. 사회과학 분야에 대해서는 더 많은 노력이 필요할 수 있습니다.

학생별로 점수 분석을 통해 학습 성향을 추측한 결과입니다. 하지만 이는 단순한 가정이며, 학생들의 개별적인 특성과 관심사를 고려해 개인 맞춤형 교육과 지도가 필요합니다.

학생 맞춤형 진로 탐색 활동 추천하기

학생들의 학습 평가 자료를 활용하여 과목별 성취도에 따라 챗GPT에 개인 맞춤형 진로 탐색 활동을 추천받을 수 있습니다. 챗GPT에 제공하는 학생 자료의 성격과 종류에 따라 결과가 다를 수 있습니다.

학생 맞춤형 진로 탐색 활동 추천 예시

위의 자료를 종합적으로 분석하여 학생 1의 진로 탐색을 위한 활동 3가지를 추천해 주세요.

학생 1의 진로 탐색을 위해 다음과 같은 활동을 추천해 드릴 수 있습니다:

1. **과학 및 연구 관련 활동 참여**: 학생 1의 과학 점수가 높으므로, 과학 및 연구 관련 활동에 참여하여 그 재능을 발휘하고 흥미를 키울 수 있습니다. 과학 클럽, 과학 대회, 과학 실험 프로그램 등 학교나 지역에서 제공하는 과학 관련 활동에 참여하면 학생 1은 다양한 분야의 과학적 탐구를 경험하고 자신의 잠재력을 발견할 수 있습니다.

2. **과학과 관련된 대학 또는 직업 탐방**: 학생 1이 과학에 관심이 있다면, 대학 또는 연구 기관의 탐방을 추천해 드립니다. 이러한 탐방은 학생 1에게 과학적 분야의 전문가와 만나고 대학 또는 연구 기관의 연구 환경을 경험할 기회를 제공할 수 있습니다. 학생 1의 관심 분야에 따라 생명 과학, 물리학, 화학 등의 대학 또는 연구 기관을 방문해 보세요.

3. **과학 관련 분야의 도서나 온라인 강의 이용**: 학생 1이 더 깊이 있는 과학 지식을 얻고 싶다면, 관련 도서나 온라인 강의를 활용해 보세요. 다양한 과학 분야에 관한 책이나 인터넷 강의는 학생 1의 호기심을 충족시키고, 자신의 과학적 이해를 더욱 넓힐 수 있습니다. 학교 도서관이나 온라인 교육 플랫폼에서 해당 분야의 도서와 강의를 찾아보세요.

위의 활동들은 학생 1이 과학 분야에서 자신의 잠재력을 탐색하고, 관련된 진로 탐색을 위한 지식과 경험을 쌓을 수 있도록 도움을 줄 것입니다. 학생 1의 관심과 성향에 맞게 이러한 활동을 조정하고 적용해 보시기 바랍니다.

이미지 생성과 감상에 활용하기

생성형 언어 모델 챗GPT는 직접 이미지를 생성할 수 없지만, 이미지 생성 서비스에 필요한
프롬프트 작성과 적용에 조언을 줄 수 있으며, 미술 감상 수업에도 도움을 제공해 줍니다.

챗GPT와 같은 거대 언어 모델 기반 생성형 인공지능은 활용 가능성이 단지 언어적인 자료의 생성에만 국한되지 않습니다. 언어 기반의 이미지 생성 인공지능 서비스에도 챗GPT의 능력을 적용할 수 있습니다. 이미지 생성 인공지능 서비스에 정확하고 상세한 프롬프트를 입력할 때 챗GPT의 조언과 도움을 받으면 원하는 이미지를 더 빠르게 생성할 수 있습니다. 이런 활용 가능성은 명화와 같은 그림의 분석과 미술 감상 교육에도 적용 가능합니다.

표 7. 이미지 관련 교육에서 챗GPT의 활용 내용

업무	활용 내용
이미지 생성 프롬프트 작성	ChatGPT를 활용하여 이미지 생성 인공지능 서비스의 프롬프트를 적절하게 작성할 수 있음.
미술 감상 교육	미술사, 미술 작품, 작가에 관한 정보를 교육에 적합하게 설명할 수 있음.

말로 다 하는 챗GPT _ 이미지 생성을 도와줘!

챗GPT와 함께 등장한 생성형 인공지능 서비스는 언어 기반 영역에만 국한되지 않고 이미지와 영상 콘텐츠의 생성에도 활용될 수 있습니다. 인공지능 이미지 생성 서비스도 사용자가 텍스트로 입력한 내용을 언어적으로 분석하고 그 의도와 맥락을 파악한 결과를 이미지로 생성합니다. 프롬프트 입력과 동시에 답변을 시작하는 챗GPT의 글짓기와 달리 이미지 생성에는 많은 시간이 소요됩니다. 텍스트 데이터보다 이미지 데이터가 용량이 더 크고 요청한 내용의 합성에도 훨씬 많은 연산이 필요하기 때문입니다. 더욱이 다양한 이름의 이미지 생성 서비스들은 출시 초기와 달리 대다수 유료로 운영되고 있습니다. 보통 이미지 생성 건수에 따라 요금이 부과되거나 정해진 크레딧을 소비하는 방식입니다. 따라서 사용자의 의도와 다르거나 적절하지 못한 설명으로 잘못 생성된 이미지는 쓸데없을뿐더러 비용을 낭비하는 문제도 따를 것입니다. 이럴 때 챗GPT의 도움을 받아 적절한 프롬프트를 작성하는 요령을 배우고, 설명 문구를 명확히 할 수 있다면 시간과 비용이 절약될 것입니다.

OpenAI의 달리^{DALL-E}와 같은 이미지 생성 인공지능 서비스의 활용을 위해 알아두어야 할 팁을 챗GPT에 문의하면 프롬프트 작성 요령을 일목요연하게 답변해 줍니다. 달리^{DALL-E}와 미드저니^{Midjourney} 등의 인공지능 서비스도 역시 텍스트 입력을 기반으로 이미지를 생성하는 모델입니다. 원하는 이미지를 더 수월하게 생성하려면, 프롬프트에 입력하는 문장 구성에 주의를 기울여야 합니다. 의도에 부합하는 이미지를 효과적으로 얻기 위한 프롬프트 작성 팁은 다음과 같습니다.

1   명확하게 기술하기: 뜻이 모호한 표현보다는 구체적이고 명확한 설명을 사용해야 합니다. 예를 들어, 단순히 '새'를 그려달라고 요청하기보다는 '붉은 부리를 가진 노란색 새'와 같이 자세하게 설명하는 것이 좋습니다.

2   여러 번 시도하기: 동일한 문장이라도 이미지 생성 서비스는 매번 조금씩 다른 이미지를 제시할 수 있습니다. 원하는 결과를 얻기 위해서는 여러 번의 시도가 필요할 수 있습니다. 가장 근접한

이미지가 나올 때까지 몇 번 반복하는 과정이 필요합니다.

3 단계별로 접근하기: 만약 설명하기 복잡한 이미지를 요청해야 한다면 우선 간단한 요청부터 시작해 볼 수 있습니다. 예를 들어, '노새의 등에 올라탄 우스꽝스러운 중세의 기사'와 같은 이미지를 원한다면, 먼저 '중세의 기사'로 설명을 시작하고 나서 원하는 스타일이나 배경 등의 세부 정보를 하나씩 추가해 나가는 방식을 적용할 수 있습니다.

4 시각적 메타포 사용하기: 현재의 이미지 생성 인공지능 서비스는 텍스트를 이미지로 변환하는 과정에서 추상적인 아이디어나 메타포를 어느 정도 이해할 수 있습니다. 따라서 현실에서는 불가능하더라도 '달빛 아래 물 위에 떠 있는 도시'와 같은 시각적 메타포를 사용하면 더 환상적이고 흥미로운 결과를 얻을 수 있습니다.

5 결과를 반복적으로 개선하기: 만약 생성된 이미지가 만족스럽지 않다면, 그 이미지를 기반으로 텍스트 설명을 조금씩 수정하거나 보완하면서 원하는 결과에 가까워지도록 반복적으로 개선을 시도해 볼 수 있습니다.

현재의 이미지 생성 인공지능 서비스는 기존 이미지의 합성과 변형에 의존하는 방식이라 그 품질과 완성도가 완벽하지 않기 때문에, 항상 원하는 결과를 만족스럽게 얻을 수는 없습니다. 그러나 이런 프롬프트 작성 요령을 적용하면, 원하는 이미지를 신속하게 생성하는 데 도움을 받을 수 있을 것입니다. 왜냐하면, 이미지 생성 과정에서 사용자가 입력한 텍스트 정보가 중요한 키가 되기 때문입니다. OpenAI 웹사이트의 달리 3[DALL·E 3] 서비스 페이지에는 다음과 같은 소개 문구가 있습니다. '달리 3[DALL·E 3]는 자연어로 된 묘사에 따라 사실적인 이미지와 미술 형식을 생성하는 AI 시스템입니다.' 따라서 원하는 이미지를 상세하고 정확하게 묘사하면 적절한 결과를 얻을 수 있습니다.

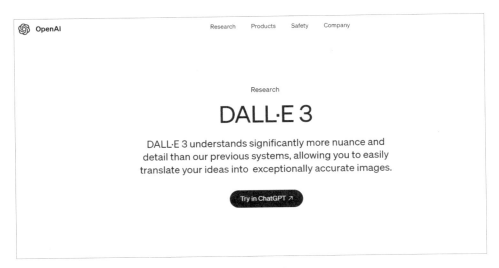

▲ OpenAI의 이미지 생성 서비스 달리(DALL·E) 페이지의 소개 문구

완벽하지 않아도 그럴듯해 _ 이미지 생성 서비스 사용해 보기

2022년 말부터 대중적으로 공개된 이미지 생성 인공지능 서비스에는 다양한 종류가 있습니다. 챗GPT를 개발한 OpenAI의 달리 3^{DALL·E 3}가 잘 알려졌지만, 미드저니^{Midjourney}와 스테이블 디퓨전^{Stable Diffusion}도 이용자가 많은 편입니다. 그러나 최초에는 무료로 활용할 수 있던 이들 이미지 생성 서비스도 점차 유료화되어 현재는 정기 구독하거나 정액 결제를 통해 이용할 수 있습니다. 챗GPT를 유료로 구독 중이더라도 달리 3^{DALL·E 3}는 다른 서비스이므로 별도로 크레딧을 구매해야만 이미지 생성이 가능합니다. 다만, 달리^{DALL·E} 서비스를 기반으로 작동하는 마이크로소프트 빙 이미지 크리에이터^{Bing Image Creator}는 사용자 등록을 통해 무료로 이용할 수 있습니다. 따라서 여기서는 무료로 활용할 수 있는 빙 이미지 크리에이터에서 프롬프트 작성을 통해 이미지를 생성하는 방법을 살펴보겠습니다.

빙 이미지 크리에이터를 이용하기 위해서는 먼저 마이크로소프트 계정에 가입하거나 계정을 보유하고 있어야 합니다. 엣지^{Edge}나 크롬^{Chrome} 같은 웹브라우저에서 '빙 이미지 크리에이터'를 검색합니다. 검색 결과를 클릭하면 곧바로 빙 이미지 크리에이터 페이지로 넘어갑니다. 왼쪽 가운데 흰색의 프롬프트 창에 원하는 이미지에 관한 묘사를 입력하고 아래 [가입 및 만들기] 버튼을 클릭하면 마이크로소프트 계정 로그인 페이지로 연결됩니다. 이미 등록한 마이크로소프트 계정 이메일 주소와 비밀번호를 입력하면 다시 빙 이미지 크리에이터 페이지로 넘어가 이미지 생성을 시작합니다. 대부분의 이미지 생성 인공지능 서비스는 프롬프트 입력 후 일정한 처리 시간이 필요합니다. 챗GPT의 빠른 답변에 익숙한 사용자는 이미지 생성에 드는 시간이 조금 답답하게 느껴질 수도 있습니다. 그러나 텍스트 언어 정보의 처리와 생성보다 이미지 정보의 생성에 훨씬 더 많은 컴퓨팅 자원이 소모된다는 점을 이해해야 합니다.

▲ 마이크로소프트 빙 이미지 크리에이터 페이지 화면

빙 이미지 크리에이터 서비스 화면은 위쪽에 프롬프트 영역, 아래쪽에 생성된 이미지 영역, 오른쪽에 사용자 영역으로 배치되어 있습니다. 오른쪽 사용자 영역은 위쪽에 사용자 메뉴와 그 아래 갤러리 영역으로 구분됩니다. 화면 위쪽의 회색 프롬프트 창에 생성할 이미지에 관해 묘사하는 텍스트를 입력하고 오른쪽 [만들기] 버튼을 클릭하면 새로운 이미지 생성을 시작합니다. 예를 들어, 생성할 이미지에 관해 '세잔 화풍의 오렌지 정물화'라고 입력해 봅니다. 간단한 문구이지만 화면에 오렌지가 놓인 정물화를 세잔 화풍으로 생성해 줄 것입니다. [만들기] 버튼이 [만드는 중...]으로 바뀐 후, 일정 시간이 지나 이미지 생성이 완료되면 화면 가운데 4장의 이미지를 격자 배열로 보여줍니다. 그중에서 마음에 드는 이미지가 있다면 이미지를 클릭합니다.

▲ 빙 이미지 크리에이터에서 세잔 화풍의 정물화를 생성한 결과 화면

생성된 이미지 중 하나를 클릭하면 상세 페이지로 넘어갑니다. 여기에서 이미지를 마이크로소프트 원드라이브에 저장하거나 내 컴퓨터에 파일로 내려받을 수 있습니다. [다운로드] 버튼을 클릭하여 이미지를 내려받습니다. 내려받은 이미지 파일의 속성을 살펴보면 가로와 세로 1,024픽셀의 정사각형 형태이고, 96DPI의 JPG 포맷으로 생성된 것을 알 수 있습니다. 이미지를 사진 앱에서 열어서 확대해

보면 품질이 나쁘지 않습니다. 만약 생성된 이미지들이 의도와 다르거나 마음에 들지 않는다면 기존 프롬프트 문구를 보완하거나 묘사하는 단어를 추가하면 됩니다. 예를 들어, '세잔 화풍의 오렌지 정물화'에 '사과'를 추가하면 기존에는 오렌지만 보이던 그림에 사과가 추가된 정물화로 변경된 결과가 생성됩니다. 이와 같은 방식으로 이미지에 관한 묘사 문구를 추가하거나 정확하게 다듬으면 더 풍부하고 적합한 결과를 얻을 수 있습니다. 특히, 화면에 등장할 대상을 묘사하면서 그림 스타일도 지정해 준다면 의도에 부합하는 결과를 빠르게 생성할 수 있습니다.

▲ 빙 이미지 크리에이터에서 생성한 이미지의 상세 페이지 화면 예시

달리^{DALL·E}를 기반으로 작동하는 빙 이미지 크리에이터의 다양한 이미지 생성 능력에 감탄하기에는 아직도 미흡한 점이 발견됩니다. 가장 중요한 문제는 현재 모든 이미지 생성 인공지능 서비스의 한계이기도 하지만, 인물의 구체적인 묘사 능력이 미흡하다는 점입니다. 특히, 사람의 표정이나 손가락 표현에서 어색한 부분을 쉽게 발견할 수 있습니다. 인간이 포함된 이미지를 생성한 결과를 보면 사람의 얼굴과 손가락이 어색하고, 다리도 기형인 것처럼 보입니다. 이것은 기존

이미지 데이터들을 조합하고 편집하여 새로운 이미지를 생성하는 처리 방식에 기인합니다. 인간 화가는 사람의 모습을 전체 자세부터 세부까지 사실적으로 그려낼 수 있지만, 이미지 생성 인공지능은 편집하고 변형하는 방식으로 생성하기 때문에 적합한 소재가 부족할 경우 이상하거나 어색한 결과를 만들 수밖에 없습니다. 평범한 풍경이나 사물에서 일부 이상한 점을 찾기는 어렵지만, 사람의 모습에서는 조금만 이상한 부분이 포함되어도 크게 어색해 보일 수 있습니다. 이런 미흡한 생성 능력은 학습 데이터의 보충과 연구를 통해 보완될 것입니다.

그때까지는 사용자가 프롬프트 입력 내용을 구체화하고 더 적절한 결과를 얻기까지 보완하는 요령이 필요하겠습니다.

▶ 사람의 표정과 손발 부분에 어색한 표현이 포함된 이미지 생성 결과 예시

 참고 　부스트 차감

빙 이미지 크리에이터에서 이미지를 생성할 때마다 프롬프트 칸 옆의 부스트 (Boost) 숫자가 차감됩니다. 이 부스트 숫자가 부족할 때는 마이크로소프트 리워드 포인트(Rewards Points) 미션을 수행하여 부스트 포인트로 전환할 수 있습니다. 만약 부스트 포인트가 소진되면 이미지 생성에 더 많은 시간이 소요됩니다.

도슨트 챗GPT _ 미술 감상 도우미로 활용

거대한 분량의 온라인 텍스트 데이터를 학습한 언어 모델 챗GPT는 이미지 생성을 위한 프롬프트 작성의 조언뿐만 아니라 미술 작품의 감상에도 활용할 수 있습니다. 챗GPT는 난해한 미술 사조의 특징은 물론 특정 화가의 그림 스타일에 관해서도 구체적으로 설명할 수 있습니다. 두 화가 또는 화풍의 비교 설명도 가능합니다. 예를 들어, 인상주의 사조에서 분화된 신인상주의와 후기 인상주의의 공통점과 차이점을 질문하면 챗GPT는 특징을 잘 분석한 답변을 다음과 같이 제시합니다. 세부 정보와 작가 명칭의 정확성은 다른 경로로 확인해야 하지만, 전체적으로 일목요연하게 정리한 답변을 토대로 미술 감상 수업을 준비할 수 있습니다.

신인상주의와 후기 인상주의의 비교 예시

 신인상주의와 후기 인상주의의 공통점과 차이점을 비교하여 설명해 주세요.

 신인상주의(Neo-Impressionism)와 후기 인상주의(Post-Impressionism)는 모두 19세기 후반의 미술 운동입니다. 둘 다 원래의 인상주의에서 발전한 형태로, 각기 독특한 방식으로 그 시대의 미술 패러다임을 변화시켰습니다. 다음은 이 두 운동의 공통점과 차이점에 대한 설명입니다:

공통점:

1. **인상주의로부터의 영향**: 두 운동 모두 원래의 인상주의에서 영향을 받았으며, 특히 빛과 색의 표현에 중점을 둔다는 점에서 공통점이 있습니다.

2. **전통에서의 탈피**: 두 운동 모두 전통적인 미술 형식과 규칙에서 벗어나려는 시도를 보여줍니다. 이는 색채, 형태, 그리고 구성에 있어서 참신한 접근법을 시도함으로써 드러납니다.

3. **실험적 접근**: 신인상주의와 후기 인상주의 모두 새로운 기법과 스타일의 실험을 중시하였습니다.

차이점:

1. **기법과 접근 방식:** 신인상주의는 '점묘법(Pointillism)'이라는 특정한 기법을 중심으로 합니다. 이 방식에서는 작은 색 점들을 화면에 배치하여 빛과 색의 조화를 표현합니다. 반면, 후기 인상주의는 다양한 개별적인 스타일과 기법으로 확장되었습니다.

2. **색의 사용:** 신인상주의는 과학적 접근을 통해 색의 조합을 탐구하였습니다. 반면, 후기 인상주의에서는 더욱 주관적이고 감정적인 색의 사용이 강조되었습니다.

3. **주제와 표현:** 후기 인상주의는 인상주의의 자연주의적 풍경에서 벗어나 인간의 내면, 정서, 그리고 현실에 대한 주관적 해석을 중시하였습니다.

4. **대표적인 화가:** 신인상주의의 대표적인 화가로는 조르주 쇠라(Georges Seurat)와 폴 시냐크(Paul Signac)가 있습니다. 후기 인상주의의 대표적인 화가로는 빈센트 반 고흐(Vincent Van Gogh), 폴 고갱(Paul Gauguin), 그리고 앙리 드 툴루즈 로트레크(Henri de Toulouse-Lautrec) 등이 있습니다.

요약하면, 신인상주의와 후기 인상주의는 둘 다 인상주의의 기본 원칙에서 발전하였지만, 각기 다른 방향과 중점을 둔 독특한 미술 운동입니다.

작가에 관한 질문이나 자료의 수집은 웹 검색을 통해서 충분히 준비할 수 있습니다. 그러나 어느 부분에서 강조점이나 특징을 찾아 교안을 구성하는 것이 적절할지 준비하는 과정에서 챗GPT를 활용하면 도움을 받을 수 있습니다. 예를 들어, 인상주의의 대표 작가인 모네^{Monet}에 관해 설명할 때 화풍의 특징을 챗GPT에 정리해달라고 요청하면 다음과 같이 체계적으로 정리해 줍니다.

인상주의 예시

 인상주의 회화 모네(Monet)의 화풍은 어떻게 설명할까요?

 인상주의 회화와 특히 클로드 모네(Claude Monet)의 화풍을 설명할 때 여러 특징과 기법을 들 수 있습니다:

1. **자연의 순간 포착:** 인상주의 화가들, 특히 모네는 특정 순간의 분위기와 빛을 포착

하려 노력했습니다. 그들은 자연의 변화하는 빛과 그 영(影)을 어떻게 화폭에 담을 것인지에 중점을 뒀습니다.

2. **빠른 터치와 두꺼운 붓질**: 모네의 작품에서는 종종 빠르고 두꺼운 붓질을 볼 수 있습니다. 이러한 기법은 자연의 순간적인 변화를 빠르게 포착하기 위한 것이었습니다.

3. **색채의 중요성**: 모네는 전통적인 색의 혼합보다는 순수한 색을 그대로 사용하여 그림의 생동감을 표현했습니다. 이를 통해 작품에 빛과 공기감을 부여하려 했습니다.

4. **모티브의 반복**: 모네는 동일한 모티브를 다양한 시간, 계절, 빛의 조건에서 여러 번 그려 냈습니다. 이러한 접근 방식을 통해 그는 빛과 시간의 변화에 따른 자연의 다양한 얼굴을 표현하려 했습니다.

5. **완성보다는 인상**: 인상주의의 이름 자체는 '인상'에서 유래되었으며, 이는 화가가 느낀 특정 순간의 인상을 중심으로 작품을 창작하려는 의도를 반영합니다. 따라서 작품은 완성도보다는 그 순간의 느낌과 분위기를 중시합니다.

6. **자연과 풍경 중심**: 모네와 다른 인상주의 화가들은 자연 풍경, 특히 연못, 정원, 강 등을 자주 그렸습니다.

7. **전통적인 형식과 구조의 해체**: 모네는 전통적인 회화의 형식과 구조를 해체하고, 대신 자신만의 독특한 방식으로 표현했습니다.

모네의 화풍과 인상주의는 19세기 후반 미술계에서 혁명적이었으며, 그의 작품과 이 움직임은 20세기 미술, 특히 초상화와 추상화로 발전하는 데 큰 영향을 미쳤습니다.

미술 수업에서 학생들의 창작과 표현만큼 감상 교육도 중요합니다. 일반적으로 감상 교육에서는 작품 이미지를 보여주고 설명하는 방식을 취하는데, 학생 수준에 따라 설명 내용도 바뀌어야 합니다. 특히, 어린 초등학생들에게 난해한 현대미술에 관해 설명하기란 경력이 많은 교사도 쉽지 않습니다. 이럴 때 챗GPT에 대상을 특정하여 설명 문구를 요청하면 적절한 답변을 얻을 수 있습니다. 예를 들어, 빈센트 반 고흐의 생애와 그림에 관해 초등학생 수준에서 설명을 요청하면 특징만 선별해 쉬운 문체로 설명 내용을 생성하여 제공합니다. 생성된 설명 내용의 사실 여부를 점검한 후 수업에서 활용하면 감상 교육 준비 과정이 한결 더 수월해질 것입니다.

초등학생 대상 감상 수업의 설명 내용 생성 예시

 빈센트 반 고흐의 생애와 작품의 특징을 초등학생에게 어떻게 쉽게 설명해 줄 수 있을까요?

 빈센트 반 고흐의 생애와 작품을 초등학생에게 설명할 때는 간결하게 그의 생애와 작품의 주요 특징에 집중하며, 쉽게 이해할 수 있는 언어와 비유를 사용하는 것이 좋습니다.

생애:

"반 고흐는 오랜 시간 동안 그림을 그리지 않았어. 그는 그림을 그리기 시작한 지 몇 년 안 돼서 세상을 떠났지만, 그 짧은 시간 동안 많은 멋진 그림을 그렸어. 그는 때때로 슬퍼서 병원에 있었어. 하지만 그의 그림은 지금도 많은 사람들에게 사랑받고 있어."

작품의 특징:

1. **색채:** "반 고흐는 그림에 밝은색을 많이 사용했어. 특히 노란색과 파란색을 아주 좋아했지. 그의 그림 속에서는 그 색들이 마치 빛처럼 빛나 보여."

2. **붓질:** "그는 그림을 그릴 때 풍선처럼 둥글게 부풀어 오른 붓질을 많이 사용했어. 그래서 그림을 가까이서 보면 마치 물결이 일렁이는 것 같아."

3. **주제:** "그는 자연과 사람들, 별이 빛나는 밤하늘 같은 것을 그렸어. 그리고 그는 그림 속에서 자신의 기분이나 생각을 표현하기도 했어."

이렇게 설명하면서, 그의 대표적인 작품 몇 개를 사진이나 그림으로 보여주면 더욱 효과적일 것입니다. 예를 들어, '별이 빛나는 밤'이나 '해바라기' 같은 작품을 보여주며 그림의 색깔과 붓질에 주목하게 하는 것이 좋습니다.

챗GPT를 활용하는 교육의 변화

챗GPT와 함께 진입한 인공지능 시대에는 새로운 세대를 위한 교육 정책도 변화해야 합니다.
미래 인재가 갖추어야 할 융합 능력에 더불어 창의적인 역량을 강화하는 방안을 고찰해 봅니다.

　　　　　　미래 세대를 길러내는 교육의 변화와 적응은 언제나 필요합니다. 시대의 변화와 기술의 발전에 따른 변화와 함께 미래의 가치를 앞서 설계하고 준비하는 노력이 선행되어야 합니다. 인터넷과 스마트 디바이스 기술의 보급은 업무 방식뿐만 아니라 교육 방식에도 큰 변화를 불러왔습니다. 현재 인공지능 기술 혁신도 교육 방식에 획기적인 변화를 요구하고 있습니다. 기존의 주입식 교육과 암기식 지식은 앞으로의 시대에 별달리 쓸모가 없어질 것입니다. 생성형 인공지능의 발전과 함께 인간의 창작 능력도 큰 폭으로 향상되어 창작형 인재가 융합형 인재를 대체할 것입니다. 챗GPT로 촉발된 교육의 변화와 미래에 관해 함께 고민해 보겠습니다.

아, 옛날이여! _ 암기식 또는 주입식 교육의 종말

인터넷 활용과 정보 교육의 필요성이 증가하던 시기로 볼 수 있는 2015 개정 교육과정에서도 학생들을 창의 융합형 인재로 육성한다는 교육 목표가 강조되었습니다. 일선 학교의 교육 프로그램에 정보 교육이 추가되었고, 미디어 리터러시 교육에 관련하여 뉴스와 정보를 얻고 비판적으로 분석하는 문제도 다루어졌습니다. 2022 개정 교육과정에서는 기존 정보 교육의 확대와 함께 인공지능 교육이 추가되었습니다. 초등학교 실과 과목에서도 정보 관련 단원에서 '인공지능이 만들어지는 과정을 체험하고, 인공지능이 사회에 미치는 영향을 탐색한다'라는 성취 기준이 마련되었습니다. 이 성취 기준은 '기계학습이 적용된 간단한 인공지능 도구의 체험을 통해 기계학습의 기본 원리를 이해하고 인공지능으로 인한 사회의 발전과 직업의 변화를 이해하여 인공지능이 사회에 미치는 영향을 탐색할 수 있어야 한다'라는 요구를 담고 있습니다. 문제는 짧은 실과 수업 시간에 컴퓨터 알고리즘 교육과 함께 인공지능 교육까지 포괄해야 한다는 점입니다. 어린이들이 학교 교과 수업에서 배우는 인공지능 관련 내용이 현실에 비해 매우 부족하고, 이마저도 인공지능이 기술의 발전과 사회의 변화에 크게 기여할 것이라는 원론적인 내용만 학생들에게 전달될 가능성이 큽니다.

그나마 다행인 점은 중학교 선택 과정에서 다루게 될 정보 교과의 인공지능 영역은 인공지능의 이해 → 인공지능과 학습 → 인공지능의 사회적 영향 → 인공지능 프로젝트 순서로 비교적 체계화된 내용을 제시한다는 점입니다. 2022 개정 교육과정에서 이처럼 인공지능 관련 내용을 대폭 반영한 것은 다행스럽지만, 교실에서 학생들이 얼마나 효과적으로 학습하고 스스로 성취할 수 있을지 일선 교사들의 고민은 깊어질 것입니다. 정보 교과를 담당하는 교사 먼저 인공지능 서비스의 발전을 따라잡아 가며 연구해야 하고, 새롭게 등장하는 혁신 기술에 선제적으로 대비해야 합니다.

인공지능과 로봇의 시대를 대비하면서 우리의 교육 현실에서 장애물로 다가오는 가장 큰 문제는 주입식 교육의 전통입니다. 수많은 교과 내용을 제한된 수업 시간에 가장 효율적인 방법으로 학생들에게 전달해야 하는 주입식 교육의 방식을 그대로 둔 채 인공지능과 로봇과 같은 새로운 기술을 가르치면 이것도 일방적인 지식의 전달에 그칠 뿐입니다. 아이들은 코딩을 배우러 전문 학원으로 향할 것이고, 학교에서 제공하는 원론적이고 윤리적인 지침은 현실의 변화를 따라가지 못하고 학생들의 기억에서 곧 잊힐 것입니다. 수많은 지식을 집약하여 전달하는 주입식 교육 방식은 현재의 현실에도 적합지 않은데, 인공지능이 더 확산될 미래에는 오히려 창의적 사고와 비판적 토의의 걸림돌로 작용할 가능성이 큽니다. 그래서 많은 전문가들은 더 늦기 전에 기존의 주입식 교육 방식을 버리고, 학생 스스로 탐색하며 토의를 통해 배우는 선진적인 교육 방식으로의 전환을 요구하고 있습니다. 물론 우리의 교육 현실에서는 도구적 교과목 중심의 지식을 다지선다형 문항으로 측정하는 대학입시 형식을 그대로 둔 채 다른 변화의 시도는 무의미하다는 비판도 많습니다. 현재의 교육 현장에서 가장 필요한 인식은, 이제 지식의 양보다는 지식 정보의 연결과 선택을 기반으로 창의적 표현이 중요시되는 시대로 바뀌었다는 현실의 변화입니다.

선생님, 준비되셨어요? _ 연결(Connecting)과 선별(Curation)을 위한 교육자의 역할

주입식 교육을 버리고 정보 기반 사회로의 변화를 교육 방식에 반영하려면 교사와 강사, 교수 등 교육자들이 먼저 바뀌어야 합니다. 이것은 쉴 새 없이 등장하고 소멸하는 새로운 정보 기술을 습득해야 한다는 의미가 아닙니다. 교육자^{Educator}의 역할이 지식의 전달자에서 지식의 중개자로 바뀌어야 한다는 뜻입니다. '중개자^{Mediator}'라는 개념이 교육자에 비해 낯설게 들릴 수도 있지만, 지식 전달자의 입장에서는 날마다 폭발적으로 증가하는 지식 정보의 양을 감당하기 어려운 것이 현실입니다. 이미 수많은 매스미디어와 포털, 웹사이트, 유튜브, SNS

등을 통해 새로운 정보가 넘쳐나고 있습니다. 따라서 지식 정보의 취득과 전달을 교육자가 담당할 필요가 없습니다. 그 대신에 교육자는 수많은 지식 정보를 선별하고 서로 연결하여 창의적으로 재생산 과정의 길잡이 역할을 담당해야 합니다. 정보의 홍수 시대에 필요한 지식 정보의 이해와 내재화는 학생 스스로도 충분히 성취할 수 있습니다. 어려운 개념과 맥락만 교육자가 보완해 준다면 지식의 체계화는 얼마든지 온라인 정보와 인공지능 서비스를 통해 도움을 받을 수 있습니다.

교육자의 입장에서 챗GPT를 활용하는 교육 프로그램의 개발 또는 전환은 필수 요소가 될 것입니다. 2023년 3월 국내의 여러 대학에서는 챗GPT를 대학생들이 사용하도록 허용할지 아니면 일종의 표절 행위로 간주하고 금지할지 논란이 많았습니다. 수업에서 챗GPT 활용을 금지해도 된다는 주장은 순식간에 제안서를 만들고, 발표 슬라이드 개요를 생성하거나 보고서를 작성하는 인공지능의 성능에 두려움을 느낀 결과였습니다. 이것은 1990년대 말 수업 과제에 인터넷 활용을 금지한 근시안적 분위기를 다시 떠올리게 합니다. 그 얼마 후 인터넷을 통하지 않고는 강의계획서의 게시와 성적 입력이 불가능한 정보사회로의 변화를 전혀 예상하지 못한 당시의 교육자들은 새로운 온라인 시스템의 등장과 정보 기술의 도입에 계속 곤란을 겪었을 것입니다. 2023년 서울시교육청에서 발간한 〈생성형 AI 교육자료〉를 비롯하여 국가정보원과 교육부의 가이드라인도 제시되었습니다. 더 다양하고 효과적인 활용 사례가 공유되어 교육자의 역할이 지식의 전달자를 넘어서 중개자이자 선별자Curator로 변화하는 계기가 되어야 할 것입니다.

현재의 생성형 인공지능 서비스를 과거 인터넷 도입에 비교하는 언급이 많습니다. 지금 당장은 챗GPT를 금지할 수 있겠지만, 모든 기업과 사회 현장에서 활용하는 날이 다가오면 학교 교육이 그 변화의 추세를 따라가기에는 이미 늦을 것입니다. 그리고 그보다 빠른 주기로 새로운 정보 기술과 에듀테크 기법이 등장하고 도입될 것입니다. 따라서 교육자는 새로운 도구를 학생들이 효율적으로 잘 사용하도록 독려하면서 새로운 지식 정보와 디지털 도구를 통해 학생들이 어떻게 창의적인 결과를 산출하는 데에 도움을 줄 수 있을지 관심을 가져야 합니다. 앞으로 학교의 교육자는 학생들에게 지식을 전달하고 암기하도록 강제하기보다는 지식의 연결을 통해 문제를 발견하도록 유도하고 대안의 선별을 통해 창의적인 해결책을 도출할 수 있도록 방향을 제시할 수 있어야 합니다. 그런 창조적인 교육 과정에서 스스로 성취를 형성한 학생들이 미래의 인재로 사회에 진출할 수 있기 때문입니다.

미래의 인재는 누구? _ 융합형을 넘어서는 창작형 인재 양성

인공지능의 시대에는 학생도 과거의 기준에 따라 분류된 지식을 이해하고 기억하는 능력을 시험하는 방식에서 벗어나 창의적인 인재로 변화해야 합니다. 교과융합 기반의 창의적인 인재상은 이미 2015 개정 교육과정에서도 강조된 방향입니다. 기존의 방대한 지식 정보를 토대로 그럴듯한 콘텐츠를 척척 생성해 내는 인공지능 서비스와 공존하면서 경쟁하려면 미래 인재에게 절대적으로 필요한 능력은 바로 창의성입니다. 인공지능의 창의성은 기존에 인간이 성취한 범위를 벗어나지 못합니다. 생성형 언어 모델도 가장 대표적인 키워드를 중심으로 문장을 형성하기 때문에 겉보기에는 그럴듯하지만, 생성된 결과에는 상투적인 표현도 많고 구태의연한 내용이 대부분입니다. 모두 인간이 이제까지 생산한 지식과 정보의 편집본에 불과합니다. 인공지능에는 비판적인 문제의식을 바탕으로 새로운 아이디어를 제시하는 창의적인 능력은 결여되어 있습니다. 챗GPT를 집중적으로 활용해 보면 생성형 인공지능 모델의 한계를 간파할 수 있습니다.

지식 정보의 능력치에서는 인공지능 모델과 경쟁해야 하고, 신체 활동의 범위에서는 로봇과 비교당할 가능성이 큰 미래의 인재는 어떤 능력을 갖춰야 생존할 수 있을까요? 물론 지식의 이해와 습득, 신체 건강의 확보는 무슨 일이든지 당연히 필요합니다. 새로운 시대에 대비하고자 고민할 때는 앞으로 차별화된 경쟁력이 무엇이 될지 합리적으로 전망해야 합니다. 인공지능 로봇과 공존해야 할 미래의 인재는 현재의 교육과정에서 성취할 목표에 더불어 창의적인 경쟁력을 갖추어야 합니다. 현재의 학생은 스스로 성취한 지식 정보의 이해를 바탕으로 '문제의 분석 → 대안의 적용 → 창조적 결과 산출 → 평가를 통한 보완' 단계로 이어지는 창의적 문제해결 능력을 체득해야 합니다. 창의적이고 창조적인 인재는 인공지능이나 로봇에게 대체될 수 없기 때문입니다. 챗GPT와 같은 인공지능 모델은 그런 창의적인 활동을 돕는 도구로 정착될 것입니다.

챗GPT는 생성형 인공지능^{Creative AI} 시대에 필요한 인재는 결국 다양한 분야의 이해와 창조적 역량을 가진 사람들이 될 것이라며, 다음과 같은 성취 역량을 제시했습니다.

1 **기술적 역량**: 인공지능, 특히 생성형 인공지능과 관련된 최신 기술에 대한 이해는 필수입니다. 딥러닝, 머신러닝, 알고리즘 등의 기본 원리와 도구를 활용할 수 있는 능력이 중요합니다.

2 **창의력**: 생성형 인공지능은 자체적으로 창작할 수 있지만, 이를 어떻게 응용하고, 어떤 새로운 방향으로 발전시킬지 결정하는 데는 인간의 창의력이 필요합니다.

3 **융합적 사고**: 인공지능은 다양한 분야에서 활용됩니다. 따라서 특정 분야의 전문성뿐만 아니라 여러 분야에 대한 폭넓은 지식과 이해가 필요합니다.

4 **윤리적 판단력**: 인공지능의 창작물이나 결정에는 윤리적인 측면이 항상 수반됩니다. 인공지능의 활용과 결과에 대한 책임감과 윤리적 판단력을 가진 인재가 필요합니다.

5 **지속적 학습**: 인공지능과 정보 분야는 빠르게 발전하고 변화하므로, 지속적으로 학습하고 업데이트할 수 있는 역량이 중요합니다.

6 **소통 및 협업 능력**: 인공지능 시대의 프로젝트는 대개 다양한 전문가들과의 협업을 필요로 합니다. 따라서 다른 전문가나 팀원과의 원활한 소통과 협업 능력이 필요합니다.

7 **문제 해결 능력**: 생성형 인공지능의 출력물이나 결과에 문제가 발생할 수도 있습니다. 이러한 문제를 신속하고 효과적으로 해결할 수 있는 능력도 중요합니다.

생성형 인공지능 시대에 필요한 인재는 우선적으로 변화하는 기술에 대응하는 능력을 바탕으로 창의력과 융합적 사고 역량을 갖춘 사람이 될 것입니다. 이러한 개인적 역량을 바탕으로 토의와 협업을 할 수 있는 소통 능력과 함께 윤리적 판단력 등과 같은 사회적 역량을 배양한 사람이 인재로 인정받을 것입니다. 이 과정에서 챗GPT는 지속적으로 변화와 발전을 추구하는 사람들에게 유용한 인공지능 도구가 될 것입니다.

10110010
01010100

PART

3

챗GPT, 코딩에 활용하기

거대 언어 모델 인공지능 서비스인 챗GPT는 막대한 분량의 텍스트 자료를 학습한 것으로 알려졌습니다. 학습에 쓰인 텍스트에는 마이크로소프트에서 운영하는 깃허브(GitHub)의 소스 코드 자료도 포함되어 챗GPT는 다양한 언어의 컴퓨터 코딩에 능숙합니다. IT 전문가들은 챗GPT가 초보 개발자의 역할 정도는 충분히 대체할 수 있다고 평가합니다. 인공지능과 함께 살게 되는 새로운 환경에서 이제 코딩을 모르고서는 제대로 공부하고 일하기 어려운 추세로 나아가고 있습니다. 어렵고 막연한 코딩 공부를 만능 비서 챗GPT와 함께 시작해 보겠습니다.

코딩의 기본 다지기

코딩 교육이 필수인 시대, 코딩의 기본 개념부터 코딩 언어별 특성까지 살펴보고
챗GPT를 코딩 학습의 보조교사로 활용하는 방법을 안내합니다.

코딩은 컴퓨터가 일을 처리하기 쉽게 작성된 언어체계로 명령을
작성하는 일입니다. 명령 코드는 인간의 자연스러운 언어가 아니라 암호화된 처
리 목록처럼 보이는데, 컴퓨터가 작동하는 프로그램을 짠다고 해서 프로그래밍
이라고도 부릅니다. 인간의 언어가 자연스럽게 여러 종류로 파생된 것처럼 프로
그래밍 언어도 수십 년의 역사 동안 다양하게 분화하였고 더 간편하게 쓸 수 있
도록 개량되고 있습니다. 코딩의 기본 개념을 다지고 프로그래밍 언어의 문법을
이해하는 것은 정보화 사회에서 인공지능과 함께 살아갈 미래 세대에게 꼭 필요
한 생존 조건입니다.

일단 알고 시작하자 _ 코딩의 개념

코딩^{Coding}이란 코드^{Code}를 작성한다는 뜻입니다. 코드라는 단어
는 겉으로 쉽게 알 수 없는 부호나 암호, 또는 숫자 같은 것을 의미합니다. 그러

니까 코딩이란 말은 글자 뜻 그대로 보면 남들이 알 수 없는 암호로 기록하는 일이겠죠. 물론 암호를 받는 사람은 해독할 수 있을 것입니다. 컴퓨터 프로그램을 작성하는 일도 코딩입니다. 보통의 글과 달리 컴퓨터가 이해하는 일종의 암호와 부호로 써 내려가는 일이기 때문입니다. 그래서 코딩을 배운 적이 없는 사람은 단순한 명령 코드를 아무리 들여다봐도 그 뜻과 결과를 알 수 없습니다. 물론 프로그래밍 언어도 종류가 다양하고 문법과 표현이 서로 달라서 하나의 코딩 언어에만 익숙한 사람은 다른 언어를 쉽게 해독할 수 없는 경우도 있습니다.

앞에서 챗GPT가 엄청난 분량의 언어 자료를 학습한 거대 언어 모델 기반의 인공지능 서비스라고 정의했습니다. 챗GPT가 학습한 자료는 대부분 인간의 언어로 기록된 텍스트 자료들입니다. 컴퓨터 언어와 같은 '인공어$^{Artificial\ Language}$'에 대비하여 인간의 언어를 '자연어$^{Natural\ Language}$'로 구분합니다. 그런데 프로그래밍 언어도 컴퓨터가 저절로 알아듣고 이해하지는 못합니다. 대부분의 프로그래밍 코드는 컴퓨터가 이해하는 '기계어$^{Machine\ Language}$'로 번역되는 '컴파일^{Compile}'이라는 과정을 거쳐서 컴퓨터의 중앙 연산 처리 장치^{CPU}에 명령이 전달됩니다. 그러면 처음부터 코드를 기계어로 작성하면 되지, 왜 다시 한번 컴파일러^{Compiler} 번역을 거칠까요? 인간이 이해하는 자연어도 아닌 코딩 언어로 작성하고도 또다시 기계어로 바꿔야 한다니 비효율적이라고 생각할 수 있습니다. 컴퓨터가 곧바로 이해하는 기계어는 0과 1의 이진수 체계로 구성되어 인간이 다루기에는 너무 복잡하고 원시적이기 때문입니다. 그렇다고 영어나 한국어 같은 자연어로 명령하면 간단한 일이라도 컴퓨터는 인간 언어의 뉘앙스와 맥락을 해석하기 어려워서 엉뚱한 결과를 내놓게 될 것입니다. 그러니까 코딩 언어는 인간과 컴퓨터를 연결해 주는 중간 단계의 인공어인 셈입니다.

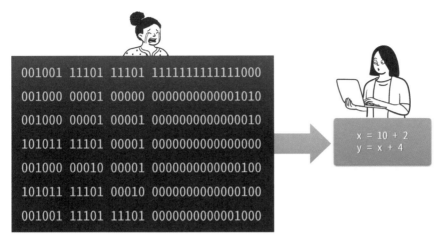

▲ 기계어인 바이너리 코드와 파이썬 코드의 간단한 계산식 분량 비교

상상을 초월하는 상상력 _ 프로그래밍 언어의 세계

난해하고 복잡해 보이지만 아직도 2진수나 16진수의 바이너리 코드를 사용하는 경우도 있습니다. 0과 1의 비트 코드보다 조금 더 발전한 어셈블리 Assembly 언어도 기계어에 가깝습니다. 어셈블리 언어는 한 줄에 하나의 명령을 처리하는 방식이라 복잡하고 지능적인 프로그램의 코딩에는 적합하지 않습니다. 이렇게 원시적인 차원, 즉 저수준 Low Level 의 기계어는 컴퓨터의 중앙 연산 장치 CPU 를 직접 개발하거나 회로 칩을 제작하는 분야에서 아직도 사용하고 있습니다. 컴퓨터 하드웨어의 개발과 제작에는 직접적인 명령과 작동 여부가 중요하기 때문입니다. 기계어는 컴퓨터 시스템을 직접 제어하고자 하는 해커들도 사용합니다. 해커들은 일반적으로 많이 쓰이는 응용 프로그램, 즉 고수준 High Level 언어로 작성된 프로그램들 사이에 숨은 코드를 집어넣어 컴퓨터의 명령 권한을 탈취하거나 보안 자료를 획득하기 위해서 하드웨어에 직접 작동하도록 기계어로 작업하는 경우가 많습니다.

어셈블리보다는 진화했지만 가장 대표적이면서 고전적인 프로그래밍 언어는 C입니다. C 언어는 1972년 미국의 벨 연구소 Bell Labs 에서 데니스 리치 Dennis M. Ritchie 가 개발한 범용 언어인데, 이전의 B 언어에서 발전한 것으로 1980년대부터 가장 널리 사용되었습니다. C 언어는 비교적 간단한 문법과 활용 범위를 가졌지만, 성능이 우수해서 이전의 다른 언어들을 폭넓게 대체하게 되었습니다. 당시 컴퓨터 운영체제와 프로그램들 대부분이 C 언어로 개발되었습니다. 그러나 2010년 무렵부터는 스마트폰과 웹, 소셜 미디어가 발전하면서 컴퓨터 하드웨어를 다루지 않는 분야에서는 점차 자바Java, 파이썬Python, 스위프트Swift 등과 같은 새로운 언어로 대체되기 시작했습니다. 그렇지만 아직도 컴퓨터 운영체제를 비롯하여 응용 프로그램과 마이크로 컨트롤러, 데이터베이스 등의 분야에서는 C 언어를 계속 사용하고 있습니다.

직접 컴퓨터 하드웨어를 제어하지 않는 용도에는 C 언어 대신 파이썬이나 자바 스크립트와 같은 '인터프리터Interpreter 언어'를 더 많이 사용합니다. 원래 인터프리터는 번역가 또는 통역사를 의미하는데, 문장을 번역하듯이 소스 코드를 한 줄씩 기계어로 번역하여 실행합니다. 다른 프로그래밍 언어에서는 전체 코딩 결과를 한 번에 실행 프로그램으로 변환할 때 컴파일러를 거칩니다. 평소 작업에는 필요 없는 컴파일러 대신 인터프리터를 사용하면 프로그램을 더 가볍게 만들 수 있습니다. 인터프리터 언어는 프로그램 코드를 한 줄씩 번역하여 필요한 만큼 실행하는 방식이라 속도가 느린 편이지만, 코드의 수정과 보완이 간편하고 개발 시간이 단축되는 장점이 큽니다. 인터프리터 언어 유형 중에서 가장 대표적인 파이썬은, 1989년 네덜란드의 개발자 귀도 반 로섬Guido Van Rossum이 개발한 객체 지향 언어Object Oriented Language입니다. 기존의 코딩 언어에 비교해서 문법이 간단하고 코드도 단순하여 배우기 쉽고 생산성도 높은 편입니다. 파이썬은 다른 객체지향 언어인 자바나 C#에 비교해서도 다루기 쉽고 개발 속도가 빠르기 때문에 전 세계 학교의 코딩 수업에서 가장 많이 활용되고 있습니다.

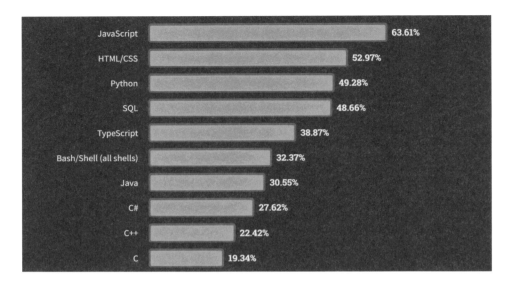

▲ 2023년 기준 전 세계 개발자들이 주로 사용하는 코딩 언어 점유율 순위
　(출처: https://stackoverflow.blog)

선택이 아닌 필수 _ 코딩 교육의 필요성

　　　　　코딩은 컴퓨터와 같은 지능형 기계장치를 직접 다루는 방법입니다. 코딩의 다른 말인 프로그래밍은 '사용자의 입력과 같은 데이터를 컴퓨터에 입력해서 계산을 통해 의도한 결과를 출력하는 일'이라고 정의할 수 있습니다. 일선 학교에 컴퓨터가 도입되기 시작한 1990년대에는 코딩이 특정 직업군을 위한 전문 교육에 필요한 특수한 일이었습니다. 그러나 2010년대부터 스마트폰과 지능형 자동차 등이 대중화되고, 세탁기와 청소기 같은 가전제품에도 컴퓨터 인공지능 기능이 포함되면서 일상과 교육의 많은 부분이 컴퓨터 시스템에 연결되고 있습니다. 컴퓨터 기술은 눈에 보이지 않는 네트워크와 서버 영역은 물론 무선 통신과 인공위성 같은 우주 영역까지 온 세상을 아우르는 지능형 시스템으로 정착하면서 동시에 서로 연결되고 있습니다. 그래서 챗GPT로 대표되는 인공지능 서비스까지 누구나 손안의 스마트폰으로 상호 작용하면서 모든 것이 컴퓨터 네트워크에

연결된 세상을 체험하는 중입니다. 이런 컴퓨터 세상에서는 당연히 컴퓨터를 프로그래밍하는 일, 즉 코딩에 능숙한 사람만이 전문가로 성장할 수 있습니다.

이렇게 빠른 기술 변화를 따라가기에 교육 과정의 대응은 매우 느린 편입니다. 아무래도 정규 교육은 이미 학술적으로 검증되고 학생들에게 안전한 내용만을 지도해야 한다는 원칙 때문에 재빠르게 변화에 대응할 수 없습니다. 기술의 추세를 따라잡기에는 늦었지만, 2015 개정 교육과정부터 학교에 코딩 교육과 인공지능 교육이 일부분 도입되어 어린 학생들이 교실에서 코딩을 배우는 기회가 열렸습니다. 새로운 2022 개정 교육 과정에서는 디지털 미디어 교육 내용이 더 증가하지만, 미래 세대의 컴퓨팅 역량을 키워주기에는 아직도 부족할 뿐입니다. 그래서 많은 학생이 사교육이나 온라인 교육 프로그램을 통해서 코딩을 배우고 있는데, 비용도 많이 들뿐더러 입시에 관련이 없으면 오래 계속하기 어려운 형편입니다. 대학 과정에서도 컴퓨터 코딩 교육은 크게 부족해서 인문계열 학생들이 취업을 위해 추가로 코딩을 배운다는 뉴스를 자주 접합니다. 어린 초등학생부터 대학원생까지 학교급을 가릴 것 없이 코딩 교육이 부족한 현실에 머무르고 있습니다.

그런데 코딩 교육은 왜 필요할까요? 단지 교육과 업무가 컴퓨터로 연결되는 환경에 적응하기 위해서 코딩이 필요한 것은 아닙니다. 일상에서 컴퓨터나 스마트 장치를 활용하기 위해서는 사용법만 익히면 되지 코딩까지는 필요 없기 때문입니다. 그런데도 모든 사람이 코딩을 배우고 실력을 키우려는 이유가 있습니다. 우선 코딩 교육은 컴퓨터와 스마트 장치를 이용만 하는 소비자에서 시스템을 이해하고 문제를 해결할 수 있는 능력자로 성장시켜 주기 때문입니다. 코딩 능력을 갖추면 창의적인 아이디어를 컴퓨터 시스템에 직접 구현할 수 있는 창작자이면서 개발자로 변모할 수 있습니다. 앞으로 등장할 새로운 인공지능 서비스와 로봇 장치들도 컴퓨터 기술에 기반을 두고 있기 때문에 코딩 능력은 미래의 신기술에 적응할 수 있는 잠재력도 만들어 줍니다. 더 근본적으로 코딩은 논리적이고 계산적인 일의 흐름을 만들어 내는 과정이기 때문에 체계적인 사고와 업무 능력을 향상시키는 바탕이 됩니다. 그래서 코딩은 국어나 영어처럼 필수적인 언어이고, 코딩 교육 없이는 미래의 발전도 없다고 단언할 수 있습니다.

최고의 선생님 _ 챗GPT에게 코딩 배우기

학교의 정보 관련 과목에서 코딩 단원의 수업 내용을 보면 부족한 시간 안에 수많은 정보 지식을 넣어주고자 주입식으로 편성된 것을 알게 됩니다. 그래서 학생들은 부족한 코딩 학습의 기회를 사교육이나 온라인 강좌, 친구들의 경험 등에서 보충합니다. 초등학교 과정에서 스크래치^{Scratch}나 엔트리^{Entry}처럼 시각화된 환경의 블록^{Block} 코딩을 열심히 배우다가 텍스트 기반의 코딩 환경으로 넘어가면 적응에 어려움을 겪기도 합니다. 코딩 학습의 대부분은 예제를 따라 만들고 각자 창의적으로 응용하는 과제 수행의 방식인데, 학습 중에 문제가 발생했을 때 곧바로 문의하고 답을 구할 기회도 흔치 않습니다. 코딩도 글쓰기처럼 완벽한 정답은 없기 때문에 스스로 연습하고 탐구하면서 꾸준히 실력을 늘려야 합니다.

코딩 학습 과정에서 친절하고 해박한 선생님이 늘 옆에 대기하고 있다면 얼마나 이상적일까요? 챗GPT가 나만의 코딩 선생님으로 도와줄 수 있습니다. 챗GPT는 현존하는 거의 모든 프로그래밍 언어를 풍부하게 학습해서 어떤 코딩 언어든, 어떤 문제이든 질문하면 막힘없이 곧바로 답변해 줍니다. 챗GPT 때문에 초보 프로그래머들은 직장을 잃게 생겼다는 말도 나올 정도로 뛰어난 능력을 자랑하기도 합니다. 흔히 대졸 초보 개발자 정도의 능력이 있다는 평가를 받고 있지만, 생성형 언어 모델 기반이기 때문에 코딩에서도 가끔 이유를 알 수 없는 명령이나 문구가 끼어들기도 합니다. 사용자가 이러한 문제점을 발견해서 지적하면 챗GPT는 즉시 예의 바르게 사과하고 개선된 답안을 내놓습니다. 어떠한 요구에도 답변해 주려 애쓰니 무척 대견해 보입니다. 챗GPT는 다양한 코딩 언어를 사용자가 원하는 수준에 맞추어 짜증 내지 않고 친절한 설명과 함께 잘 가르쳐 줄 수 있습니다. 코딩에 관해서는 최고의 선생님이 되어줄 것입니다. 물론 코드의 완성을 위해 문제를 수정하고 다듬는 일은 사용자의 몫입니다.

웹 코딩 학습하기

02

웹브라우저에서 작동하는 웹 코딩을 통해 코딩 학습을 위한 워밍업을 시작합니다. HTML과
CSS 학습과 반응형 웹페이지 구현에 챗GPT의 도움을 받는 사례를 예시로 살펴보겠습니다.

챗GPT와 함께 본격적인 코딩을 학습하기 전에 준비 과정으로
웹 코딩^{Web Coding} 언어, 즉 HTML과 자바스크립트^{JavaScript} 등을 간략히 학습해 보겠
습니다. HTML^{Hyper-Text Mark-up Language}은 정식 프로그래밍 언어가 아닌 마크업 언어로
웹사이트 모습을 기술하는 용도로 쓰입니다. 크롬^{Chrome}이나 엣지^{Edge} 같은 웹브라
우저 화면에 보이는 콘텐츠와 링크 등을 시각적으로 표시하고 작동을 지시하는
역할을 담당합니다. 그러나 앞서 소개한 전 세계 프로그래밍 언어 점유율 순위
표에서 보듯 웹 코딩을 위한 자바스크립트와 HTML, CSS가 가장 높은 순위를
점유하고 있습니다. 그만큼 웹 개발자들과 디자이너들이 많고, 웹사이트와 SNS
처럼 온라인 콘텐츠 플랫폼이 대세라는 증거입니다. 챗GPT는 HTML과 자바스
크립트 같은 웹 코딩 언어에 능숙하고, 관련된 질문에도 신속하게 답변합니다.

알고 시작하자 _ 웹페이지 구성 알아보기

웹 코딩을 준비하기 위해서는 먼저 웹페이지의 구성과 배치를 알아야 합니다. 보통의 웹페이지는 가장 위쪽에 헤더^{Header}를 두고, 가장 아래쪽에 는 푸터^{Footer}가 있고, 그 사이에 콘텐츠를 배치합니다. 사람의 머리, 몸, 발에 해 당하는 용어로 웹페이지의 영역을 구분하는 것입니다. 대체로 헤더 부분에는 웹 페이지의 제목과 로고 이미지, 내비게이션 메뉴 등을 배치하고, 아래 푸터 부분 에는 웹사이트의 정보와 저작권 고지, 연락처 등을 둡니다. 페이지 본문에 해당 하는 가운데 부분에 주요 콘텐츠와 텍스트를 배치해 필요한 정보를 전달합니다. 이같은 웹페이지의 구성과 배치는 일반적인 방식이며, 필요에 따라 달리 배열할 수도 있습니다.

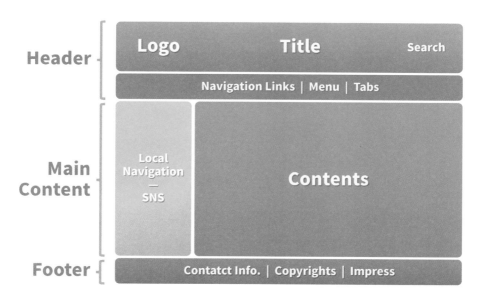

▲ 일반적인 웹페이지의 구성 배치도

웹페이지의 시각적이고 기능적인 내용을 결정하는 HTML 코드도 웹페이지의 구성과 배치를 따라갑니다. 가장 먼저 〈html〉이라는 말로 현재의 코드 전체가

HTML 언어라는 선언을 하고, 〈head〉 다음에 헤더에 해당하는 요소들을 제시하며, 〈body〉 이후에 메인 콘텐츠들을 작성하고, 마지막 〈footer〉 다음에 웹사이트의 정보와 저작권 등을 표시합니다. 각각의 구성 요소가 끝나면 마지막에 〈/body〉 또는 〈/html〉과 같이 슬래시 부호와 구성 명칭으로 각 영역을 닫아줍니다. 〈head〉의 하위 구성 요소로 웹페이지의 제목을 지정하는 〈title〉, 〈body〉의 구성 요소로는 단락을 나누는 〈p〉, 줄을 바꾸는 〈br〉 등 많은 종류가 있는데, 컬러나 폰트를 지정하는 명령어도 별도로 있습니다. 그 밖에도 하이퍼링크와 내비게이션에 관련된 기능적 요소도 코드에 포함됩니다. HTML 5 버전이 발표되면서 수많은 멀티미디어 기능과 이미지 인터랙션 등 고난도 요소를 추가 프로그램 없이 자체 코드 안에서 구현하는 방향으로 고착화되고 있습니다. 간단한 글부터 영상과 인터랙션 요소가 넘치는 반응형 웹페이지까지 HTML 코드로 구현할 수 있습니다.

챗GPT에게 설명하자 _ 내가 원하는 웹페이지

챗GPT를 코딩 선생님이자 유능한 조수로 활용하여 웹 코딩을 시작해 보겠습니다. 코딩에서 챗GPT를 활용할 때 가장 중요한 점은 예상하는 결과를 명확하고 상세하게 설명하는 글을 프롬프트에 작성하는 일입니다. 그러기 위해서는 내가 만들 웹페이지의 완성 결과를 머릿속에 그려봐야겠죠. 물론 웹 코딩 초보자는 웹페이지를 어디서부터 어떻게 만들어야 하는지 모르는 경우가 많습니다. 일단 가장 자주 방문하거나 마음에 드는 웹사이트를 찾아 그 외형과 기능을 면밀히 살펴볼 필요가 있습니다. 헤더 부분에는 어떤 이미지와 정보가 있는지, 본문은 1단으로 구성했는지, 아니면 여러 단으로 촘촘하게 채웠는지 구분해 보면 각자의 특징을 하나씩 파악할 수 있습니다.

화면에 구현하고자 하는 웹페이지의 얼개가 머릿속에 잡혔다면, 대략적인 스케치나 와이어프레임^{Wireframe} 형식으로 웹페이지를 시각화하여 구성과 계획을 마련해야 합니다. 웹페이지에 들어갈 이미지와 미디어 요소도 사전에 준비해 두면 콘텐츠 구성에 도움이 됩니다. 계획이 어느 정도 잡히면 챗GPT에게 코드로 구현할 내용을 설명합니다. 한 번에 모든 웹페이지를 만들고자 하면 복잡해지니까 우선 필요한 기능이나 디자인을 요청하면서 구성 요소를 하나씩 구현해서 나갑니다. 웹 코딩 경험이 없어도 챗GPT의 도움을 받아 사용자는 웹페이지의 내비게이션 구조 설정, 콘텐츠 구성, 폼 입력 기능 적용, 그리고 반응형 디자인을 적용하여 쉽고 효과적으로 웹페이지를 제작할 수 있습니다.

표 1. 웹 코딩에서 챗GPT로부터 받을 수 있는 도움

웹 코딩 업무	내용
웹페이지 내비게이션 및 구조 설계	챗GPT는 홈페이지의 내비게이션 메뉴와 구조에 대한 조언을 제공할 수 있습니다. 사용자 경험을 고려한 효율적인 내비게이션 설계와 페이지 구조를 구성하는 방법을 안내할 수 있습니다.
페이지별 콘텐츠 구성	챗GPT는 각 페이지의 콘텐츠 구성에 대한 아이디어와 조언을 제공하여 사용자가 페이지별로 적절하고 매력적인 콘텐츠를 구성할 수 있도록 도와줍니다.
추가 기능 적용	챗GPT는 웹페이지에 추가 기능을 적용하는 방법에 대한 지침을 제공할 수 있습니다. 예를 들어, 사용자 인터랙션, 동적 요소, 영상 삽입 등과 같은 기능을 구현하는 방법에 대해 도움을 줄 수 있습니다.
반응형 웹디자인 적용	챗GPT는 반응형 웹디자인에 대한 가이드를 제공하여 다양한 디바이스에 대응하는 웹페이지를 구현하는 데 도움을 줄 수 있습니다. 화면 크기에 따라 자동으로 조정되는 레이아웃과 스타일을 구현하는 방법을 안내해 줍니다.

▲ 웹페이지 설계를 위한 와이어프레임 작업 예시(출처: https://www.pexels.com/ko-kr/photo/196644/)

챗GPT와 함께 웹 코딩 첫걸음 _ 간단한 그림과 글자 표현하기

　　　　　본격적인 웹페이지를 만들기 전에 HTML 코드가 어떻게 작동하는지 알아보기 위하여 간단한 코드를 작성해 보겠습니다. 다른 프로그래밍 언어와 달리 마크업 언어인 HTML은 기본적으로 웹페이지의 레이아웃과 구성 요소를 지정하는 내용으로 코드를 작성합니다. 챗GPT는 HTML 코딩 문법에도 능숙하기 때문에 원하는 페이지 구성을 구체적인 말로 설명하면 됩니다. 일단, 가장 간단하게 글자와 그림으로 구성된 페이지를 준비해 보겠습니다. 예를 들어, 챗GPT에 "HTML 코드로 파란색 하늘에 오렌지색 둥근 태양이 떠 있는 그림을 만들고, 그림 아래에 검은색 한글로 '나의 태양'이라고 써줘."라고 요청합니다. 이 프롬프트에는 HTML 코드라는 코딩 언어 유형을 명시했고, 그림에 대한 묘사와 문자 표시에 관한 조건이 레이아웃 요소와 함께 정확하게 제시되어 있습니다.

사용자의 요청을 받으면 챗GPT는 검은 상자 안에 컬러로 구성 요소를 구분한 코드를 작성하기 시작합니다. 챗GPT가 생성한 코드를 클립보드로 복사하고, 메모장 프로그램을 열어서 붙여 넣습니다. 메모장에 복사한 코드의 파일명을 'Sun.html'로 저장하고, 크롬과 같은 웹브라우저에서 엽니다. 챗GPT에 요청한 내용과 코드의 생성 결과가 일치하는지 검토합니다. 만약 코드 생성을 위한 요청 내용에 불명확한 표현이 들어가 있다면 결과는 전혀 달라질 것입니다. 그럴 때는 요청 문구를 정확하게 다듬어서 다시 제시하면 생성 결과가 의도에 맞게 나올 것입니다. 챗GPT에 동일한 내용의 요청을 반복하면 그때마다 조금씩 다른 코드를 생성합니다. 동일한 요청에 따른 결과지만 달라진 코드의 차이를 살펴보는 것도 공부가 됩니다. 코드 중에서 크기나 컬러를 지정하는 값은 바꾸기 쉽고, 그 결과의 차이도 눈에 보여서 코딩 초보는 코드 중에서 변숫값의 변경부터 시작하면 입문하기 편합니다.

```html
<!DOCTYPE html>
<html>
<head>
  <title>나의 태양</title>
  <style>
    body {
      background-color: skyblue;
    }
    .sun {
      width: 200px;
      height: 200px;
      background-color: orange;
      border-radius: 50%;
      margin: 50px auto;
    }
    h1 {
      font-family: Arial, sans-serif;
      color: black;
      text-align: center;
    }
  </style>
</head>
<body>
  <div class="sun"></div>
  <h1>나의 태양</h1>
</body>
</html>
```

코드 복사

▲ 챗GPT가 생성한 HTML 코드를 웹브라우저에서 실행한 결과

▲ 노란 태양을 그리고 글자를 표시하는 웹페이지의 HTML 코드 생성 예시

본격적으로 웹 코딩을 시작하자 _ 웹페이지 내비게이션 및 구조 설정하기

간단하지만 본격적인 웹페이지를 설계하고 제작할 때는 순수한 HTML 코드 외에 스타일을 지정하는 CSS 코드와 자바스크립트도 필요합니다. 지금은 전체 웹페이지 설정을 복잡하게 구성하지 않고 한 번의 스크롤로 전체 페이지를 열 수 있는 원 페이지로 설정해 보겠습니다. 웹페이지는 상단에 메뉴가 있고, 링크로 연결되는 4개의 페이지로 웹사이트를 구축하는 예시를 챗GPT와 만들어 보겠습니다. 챗GPT에게 설계한 웹페이지의 시각적 구조와 함께 용도와 콘텐츠를 설명하고, 필요한 코딩 방식을 제시합니다. 챗GPT는 사용자의 요청에 따라 원 페이지 스크롤 형식의 포트폴리오 웹사이트를 구조와 메뉴를 생성하여 제작해 줄 수 있습니다. 사용자의 요청 내용에 따라 서로 다른 코드가 생성될 수 있으며 HTML, CSS, 자바스크립트 등을 함께 사용하도록 요청하면 용도에 맞게 결과를 출력합니다.

3개의 페이지로 구성된 포트폴리오 사이트 구성을 위한 코드 생성 예시

 모션그래픽 디자이너를 준비하는 대학생이고 1년 동안 일한 경험이 있습니다. 간단한 원 페이지 스크롤 포트폴리오 웹사이트를 만들고 싶습니다. HTML, CSS, JavaScript를 사용하는 코드를 작성해 주세요.

 당신의 모션그래픽 디자이너 포트폴리오 웹사이트를 위한 간단한 원 페이지 스크롤 웹사이트를 만들어 보겠습니다. 다음은 HTML, TailwindCSS, 그리고 JavaScript를 사용한 코드 예시입니다. 이 코드를 사용하여 시작해 보세요.

```
<!DOCTYPE html>
<html lang="en">
<head>
  <meta charset="UTF-8">
  <meta name="viewport" content="width=device-width, initial-scale=1.0">
  <title> 포트폴리오 웹사이트 </title>
```

```
    <link href="https://cdn.jsdelivr.net/npm/tailwindcss@2.2.19/dist/
tailwind.min.css" rel="stylesheet">
    <style>
      /* 커스텀 CSS 스타일을 추가할 수 있습니다. */
    </style>
</head>
<body>
    <!-- 내비게이션 바 -->
    <nav class="flex items-center justify-between p-4 bg-gray-900
text-white">
        <a href="#" class="text-lg font-semibold"> 포트폴리오 </a>
        <ul class="space-x-4">
          <li><a href="#about">About</a></li>
          <li><a href="#works">Works</a></li>
          <li><a href="#contact">Contact</a></li>
        </ul>
    </nav>

    <!-- 메인 섹션 -->
    <main>
      <!-- 소개 섹션 -->
      <section id="about" class="h-screen flex items-center
justify-center bg-gray-100">
        <div class="max-w-2xl text-center">
          <h1 class="text-4xl font-bold mb-4"> 안녕하세요! </h1>
          <p class="text-lg"> 저는 모션그래픽 디자이너를 꿈꾸는 학생입니다.
어떤 도전적인 프로젝트에 참여하여 창의적인 솔루션을 제공하기를 좋아합니다. </p>
        </div>
      </section>
      <!-- 작업물 섹션 -->
      <section id="works" class="h-screen flex items-center
justify-center bg-gray-200">
        <div class="max-w-2xl text-center">
          <h2 class="text-4xl font-bold mb-4"> 나의 작업물 </h2>
```

```
        <div class="grid grid-cols-2 gap-4">
          <div>
            <img src="work1.jpg" alt="Work 1" class="rounded-lg">
            <p class="mt-2"> 작업물 설명 </p>
          </div>
          <div>
            <img src="work2.jpg" alt="Work 2" class="rounded-lg">
            <p class="mt-2"> 작업물 설명 </p>
          </div>
        </div>
      </div>
    </section>

    <!-- 연락처 섹션 -->
    <section id="contact" class="h-screen flex items-center
justify-center bg-gray-100">
      <div class="max-w-2xl text-center">
      <h2 class="text-4xl font-bold mb-4"> 연락처 </h2>
      <p class="text-lg"> 저와 함께 일하고 싶으시다면 아래 연락처로
저에게 연락해 주세요. </p>
      <p class="text-lg"> 이메일: example@example.com </p>
      <p class="text-lg"> 전화번호: 123-456-7890 </p>
      </div>
    </section>
  </main>

  <script>
    // 여기에 사용할 JavaScript 코드를 작성하세요.
  </script>
</body>
</html>
```

위 코드는 웹사이트의 기본 구조와 세 가지 섹션(소개, 작업물, 연락처)을 포함하고 있습니다. 이 코드를 기반으로 내용을 수정하고 필요에 따라 추가 스타일링이나 JavaScript 기능을 구현할 수 있습니다. 실제 이미지와 내용을 추가하고, 필요한 작업을 수행하여 완성된 포트폴리오 웹사이트를 만들어 보세요.

웹페이지 코딩 요청에 따라 챗GPT가 생성한 코드를 보면 상당히 길고 난해해 보일 수도 있습니다. 그러나 코드 내용을 꼼꼼히 살펴보면 그렇게 어렵지 않습니다. 먼저 〈title〉로 웹페이지의 제목을 제시하고, 외부 CSS 기능을 불러오는 코드가 작성되었습니다. 다음 〈body〉 파트에서는 3개의 페이지를 오가는 내비게이션 설정과 소개 내용, 그리고 연락처 등이 〈!---〉 같이 표시된 섹션으로 구분되어 있습니다. 코드 사이로 /* 표시와 // 다음에 주석을 써주었는데, '주석'이란 코드를 설명하고 구분하는 부가 내용으로 코드 실행에는 영향을 주지 않는 텍스트를 의미합니다. 만약 챗GPT와의 대화에서 코드 생성 중간에 글자 수 제한으로 멈추면 아래 [Continue generating] 버튼을 클릭하면 이어서 작성해 줍니다. 앞서 설명한 것처럼, 생성된 코드를 클립보드에 복사하고 메모장을 열어 붙여 넣은 후 'index.html' 파일로 저장합니다. 웹브라우저에서 파일을 열어보면 회색 바탕에서 검은색 제목이 달린 웹페이지를 확인할 수 있습니다. 아직은 콘텐츠 내용을 준비한 것이 없어서 제목과 소개 글 외에 대부분 텅 비어 있을 것입니다.

▲ 포트폴리오 웹페이지 구성을 위해 생성한 HTML 코드의 실행 결과

움직이는 스크롤 기능을 추가하자 _ 자바스크립트 작성하기

웹사이트에서 멋진 움직임이나 기능은 HTML 코드만으로 구현하기 힘들어서 자바스크립트로 기능을 추가하는 경우가 많습니다. 앞서 생성한 웹페이지 구성 코드에서 자바스크립트가 들어갈 영역은 〈script〉로 구분되어 있고, "// 여기에 사용할 JavaScript 코드를 작성하세요."라고 주석이 붙어 있습니다. 자바스크립트는 HTML 코드 안에서 작성되는 경우도 있고, 때로는 별도 파일로 작성하여 불러올 수도 있습니다. 웹페이지의 각 영역을 부드러운 스크롤 모션으로 오갈 수 있는 기능을 위해 자바스크립트를 작성해서 별도 코드로 추가해 보겠습니다. 챗GPT는 이전의 대화를 기억하고 있으므로 '원 페이지 스크롤링'이란 기존 요청에 따라 자바스크립트로 해당 기능의 코드를 생성할 수 있습니다. 기존 index. html 파일의 코드에서 "// 여기에 사용할 JavaScript 코드를 작성하세요."에 챗GPT가 추가 생성한 '〈script src="JavaScript.js"〉〈/script〉' 코드를 한 줄 추가하면 됩니다. 그다음 마지막에 생성한 JavaScript.js 코드 부분을 복사하여 메모장에 붙여 넣고, 'JavaScript.js'로 파일명을 변경하여 저장한 다음 index. html과 같은 폴더 안에 두면 됩니다. 이렇게 하면 'index.html' 파일을 열었을 때 웹페이지의 각 섹션을 마우스 스크롤로 부드럽게 이동할 수 있습니다.

자바스크립트 파일을 추가 생성하는 요청 예시

JavaScript.js 파일도 추가로 작성해 주세요. HTML 파일과 분리해서 따로 작성해 주세요.

좋습니다! 다음은 HTML 파일과 분리된 JavaScript 파일입니다.

HTML 파일 ('index.html'):
…
```
<!DOCTYPE html>
<html lang="en">
```

```html
<head>
    <meta charset="UTF-8">
    <meta name="viewport" content="width=device-width, initial-scale=1.0">
    <title>포트폴리오 웹사이트</title>
        <link href="https://cdn.jsdelivr.net/npm/tailwindcss@2.2.19/dist/tailwind.min.css" rel="stylesheet">
        <link href="styles.css" rel="stylesheet">
</head>
<body>
  <!-- 내비게이션 바 -->
  <nav class="flex items-center justify-between p-4 bg-gray-900 text-white">
        <a href="#" class="text-lg font-semibold"> 포트폴리오 </a>
        <ul class="space-x-4">
        <li><a href="#about">About</a></li>
        <li><a href="#works">Works</a></li>
        <li><a href="#contact">Contact</a></li>
        </ul>
  </nav>

  <!-- 메인 섹션 -->
  <main>
        <!-- 소개 섹션 -->
        <section id="about" class="h-screen flex items-center justify-center bg-gray-100">
        <div class="max-w-2xl text-center">
            <h1 class="text-4xl font-bold mb-4"> 안녕하세요! </h1>
            <p class="text-lg"> 저는 모션그래픽 디자이너를 꿈꾸는 학생입니다. 어떤 도전적인 프로젝트에 참여하여 창의적인 솔루션을 제공하기를 좋아합니다. </p>
        </div>
        </section>

        <!-- 작업물 섹션 -->
```

```
    <section id="works" class="h-screen flex items-center justify-
center bg-gray-200">
        <div class="max-w-2xl text-center">
            <h2 class="text-4xl font-bold mb-4">나의 작업물</h2>
            <div class="grid grid-cols-2 gap-4">
              <div>
                <img src="work1.jpg" alt="Work 1" class="rounded-lg">
                <p class="mt-2"> 작업물 설명 </p>
              </div>
              <div>
                <img src="work2.jpg" alt="Work 2" class="rounded-lg">
                <p class="mt-2"> 작업물 설명 </p>
              </div>
            </div>
        </div>
    </section>

    <!-- 연락처 섹션 -->
    <section id="contact" class="h-screen flex items-center
justify-center bg-gray-100">
      <div class="max-w-2xl text-center">
        <h2 class="text-4xl font-bold mb-4"> 연락처 </h2>
          <p class="text-lg"> 저와 함께 일하고 싶으시다면 아래 연락처로
저에게 연락해 주세요. </p>
          <p class="text-lg"> 이메일: example@example.com </p>
          <p class="text-lg"> 전화번호: 123-456-7890 </p>
      </div>
    </section>
    </main>

  <script src="JavaScript.js"></script>
</body>
</html>
...
```

JavaScript 파일 ('JavaScript.js'):

```javascript
// JavaScript.js

// 앵커 링크를 부드럽게 스크롤하고 메뉴 항목을 수직으로 정렬
const navLinks = document.querySelectorAll('nav ul li a');
const menuHeight = document.querySelector('nav').offsetHeight;

navLinks.forEach(link => {
  link.addEventListener('click', e => {
    e.preventDefault();

    const targetId = link.getAttribute('href');
    const targetElement = document.querySelector(targetId);
    if (targetElement) {
      window.scrollTo({
        top: targetElement.offsetTop - menuHeight,
        behavior: 'smooth'
      });
    }
  });
});
...
```

위의 코드를 따로 'JavaScript.js' 파일로 저장하고, HTML 파일과 같은 디렉토리에 위치시키세요. 그리고 HTML 파일에 '〈script src ="JavaScript.js"〉〈/script〉' 코드를 '〈body〉' 태그의 가장 아래에 추가하여 JavaScript 파일을 연결하세요.

이렇게 하면 JavaScript 코드가 분리되어 HTML 파일과 독립적으로 작동합니다.

스타일을 살리자 _ CSS로 웹페이지 메뉴 정렬하기

앞서 자바스크립트 코드까지 적용하여 만든 웹페이지를 열면 상단 오른쪽 섹션 메뉴의 정렬이 맞지 않고 불규칙적으로 보입니다. 정렬하는 명령을 HTML 코드로 지정할 수도 있지만, 웹페이지의 외양은 스타일 시트를 적용하여 꾸미거나 정돈하는 경우가 많습니다. CSS는 웹페이지 스타일을 지정하는 코드입니다. 챗GPT에 CSS 코드 작성을 요청하고 생성된 코드를 메모장에 붙여 넣습니다. 이 파일을 'index.html'의 HTML 코드 중 `<link href="styles.css" rel="stylesheet">` 줄에 있는 'styles.css' 이름으로 저장합니다. 이런 부속 파일들은 모두 'index.html'과 같은 폴더 안에 있어야 합니다. 다시 'index.html' 파일을 웹브라우저에서 열면 상단 오른쪽의 메뉴가 가지런히 정렬된 것을 확인할 수 있습니다.

CSS 코드 생성의 예시

 페이지 메뉴의 Y 좌표를 정렬하여 배치되도록 CSS 코드를 작성해 주세요.

 CSS 코드를 통해 페이지 메뉴의 메뉴 항목들을 동일한 높이로 배치할 수 있습니다. 다음의 CSS 코드 예시를 참고해 주세요:

```css
/* Custom CSS styles */

/* 메뉴의 높이를 동일하게 설정합니다. */
nav {
  height: 60px; /* 적절한 높이 값으로 조정해 주세요 */
}

/* 메뉴 항목을 수직으로 정렬합니다. */
nav ul {
  display: flex;
```

```
  align-items: center;
  height: 100%;
}

/* 메뉴 링크에 스타일을 적용합니다. */
nav ul li {
  margin-right: 1rem;
}

nav ul li a {
  display: flex;
  align-items: center;
  height: 100%;
  padding: 0 1rem;
  font-size: 1rem;
  font-weight: bold;
  color: white;
  text-decoration: none;
}

nav ul li a:hover {
  background-color: rgba(255, 255, 255, 0.1);
}

/* 활성화된 메뉴 링크에 대한 스타일을 지정합니다. */
nav ul li a.active {
  background-color: white;
  color: black;
}
......
```

위의 CSS 코드를 HTML 파일의 '<head>' 태그 안에 '<style>' 태그 내에 추가하거나, 외부 CSS 파일에 작성하여 HTML 파일에서 불러올 수 있습니다.

위 코드는 'nav' 요소를 통해 메뉴의 높이를 설정하고, 'nav ul' 요소를 통해 메뉴 항목을 수직으로 정렬합니다. 메뉴 링크인 'nav ul li a'는 'display: flex;'와 'align-items: center;'를 통해 수직 가운데 정렬이 이루어집니다. 'height: 100%;'는 각 메뉴 항목의 높이를 메뉴의 높이와 동일하게 설정합니다.

이렇게 수정된 CSS 코드를 사용하면 페이지 메뉴의 메뉴 항목들이 동일한 높이로 배치됩니다. 적절한 높이 값으로 'nav' 요소의 높이를 조정하여 원하는 모양을 얻을 수 있습니다.

▲ CSS 코드를 적용하여 메뉴를 정렬한 결과

연락처와 정보를 명시하자 _ 푸터 추가하기

푸터^{Footer}는 웹페이지의 가장 하단에 위치해서 웹페이지 소유자의 정보나 저작권에 대한 표시, 연락처 등을 넣는 부분입니다. 생성한 웹페이지에 푸터 부분이 없으므로, 챗GPT에게 Footer를 추가해달라고 요청합니다. 푸터에 해당하는 코드가 생성되면 index.html 코드 하단에 추가하고 사용자 정보 등을 수정하여 저장하면 됩니다.

푸터 코드 추가 생성의 예시

 Footer를 추가해 주세요.

 Footer를 추가하기 위해 아래의 코드를 포트폴리오 웹사이트 마지막에 추가해 주세요:

```
<footer class = "bg-gray-900 text-white py-4">
  <div class = "container mx-auto text-center">
    <p>&copy; 2023 포트폴리오 웹사이트. All rights reserved.</p>
  </div>
</footer>
```

위 코드는 검은색 배경과 흰색 텍스트로 구성된 Footer를 생성합니다. Footer에는 "2023 포트폴리오 웹사이트. All rights reserved."라는 저작권 표시가 포함되어 있습니다.

연락처

저와 함께 일하고 싶으시다면 아래 연락처로 저에게 연락해주세요.
이메일: example@example.com
전화번호: 123-456-7890

▲ 푸터 코드를 적용한 결과 예시

남기실 말씀은요 _ 폼으로 메시지 전달 구현하기

이와 같은 과정으로 웹페이지 구성의 필수 요소와 콘텐츠 내용을 다 갖추었다면, 방문객이 메시지를 남기는 페이지를 추가해 온라인에서 기능하도록 준비해 보겠습니다. 웹페이지 상단 섹션 메뉴 중에서 'Contact'를 클릭하면 웹페이지 하단의 연락처 섹션으로 이동하게 됩니다. 여기서 방문객의 입력을 받는 폼 요소를 준비하여 정보를 입력하고 메시지를 남길 수 있도록 코드를 추가해야 합니다. 챗GPT에 해당 메뉴나 섹션을 추가해달라고 요청한 후, 생성된 코드를 복사하여 index.html의 <!-- 연락처 섹션 --> 부분에 대체해서 붙여 넣고 저장합니다. 이와 같은 폼 형식을 순수 HTML 코드로 구현하는 방법은 다소 어려운 수준인데, 챗GPT는 한번에 깔끔하게 코드를 생성해 줍니다.

폼 형식의 코드 추가 생성 예시

 Contact 섹션을 폼 형식으로 작성해 주세요.

 연락처 섹션을 포함한 업데이트된 HTML 코드입니다:

```
<!-- 연락처 섹션 -->
<section id="contact" class="h-screen flex items-center justify-
center bg-gray-100">
  <div class="max-w-2xl text-center">
    <h2 class="text-4xl font-bold mb-4"> 연락처 </h2>
    <form class="flex flex-col space-y-4">
      <label for="name" class="block text-lg font-semibold"> 이름
</label>
      <input type="text" id="name" name="name" placeholder="이름"
class="border border-gray-300 px-4 py-2 rounded-lg">

      <label for="email" class="block text-lg font-semibold"> 이메일
</label>
      <input type="email" id="email" name="email" placeholder="이메일"
class="border border-gray-300 px-4 py-2 rounded-lg">


      <label for="message" class="block text-lg font-semibold"> 메
시지 </label>
      <textarea id="message" name="message" placeholder="메시지" rows
="4" class="border border-gray-300 px-4 py-2 rounded-lg"></textarea>


      <button type="submit" class="bg-gray-900 text-white py-2 px-4
rounded-lg"> 보내기 </button>
    </form>
  </div>
</section>
```

이 업데이트된 코드에서 연락처 섹션은 폼 형식으로 구성되어 있으며, 한글로 설명이 포함되어 있습니다. 각 입력 필드와 텍스트 영역에는 해당 필드의 용도를 설명하는 〈label〉 요소가 포함되어 있습니다. 입력 필드와 텍스트 영역은 간단한 테두리 스타일 border border-gray-300), 패딩(px-4 py-2), 둥근 모서리(rounded-lg)를 갖고 있습니다. 제출 버튼은 어두운 배경 색상(bg-gray-900), 흰색 텍스트 색상(text-white), 둥근 모서리(rounded-lg)를 가지고 있습니다. 필요에 따라 폼 입력 항목과 버튼 스타일을 추가로 수정하여 원하는 디자인에 맞게 사용하실 수 있습니다.

▲ 방문객이 정보를 입력하는 폼 형식을 구현한 예시

어떤 장치에서든 잘 보여 _ 반응형 웹페이지 구현하기

대형 컴퓨터 화면부터 세로형 스마트폰 화면까지 서로 다른 장치에서도 웹페이지가 적절히 표시되어야 합니다. 장치의 화면 정보에 맞게 적응하는 반응형 웹페이지를 구현하려면, 이미 작성한 코드에 CSS 미디어 쿼리^{Media Query}를 추가해야 합니다. 챗GPT에 반응형 웹페이지가 될 수 있도록 CSS 미디어 쿼리를 추가해달라고 요청하면 기존 코드의 CSS 부분에 작은 화면^{모바일}, 중간 화면^{태블릿}, 큰 화면^{데스크탑}에 대응할 수 있도록 자세한 스타일 설정을 작성합니다. 챗

GPT가 작성해 준 CSS 코드를 'styles.css' 파일에 붙여 넣고 저장합니다. 다시 'index.html' 파일을 열고 웹브라우저의 창 크기를 작게 줄여보면 반응형으로 적응하는 모습을 확인할 수 있습니다.

다양한 디바이스 화면에 적응하는 반응형 CSS 코드 추가 예시

 반응형 웹페이지가 될 수 있도록 CSS 코드를 추가해 주세요.

 좋습니다! 웹사이트를 반응형으로 만들기 위해 CSS 파일에 미디어 쿼리(Media Query)를 사용하여 코드를 추가할 수 있습니다. 다음은 코드를 수정하는 예시입니다:

```css
/* styles.css */

/* 파일의 끝에 다음 코드를 추가하세요 */

/* 640px보다 작은 화면에 대한 미디어 쿼리 */
@media (max-width: 640px) {
  body {
    font-size: 14px;
  }
  .text-lg {
    font-size: 16px;
  }

  /* 다른 스타일을 필요에 맞게 조정하세요 */
}

/* 641px에서 1024px 사이의 화면에 대한 미디어 쿼리 */
@media (min-width: 641px) and (max-width: 1024px) {
  body {
    font-size: 16px;
  }
```

```
  .text-lg {
    font-size: 18px;
  }


  /* 다른 스타일을 필요에 맞게 조정하세요 */
}

/* 1,025px보다 큰 화면에 대한 미디어 쿼리 */
@media (min-width: 1025px) {
  body {
    font-size: 18px;
  }


  .text-lg {
    font-size: 20px;
  }


  /* 다른 스타일을 필요에 맞게 조정하세요 */
}
```

위와 같이 미디어 쿼리를 사용하여 다른 화면 크기에 대한 스타일을 정의할 수 있습니다. 원하는 대로 폰트 크기, 간격 또는 기타 스타일을 조정하여 웹사이트를 반응형으로 만들 수 있습니다. HTML 코드에서 이 CSS 파일을 연결하는 것을 잊지 마세요.

또한, 'flex', 'grid', 'block'과 같은 CSS 클래스를 사용하여 요소의 레이아웃을 다른 화면 크기에 맞게 수정해야 할 수도 있습니다.

추가 도움이 필요하거나 다른 질문이 있으시면 알려주세요!

▲ 반응형 웹페이지 코드를 작은 화면에 적용한 결과 예시

위와 같이 HTML, CSS, 자바스크립트 코드를 생성하고 필요한 내용을 추가하는 웹 코딩 방법을 학습했습니다. 코딩 초보자에게는 약간 어려운 내용일 수도 있지만, 웹 코딩은 모든 코딩 언어 중에서 가장 많이 사용되며 웹브라우저를 통해 쉽게 결과를 확인할 수 있어 코딩 입문에 적절합니다. 챗GPT가 생성한 HTML 코드를 살펴보면 중요한 것과 먼저 정의할 내용을 우선하여 코드가 순서대로 나열된 것을 알 수 있습니다. 코드의 줄 바꿈에서도 안쪽으로 들여쓰기한 특징을 발견할 수 있는데, 이것은 해당 코드의 상위 체계와 하위 적용을 구분하기 위한

것입니다. 즉, 들여쓰기하면 직전 명령이나 구성 요소에 종속된다는 뜻입니다. 그리고 코드 속 많은 용어가 영어 단어이거나 줄임말들인 것으로 짐작할 수 있는데, 이것은 코딩 언어에 따라 서로 다릅니다. 웹 코딩에서 이런 특성들을 발견했다면 이제 본격적인 코딩 학습에 입문할 수 있습니다.

파이썬 코딩 준비하기

코딩 교육에 가장 선호되는 파이썬 언어의 특징과 장점을 이해하고, 실습을 위해 컴퓨터에
파이썬을 설치한 후, 웹 편집기와 비주얼 스튜디오 코드를 사용하는 방법을 알아보겠습니다.

웹 코딩 설명에서 챗GPT가 사용자 요청에 따라 신속하고 유능하게 코드를 생성하는 능력을 확인했습니다. 이제부터는 본격적인 코딩 학습을 위해 파이썬 언어를 챗GPT에게 배우고 코드를 작성하기 위한 준비 방법을 살펴보겠습니다. 코딩 초보자라도 파이썬의 기본 문법과 작동 원리를 알면, 챗GPT와 함께 다양한 예제를 만들어 실습할 수 있습니다. 다른 프로그래밍 언어에 비해서 파이썬은 간단하고 배우기 쉽습니다. 파이썬 언어의 특징과 코딩을 위한 준비 과정을 살펴보겠습니다.

심플해서 좋아 _ 파이썬의 특징

파이썬은 자바, C#과 같은 상위 레벨 언어로 사람들이 이해하고 사용하기 편한 문법 구조로 되어 있습니다. 프로그래밍 언어의 역사에서 비교적 최근에 개발된 현대적인 언어이고, 간결함을 추구하기 때문에 코드 작성의 작업

속도도 빠른 편입니다. 컴파일러를 가진 기존의 코딩 언어와 달리 한 줄씩 코드를 기계어로 번역하여 실행하는 인터프리터 방식의 언어이고, 자바스크립트와 같은 스크립트 언어로 분류되기도 합니다. 복잡한 기능 구현이 어려운 스크립트 언어의 한계를 넘어 파이썬은 속도의 장점을 취하면서도 기존 프로그래밍 언어의 범용적인 장점도 함께 가진 언어입니다. 예를 들어, 코딩 학습에서 가장 먼저 배우는 'Hello, World!' 문구의 화면 출력을 다른 언어와 비교해 보면 파이썬이 최고 수준의 심플함을 보여줍니다. 파이썬은 가장 진화한 코딩 언어의 형태이기 때문에 앞으로 교육과 업무에서 활용도가 더욱 증가할 것으로 예상합니다.

표 2. 화면에 'Hello, World!' 문구를 출력하는 주요 프로그래밍 언어의 코드 비교

C	`#include <studio.h>`
	
	`int main(void)`
	`{`
	`  printf("Hello, World!");`
	`  return 0;`
	`}`

Java	`class HelloWorldApp {`
	`  public static void main(String[] args) {`
	`    System.out.println("Hello, World!");`
	`  }`
	`}`

Python	`print("Hello, World!")`

파이썬 개발에 오래 기여한 팀 피터스[Tim Peters]는 1999년에 다음과 같은 파이썬의 원칙을 제안했습니다. 그가 제안한 20개의 철학적 문장은 마치 파이썬의 윤리강령처럼 후배 개발자들에게 큰 영향을 주었습니다. 이 항목에는 개발자들이 코딩 작업에 임하는 태도를 일깨우는 내용도 있지만, 파이썬 문법이 간결함을 지향한다는 특징도 강조하였습니다.

파이썬의 원칙(The Zen of Python)

- 아름다운 것이 추한 것보다 낫습니다.
- 명시적인 것이 암시적인 것보다 낫습니다.
- 단순한 것이 복잡한 것보다 낫습니다.
- 복잡한 것보다 복합적인 것이 낫습니다.
- 내포적인 것보다 평면적인 것이 낫습니다.
- 밀도가 높은 것보다 드문드문한 것이 좋습니다.
- 가독성이 중요합니다.
- 특별한 경우라고 해서 규칙을 어길 만큼 특별하지 않습니다.
- 오류가 조용히 지나가서는 안 됩니다.
- 모호한 상황에서는 추측의 유혹을 거부하세요.
- 분명한 방법은 단 하나, 되도록 단 하나뿐이어야 합니다.
- 안 하는 것보다 지금 하는 것이 낫습니다.
- 구현 방법을 설명하기 어렵다면 나쁜 생각입니다.
- 구현 방법을 설명하기 쉽다면 좋은 생각일 것입니다.
- 네임스페이스는 정말 좋은 아이디어입니다. 더 많이 도입해 봅시다!

파이썬은 가장 널리 사용되는 고수준 프로그래밍 언어 중의 하나입니다. 다른 언어에 비해서 단순하고 배우기 쉬우며 높은 생산성을 자랑한다고 앞에서 언급했습니다. 파이썬은 프로그래밍 언어에 필요한 모든 특성을 갖추고 있습니다. 객체지향 프로그래밍과 구조적 프로그래밍 특성을 원천적으로 지원하며 함수형 프로그래밍, 관점 지향 프로그래밍 등의 특성도 지원합니다. 코딩 언어로서 파이썬의 주요 특징을 정리하면 다음과 같습니다.

1   간결성: 파이썬 코드는 간결하며 읽기 쉽습니다. 파이썬 언어의 설계 철학인 '파이썬의 원칙 (The Zen of Python)'에 근거하는데, 명확성과 간결성을 중시합니다.

2   동적 타이핑: 파이썬에서는 변수의 데이터 타입을 미리 선언할 필요가 없습니다. 그래서 코드를 더 빠르게 작성하고 변경하기 쉽습니다.

3   인터프리터 언어: 파이썬은 컴파일 단계 없이 직접 코드를 실행할 수 있는 인터프리터 언어입니다. 실행 단계에서 한 줄씩 기계어로 번역되기 때문에 신속하게 수정할 수 있습니다.

4   포괄적인 표준 라이브러리: 파이썬은 작동에 필요한 모든 요소를 함께 제공한다는 '배터리 포함 (Battery Included)' 철학을 따릅니다. 다양한 유형의 코딩 작업에 사용할 수 있는 광범위한 표준 라이브러리를 제공하며 외부 써드파티 라이브러리도 풍부합니다.

5   멀티 패러다임: 파이썬은 개발에 필요한 모든 프로그래밍 특성을 지원합니다. 객체지향, 절차 지향, 구조적 프로그래밍, 함수형 및 관점 지향적 프로그래밍 스타일을 모두 지원합니다.

앞에서 살펴본 우수한 특징 덕분에 1989년 공개 이후 현재까지 파이썬 언어의 개발자와 사용자는 큰 폭으로 증가했습니다. 파이썬은 빠른 프로토타이핑, 높은 생산성, 그리고 간결한 문법에 기반을 둔 읽기 쉬운 코드가 주요 장점입니다. 그래서 우리나라를 비롯한 세계 여러 나라의 교육 과정에서도 코딩 교육의 언어로 파이썬을 채택하고 있습니다. 기존 코딩 언어에 비교하여 파이썬이 가진 장점은 다음과 같습니다.

1   생산성: 파이썬은 간결하고 명확한 문법을 바탕으로 높은 생산성을 자랑합니다. 따라서 개발자는 적은 양의 코드로도 많은 기능을 구현할 수 있습니다.

2   확장성: 다른 언어로 작성된 프로그램과 쉽게 통합될 수 있습니다. 예를 들어, C나 C++로 작성된 라이브러리를 파이썬에 불러와서 사용할 수 있습니다.

3   커뮤니티 지원: 파이썬의 사용자 커뮤니티는 매우 활발한 편이며, 커뮤니티를 통해 수많은 라이브러리, 프레임워크, 문제 해결, 도구 및 문서 자료 등을 얻을 수 있습니다.

4   다양한 활용 범위: 파이썬은 웹 개발, 데이터 분석, 인공지능, 임베디드 시스템, 게임 개발 등 다양한 분야에서 활용될 수 있습니다.

5   교육과 학습: 파이썬은 간결한 문법 덕분에 코딩 초보자에게 친숙하며, 중고등학교나 대학교에서 기본 프로그래밍 교육에 널리 사용됩니다.

웹에서 바로 시작 _ 파이썬 코딩 준비하기

장점이 많은 언어, 파이썬 코딩의 실습을 위해서는 내 컴퓨터에 최신 버전의 파이썬을 설치하고, 코드 작성에 필요한 에디터 앱도 준비해야 합니다. 파이썬을 설치할 때 IDLE 앱도 함께 설치되어서 코드 작성과 편집에 이용할 수 있지만, 초보자가 사용하기에는 다소 불편합니다. 만약 컴퓨터에 여러 가지 설치하는 것이 부담스러울 때는 온라인 개발환경인 구글 코랩^{Colab}을 이용하면 됩니다. 구글 계정이 있으면 누구나 코랩에서 코딩을 시작하고 구글 드라이브에 프로젝트를 저장할 수 있습니다. 파이썬 코딩 실습을 위해 먼저 코랩에서 파이썬 코딩 환경을 준비하고 설정하는 과정을 살펴보겠습니다.

1 구글에서 코랩 검색하기: 구글 검색에서 '코랩' 또는 'Colab'을 입력하여 검색한 후, 검색 결과에서 'Colaboratory에 오신 것을 환영합니다'라는 링크를 클릭합니다.

▲ 구글 Colab 검색 결과 예시

2 코랩 사이트에서 구글 계정에 로그인하기: 'Colaboratory에 오신 것을 환영합니다'라는 메시지가 표시된 시작 페이지에서 오른쪽 상단의 [로그인] 버튼을 클릭해 구글 계정에 로그인합니다.

▲ 구글 Colab 시작 페이지

3 새 노트 만들기: 왼쪽 상단의 메뉴에서 [파일] – [새 노트]를 실행하여 코드를 작성할 새 노트를 생성합니다.

▲ 구글 코랩에서 새 노트 만들기

4   **새 노트에 코드 입력하기**: 새 노트가 열리면 연회색의 프롬프트 칸에 파이썬 코드를 입력할 수 있습니다.

▲ 코랩에서 새 노트에 코드 작성하기

5   **Hello, World! 코드 실습하기**: 프롬프트 창에 파이썬 코드 'print("Hello, World!")'를 입력하고, 왼쪽의 실행 아이콘(▶)을 클릭하여 결과를 출력합니다. 간단한 코드라도 실행에는 몇 초 정도의 시간이 소요됩니다. 입력한 코드에 이상이 없으면 코드 아래에 'Hello, World!' 문구가 표시되고, 브라우저 창 하단에는 실행한 시간과 녹색 신호등 표시가 나타납니다. 왼쪽 상단의 구글 드라이브 아이콘 옆에 파일 이름을 '***.ipynb'로 지정하면 구글 드라이브에 현재 상태가 자동으로 저장됩니다.

▲ 코랩에서 작성한 코드 실행하기

언제 어디서나 코딩하자 _ 내 컴퓨터에 파이썬 설치하기

온라인 코딩 환경은 프로그램 설치 없이 작업하고 접근할 수 있어서 편리하지만, 속도가 느린 편이고 인터넷 접속 상태에서만 사용할 수 있습니다. 본격적으로 코딩 학습을 시작하려면 내 컴퓨터에 파이썬을 설치하고 시작하는 것이 좋습니다. 컴퓨터에 파이썬 최신 버전과 함께 마이크로소프트 비주얼 스튜디오 코드Visual Studio Code 앱을 설치하고, 파이썬 확장 컴포넌트를 추가하여 사용하는 것이 일반적입니다. 일상적으로 코딩을 자주 한다면 프로그래밍 언어에 따라 최적화된 통합개발환경Integrated Development Environment, IDE에 해당하는 프로그램과 전용 에디터를 설치해서 코드 작성을 준비합니다. 파이썬 설치 프로그램에는 전용 편집기인 IDLEIntegrated Development & Learning Environment Shell 프로그램이 포함됩니다. 먼저 최신 버전의 파이썬을 검색해서 컴퓨터에 설치하는 방법부터 살펴보겠습니다.

1 검색 사이트에서 'Python'을 입력해 검색하고, 링크를 따라 'python.org' 사이트로 이동합니다.

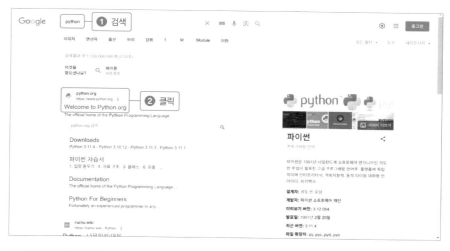

▲ 구글의 파이썬 검색 결과

2 파이썬 사이트에서 상단의 [Downloads] 메뉴를 클릭합니다.

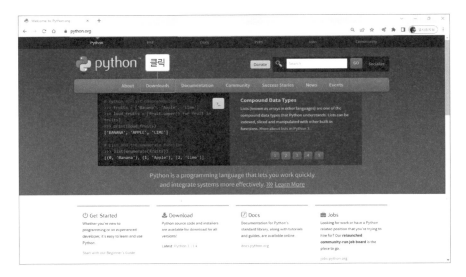

▲ 파이썬 웹사이트 화면

3 [Downloads] 메뉴에서 내 컴퓨터의 운영체제에 맞는 파이썬 설치 파일을 내려받습니다.

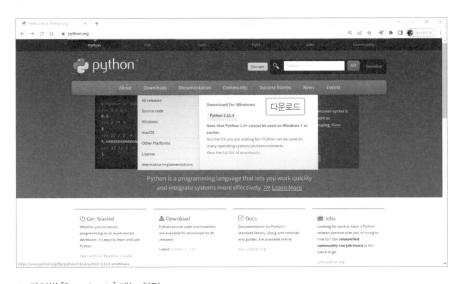

▲ 파이썬 [Downloads] 메뉴 화면

4   내려받은 파이썬 설치 파일을 실행하여 내 컴퓨터에 설치합니다.

▲ 파이썬 설치 창

5   권장 선택에 따라 파이썬 설치를 진행하고 [Close] 버튼을 클릭하여 완료합니다.

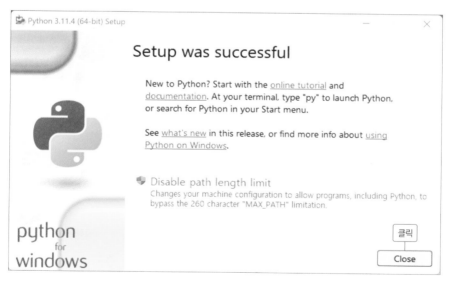

▲ 파이썬 설치 성공 화면

6 내 컴퓨터에 설치한 파이썬 프로그램 그룹 중에서 IDLE 셸을 실행해 봅니다.

▲ IDLE Shell 첫 화면

7 메뉴에서 [File] − [New File(새 파일)]을 실행하면 편집기 창이 표시됩니다. 편집 창에 'print("Hello, World!")' 코드를 입력한 후 실행합니다. 이때 입력한 코드를 저장하라는 메시지가 나타나면 'HelloWorld.py' 파일명으로 저장합니다.

▲ print() 함수 코드를 입력하고 실행한 결과

코드 입력 테스트 차원에서 처음 작성하는 앞에서 본 'Hello, World!' 문구 출력은 컴퓨터에 지시한 첫 코드입니다. C 언어부터 첫 코드를 세상에 인사하는 것으로 시작하는 전통이 생겼습니다. 파이썬에서 Print는 화면 표시를 담당하는 내장 함수Built-In Function의 일종으로 괄호 안에 따옴표로 문자열을 묶으면, 화면에 해당 문자열을 출력하게 됩니다. 새로 입력한 코드를 [File] 메뉴에서 파이썬 파일 'HelloWorld.py'로 저장합니다. 상단 메뉴에서 [Run] – [Run Module]을 실행하여 코드를 실행하면 IDLE Shell 프로그램 창에 'Hello, World!' 문구가 표시됩니다. 이렇게 IDLE Shell 편집기에서 직접 코딩하고 실행하는 방식을 '인터프리터 모드'라고도 합니다.

세상 편한 만능 편집기 _ 비주얼 스튜디오 코드 설치

파이썬을 컴퓨터에 설치하면 전용 에디터인 IDLE도 함께 사용할 수 있지만, 인터페이스가 너무 단순하고 다소 불친절해 보여서 초보자는 어떻게 코딩을 시작할지 막막할 수 있습니다. 이때는 별도의 가입 없이 무료로 사용할 수 있는 코드 편집기 환경을 설치하면 됩니다. 가장 보편적으로 많이 사용하는 편집기 환경은 마이크로소프트 비주얼 스튜디오 코드Visual Studio Code입니다. 확장 기능이 막강한 이 코딩 편집기 프로그램은 윈도우 운영체제뿐만 아니라 맥OS와 리눅스에서도 사용할 수 있습니다. 컴퓨터에 비주얼 스튜디오 코드를 설치하고, 파이썬 확장 기능도 설치해서 파이썬 코딩을 준비해 보겠습니다.

1   검색 사이트에서 'Visual Studio Code'를 입력하고 링크를 클릭하여 비주얼 스튜디오 코드 사이트로 이동합니다.

▲ 구글에서 Visual Studio Code를 검색한 결과

2   비주얼 스튜디오 코드 사이트에서 [Download] 버튼을 클릭하여 설치 프로그램을 내려받습니다.

▲ Visual Studio Code 사이트의 [Download] 메뉴

3 내려받은 설치 파일 'VSCodeUserSetup-x64'를 실행하고, 권장 설정에 따라 [다음] 버튼을 클릭하여 내 컴퓨터에 비주얼 스튜디오 코드 프로그램을 설치합니다.

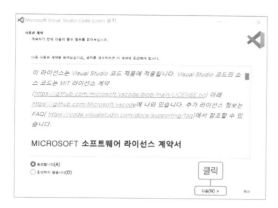

▲ 비주얼 스튜디오 코드 설치 프로그램 화면

4 설치를 마친 비주얼 스튜디오 코드 프로그램을 실행하면 가장 먼저 환경 테마를 설정하는 창이 나타납니다. 일반적으로 많이 사용하는 'Dark Modern'을 선택합니다. 나중에 테마 설정을 변경하려면 메뉴에서 [File] – Preferences – Theme – Color Theme을 실행해 변경할 수 있습니다.

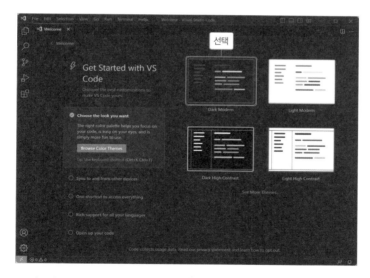

▲ 비주얼 스튜디오 코드 컬러 테마 설정 화면

5   화면 왼쪽의 'Extensions(확장)' 아이콘()을 클릭하면 설치할 수 있는 확장 기능의 목록이 나타납니다. 가장 위쪽에 있는 'Python'을 선택하고, 파란색 [Install] 버튼을 클릭하여 설치합니다. 설치가 완료되면 오른쪽에 (Welcome) 탭이 나타나고, 가운데 Start 영역에서 'New File'을 클릭해 새 편집 창을 엽니다.

▲ Python 확장(Extension) 기능을 설치한 화면

6   'New File'을 클릭하면 오른쪽에 새 파일의 편집기 탭이 생성됩니다. 편집기의 입력 프롬프트에 'print("Hello, World!")' 코드를 입력하고, 실행하기 위해 왼쪽의 [Run and Debug] 버튼을 클릭합니다.

▲ 편집기 탭에 코드 입력하기

7 코드를 작성한 새 파일을 저장하라는 메시지가 나타나면 원하는 경로에 파이썬 파일로 저장합니다. Run and Debug의 결과는 편집기 탭 아래에 생성된 (Terminal(터미널)) 탭에서 확인할 수 있습니다.

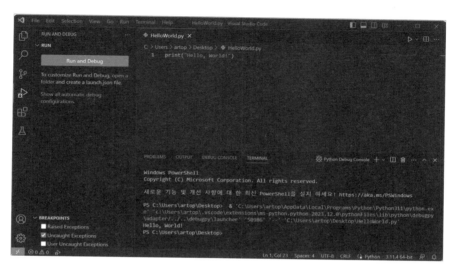

▲ 코드 실행 결과

앞에서 설명한 세 가지 코드 편집기 환경 중 각자 원하는 편집기를 선택해 코딩에 사용합니다. 컴퓨터에 여러 가지를 설치하는 것이 부담스럽다면 온라인 환경인 구글 코랩에서 코딩하는 것이 편리할 것이고, 더 전문적으로 코딩 작업을 지속하고 싶다면 파이썬과 비주얼 스튜디오 코드를 컴퓨터에 설치하여 코딩합니다. 물론 온라인 앱과 컴퓨터 프로그램 두 가지 환경 모두 사용해도 됩니다. 파이썬 코딩 환경이 준비되었다면 이제 챗GPT에게 코딩을 배우러 가보겠습니다.

챗GPT에게 코딩의 기초 배우기

코딩 초보자의 입장에서 파이썬 코딩에 입문하는 방법과 학습 요령은 물론, 기초 문법과
코드 예시를 챗GPT에 요청하여 빠르고 효율적으로 학습하는 가이드를 얻어보겠습니다.

가장 단순하고 빠른 코딩은 파이썬의 장점입니다. 심플함 속에
빠르고 강력한 성능을 숨겨놓은 코딩 언어입니다. 본격적으로 코딩을 시작하려
면 먼저 파이썬의 문법과 규약에 관해 이해해야 합니다. 파이썬 웹사이트와 설
치 과정에서 현재 버전을 보았던 것처럼 파이썬 언어도 자주 기능을 보완하는 업
데이트를 제공합니다. 대규모 업데이트에서는 문법이나 규약이 바뀌는 내용이
들어갈 수도 있습니다. 이제부터 챗GPT에 파이썬 코딩에 필요한 내용을 단계적
으로 문의하며 학습을 시작하겠습니다.

나만의 코딩 도우미 _ 챗GPT 선생님

코딩은 컴퓨터가 지시대로 작동할 수 있는 프로그램을 작성하는
일입니다. 이제는 간단한 문구 출력을 넘어서 조금 더 복잡하고 지능적인 작동을
코딩하여 컴퓨터에게 지시해야 합니다. 코딩 초보자라면 시작부터 어렵게 생각

할 수 있지만, 어떻게 파이썬에 접근할지 챗GPT에게 문의하고 학습에 필요한 요소를 하나씩 더 질문하며 알아보면 됩니다. 챗GPT는 파이썬 코딩 초보자에게 무엇부터 학습해야 하는지 다음 예시와 같이 일목요연하게 설명해 줍니다.

코딩 초보자가 파이썬에 입문하는 방법 예시

 코딩 초보자라면 무엇부터 알고 시작하면 될까요?

 코딩 초보자라면 다음의 기본 사항들부터 시작하는 것이 좋습니다:

1. **컴퓨팅 사고**: 컴퓨터가 문제를 해결하는 방식에 대한 기본적인 이해는 프로그래밍 학습의 시작입니다. 컴퓨팅 사고는 데이터와 알고리즘을 사용하여 문제를 해결하는 방법을 포함합니다.

2. **프로그래밍 언어의 기본 구조**: 변수, 데이터 타입, 조건문, 반복문, 함수 등에 대한 이해가 필요합니다. 파이썬은 초보자가 이해하기 쉽고 강력한 언어이므로 좋은 시작점이 될 수 있습니다.

3. **에러 읽기와 디버깅**: 코드가 항상 예상대로 동작하지 않으므로 에러 메시지를 읽고 이해하는 능력이 필요합니다. 또한, 디버깅 기법을 통해 코드에서 오류를 찾고 수정하는 방법을 알아야 합니다.

4. **기본 알고리즘과 자료구조**: 정렬, 검색 등의 기본 알고리즘과 배열, 연결 리스트, 스택, 큐, 해시 테이블 등의 자료구조에 대한 기본적인 이해가 필요합니다.

5. **코드 작성 및 테스트**: 작은 프로그램을 작성하고 테스트하는 경험을 쌓는 것이 중요합니다. 이는 문제 해결 능력과 코딩 능력을 향상시킵니다.

6. **버전 관리 시스템**: Git과 같은 버전 관리 시스템의 사용법을 배우는 것은 프로젝트 관리와 협업에 필수적입니다.

위의 사항들은 코딩 초보자가 시작하기에 충분한 내용입니다. 이해와 편안함이 증가하면 좀 더 복잡한 주제로 이동하여 객체지향 프로그래밍, 데이터베이스 관리, 웹 개발 등을 학습할 수 있습니다. 가장 중요한 것은 꾸준한 학습과 실제 프로젝트를 통한 실습입니다. 이를 통해 새로운 개념과 도구를 배우고 문제를 해결하는 방법을 배울 수 있습니다.

파이썬 코딩을 제대로 학습하는 방법 예시

 그다음에는 무엇을 더 알아보면 될까요?

 파이썬 코딩을 위해 다음과 같은 주제를 더 공부하는 게 도움이 될 것입니다:

1. **객체지향 프로그래밍**: 파이썬은 객체 지향 프로그래밍 언어입니다. 클래스와 객체, 메소드, 상속 등의 개념을 이해하는 것이 중요합니다.

2. **에러 처리**: 코드 실행 중에 발생할 수 있는 에러를 어떻게 처리하는지 알아야 합니다. 이를 위해 'try', 'except', 'finally' 등의 키워드를 사용합니다.

3. **파일 I/O**: 파이썬을 사용해 파일을 읽고 쓰는 방법을 알아야 합니다. 이는 데이터를 저장하고 로드하는 데 사용됩니다.

4. **모듈과 패키지**: 파이썬은 코드를 재사용하고 조직화하는 데 도움이 되는 모듈과 패키지를 지원합니다. 파이썬의 표준 라이브러리와 외부 패키지를 어떻게 사용하는지 알아야 합니다.

5. **함수형 프로그래밍**: 파이썬은 일부 함수형 프로그래밍 기능도 지원합니다. 'lambda', 'map', 'filter', 'reduce' 등의 함수를 알아두면 유용합니다.

6. **데이터 구조**: 리스트, 튜플, 딕셔너리 외에도 파이썬은 세트, 스택, 큐, 힙, 트리 등과 같은 복잡한 데이터 구조를 지원합니다.

7. **알고리즘**: 기본 알고리즘, 예를 들어 정렬, 검색, 그래프 탐색 등을 이해하고, 이를 파이썬으로 구현할 수 있어야 합니다.

8. **데이터 분석 라이브러리**: NumPy, Pandas, Matplotlib 등의 파이썬 라이브러리를 이용하면 데이터 분석 작업을 더 효과적으로 수행할 수 있습니다.

9. **웹 스크래핑**: BeautifulSoup, Scrapy와 같은 라이브러리를 사용하여 웹 사이트에서 데이터를 추출하는 방법을 알아야 할 수도 있습니다.

10. **테스팅과 디버깅**: 코드가 예상대로 동작하는지 확인하기 위해 단위 테스트와 통합

테스트를 작성하는 방법, 그리고 문제를 해결하기 위해 디버거를 사용하는 방법을 알아야 합니다.

마지막으로, 실제 프로젝트를 수행하면서 새로운 문제를 해결하고 학습하는 것이 중요합니다. 이를 통해 실제 세상의 문제를 해결하는 데 필요한 경험을 쌓을 수 있습니다.

표 3. 파이썬 코딩에서 챗GPT로부터 받을 수 있는 도움

파이썬 코딩 업무	내용
코드 개요 작성 및 구조 설계	챗GPT는 파이썬 코드의 전체 개요를 설정하고, 코드의 구조를 구성하는 방법을 실제 작동하는 코드를 생성하여 안내할 수 있습니다.
함수와 알고리즘 설계하기	챗GPT는 파이썬 코드 구성에 필요한 함수와 알고리즘에 관한 아이디어와 조언을 제공하여 사용자가 적절한 코드를 작성할 수 있도록 도와줍니다.
오류 분석 및 해결	챗GPT는 생성한 코드의 문제점을 분석하며 대안을 제시하거나 직접 코드를 수정하여 오류를 해결하는 데에 도움을 줄 수 있습니다.
코드 보완	챗GPT는 코드에 담긴 개발자 의도를 파악하고, 나머지 부분을 채우는 코드를 작성하거나 부족한 부분을 보완하는 내용을 생성하여 도움을 줄 수 있습니다.

기초부터 시작하자 _ 코딩의 기본 개념 배우기

앞에서 코딩은 컴퓨터와 같은 장치를 직접 다루기 위한 중간 언어를 작성하는 일이라고 했습니다. 세상의 모든 프로그래밍 언어도 일종의 언어이기 때문에 저마다 문법과 개념 체계를 지니고 있습니다. 코딩 언어에 따라 문법 규칙은 서로 다를 수 있지만, 코딩의 기본 개념은 서로 공통적인 것이 많습니다. 코딩은 컴퓨터를 작동하는 프로그램을 짜는 일이기 때문에 컴퓨터의 구조에 맞는 요소들이 필요합니다. 무엇을 가지고 어떤 연산을 해서 결과를 어떻게 출력하는지 개념과 문법에 맞게 코드를 작성해야 합니다. 먼저 파이썬 코딩에 필요한 기본적인 개념 요소를 살펴보겠습니다. 기본 개념의 용어는 모든 코딩 언어에 공통

적이지만, 파이썬만의 독특한 특성이 강조된 것도 있습니다.

1   변수(Variables): 코딩에서 가장 흔하게 쓰이는 말인 '변수'는 컴퓨터 연산을 위해 대입하는
     데이터를 뜻합니다. 코딩을 정의하면서 컴퓨터가 무엇을 가지고 어떻게 작동한다고 할 때 변수
     는 '무엇'에 해당합니다. 변수는 컴퓨터가 인식할 수 있는 데이터 유형으로 입력되어서 메모리
     에 저장되어야 합니다. 파이썬에서 데이터를 변수로 저장하는 방법의 간단한 예를 들면, 'x = 5'
     라고 작성하면 '5'라는 값을 'x'라는 변수에 저장한다는 뜻입니다.

```python
x = 5
y = "Hello, World!"
```
🗗 코드 복사

▲ 파이썬 코드에서 변수의 대입 예시

2   자료형(Data Types): 컴퓨터는 숫자부터 문자, 이미지와 미디어 등 다양한 데이터를 가지고
     코드에 따라 연산을 수행합니다. 기존 프로그래밍 언어와 마찬가지로 파이썬은 다양한 종류의
     자료형, 즉 데이터 유형을 지원합니다. 가장 자주 사용되는 타입에는 int(정수형), float(실수형),
     str(문자열), list(리스트), tuple(튜플), dict(사전) 등이 있습니다. 연산의 오류를 피하려면 데이터는
     정확한 유형으로 지정되어야 합니다.

```python
integer = 10
floating_point = 20.5
string = "Hello, World!"
list = [1, 2, 3, 4, 5]
tuple = (1, 2, 3, 4, 5)
dict = {"apple": "a type of fruit", "banana": "a type of fruit"}
```
🗗 코드 복사

▲ 파이썬에서 사용하는 주요 자료형 예시

3   함수(Functions): 코딩에서 자주 쓰이는 용어 중의 하나인 함수는 어떤 기능을 수행하는 공
     간을 지칭합니다. 파이썬에서는 재사용할 수 있는 코드 블록인 'def' 키워드를 사용하여 함수를
     정의합니다. def는 함수를 정의한다는 뜻에서 '정의(Definition)'의 준말인데, 일반적으로 코드

앞부분에서 미리 정의하고 필요할 때 호출해 적용합니다. 파이썬의 함수 중에는 미리 내장되어 있어 def로 정의하지 않아도 어디서나 호출하여 사용할 수 있는 내장 함수 유형도 있습니다.

```python
def hello_world():
    print("Hello, World!")


hello_world()
```
🗗 코드 복사

▲ 함수를 정의하고 호출하는 코드 예시

4   조건문(Conditional Statements): 기존의 프로그램을 그대로 사용하지 않고 무엇인가를 바꾸려면 코딩이 필요합니다. 어떤 조건이 만족되면 이것을 수행하라고 명령하는 것이 프로그 래밍 코드의 기본 구조입니다. 파이썬에서는 if, elif, else 키워드를 사용하여 조건에 따라 다른 명령을 수행합니다. if는 기본 조건을 설정하는 키워드이고, else는 그 외의 조건에 해당할 때 수행하는 명령을 담습니다. elif는 else if의 합성어로 if 조건 아래 또 하나의 조건을 설정할 때 사용합니다. 이렇게 선택이나 배정의 상황을 코딩할 때는 조건을 체계적으로 꼼꼼하게 설정해 야 합니다. 놓친 부분이 있으면 해당 상황에서 에러가 발생하기 때문에 조건문은 설정하는 상황 의 모든 조건을 포함해야 합니다.

```python
x = 10
if x > 0:
    print("x is positive")
elif x == 0:
    print("x is zero")
else:
    print("x is negative")
```
🗗 코드 복사

▲ 파이썬에서 조건문을 설정하는 예시

5   반복문(Loops): 반복문은 상황이 어느 조건을 만족할 때 반복적으로 수행하는 일을 지정합니다. 파이썬에서는 for와 while 구문을 사용해서 해당 코드를 여러 번 반복 실행할 수 있습니다. for 반복문은 지정된 범위(Range)나 조건 안에서 반복할 때 사용하고, while 반복문은 더 유연하게

반복 조건을 적용할 수 있습니다. 코드 안에 앞의 조건문과 반복문을 함께 사용하면 복잡한 상황 설정에서도 지정된 명령을 체계적으로 수행할 수 있습니다.

```python
for i in range(5):
    print(i)

i = 0
while i < 5:
    print(i)
    i += 1
```

▲ 파이썬에서 반복문을 작성하는 예시

코드를 작성하기 전에 _ 기초 문법 알아두기

파이썬의 코드를 작성할 때 미리 알아두어야 할 키워드와 구두점 등 문법에 해당하는 요소들이 있습니다. 프로그래밍 코드는 점찍는 방법 하나까지 상세하게 규칙을 설정하고 있는데, 쉼표 하나라도 틀리면 여지없이 에러Error를 표출합니다. 앞의 개념 예시 코드들을 보면 다양한 키워드들이 서로 다른 컬러로 구분된 것을 알 수 있습니다. 이와 같은 컬러 구분은 프로그래머를 위해 키워드의 유형과 속성을 시각적으로 구분하는 편의 기능으로 코드의 실행 자체에는 영향을 미치지 않습니다. 코드의 키워드들 사이로 다양한 연산자들과 숫자들과 함께 콜론과 마침표 같은 구두점도 보입니다. 이 같은 문법 요소에는 규칙과 의미가 있습니다. 다양한 문법 규칙에서 다음 네 가지는 가장 기초적인 요소이므로 사전에 알아두어야 합니다.

- **.(닷)**: 점으로 부르기도 하는 .은 일반적인 글에서는 문장의 끝맺음을 의미하지만, 코딩에서는 구성 요소의 상하관계나 범위 관계를 표현합니다. 점의 왼쪽이 더 큰 범위이고, 오른쪽은 종속된 요소입니다.
- **:(콜론)**: 콜론은 하위 구성 요소나 범위를 지정할 때 사용합니다. 코드의 줄 마

지막에 콜론이 붙어 있고, 그 아래 들여쓰기로 여러 요소가 지정되어 있다면 하위에 적용하는 요소들이라는 의미입니다. 그 외에 숫자 또는 문자 사이에 콜론이 들어가 있다면 왼쪽 숫자부터 오른쪽 숫자까지의 범위를 뜻합니다.

- **= (이퀄)**: 수학에서 =는 연산의 결과이거나 같은 값을 뜻하지만, 코딩에서 =는 오른쪽 값을 왼쪽에 대입 또는 할당하라는 의미입니다. 예를 들어, 'x = 9'라는 코드는 9를 x에 대입하라는 지시가 됩니다. 만약 값이 같다는 의미로 쓰려면 =를 두 개 연속한 == 기호를 사용해야 합니다.

- **들여쓰기**: 앞의 예시 코드들을 보면, 대체로 코드의 윗줄은 앞에서부터 타이핑했는데, 아랫줄은 안으로 들여쓰기한 경우가 많은 것을 알 수 있습니다. 코딩 언어에서 들여쓰기는 가독성을 높이는 역할도 하지만, 윗줄의 명령에 다음 줄의 들여쓰기한 요소가 종속되어 있다는 의미입니다. 만약 들여쓰기하지 않는다면 가독성의 혼란뿐만 아니라 상하관계가 흐트러져 문법이 엉망이 될 수도 있습니다. 파이썬에서 들여쓰기는 Spacebar를 4번 누르거나 Tab 키를 눌러서 표현합니다.

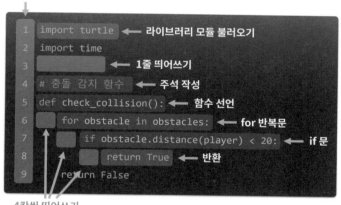

줄(line) 번호

```python
import turtle          ← 라이브러리 모듈 불러오기
import time
                       ← 1줄 띄어쓰기
# 충돌 감지 함수          ← 주석 작성
def check_collision():  ← 함수 선언
    for obstacle in obstacles:     ← for 반복문
        if obstacle.distance(player) < 20:   ← if 문
            return True            ← 반환
    return False
```

4칸씩 띄어쓰기

▲ 파이썬 코딩 스타일 가이드

이름표를 붙여줘 _ 값을 저장하는 변수

앞서 파이썬의 기본 문법 중 가장 먼저 알아두어야 할 개념으로 변수와 데이터 타입 등을 간단히 살펴보았습니다. 코딩에서 가장 먼저 배우는 변수와 데이터 타입을 조금 더 알아보면서 코딩의 원리도 파악해 보겠습니다. 파이썬에서 변수는 입력한 값을 저장 또는 할당하는 데 사용되는 이름 또는 식별자입니다. 대부분의 코딩 언어처럼 파이썬에서도 = 연산자를 사용하여 변수에 값을 할당합니다. 다음 예시 코드에서 x는 정수 10을 저장하고, message는 문자열 "Hello, Python!"을 저장하는 변수입니다. 변수는 숫자나 문자열과 같은 값을 할당하면서 지정하는 이름이므로 message도 변수인 것입니다.

```
x = 10
message = "Hello, Python!"
```

C 언어와 달리 파이썬은 동적 언어이므로 변수에 저장되는 값의 유형^{Type}을 미리 선언할 필요가 없습니다. 변수의 데이터 타입은 할당되는 값에 따라 결정됩니다. 따라서 다음 예시처럼 동일한 변수 이름에 서로 다른 타입의 값을 순차적으로 할당할 수도 있습니다. 코드 오른쪽에서 회색 #으로 시작하는 문구는 코드를 설명하거나 메모를 남기는 주석입니다. 주석을 보면 앞의 변수 x가 10이었는데 다시 할당하여 Hello로 바뀐 것을 알 수 있습니다. 만약 서로 다른 값을 할당하려면 변수를 다른 이름으로 입력해야 합니다.

```
x = 10  # x is an integer
x = "Hello"  # Now x is a string
```

파이썬에서 변수 이름을 지정할 때는 다음과 같은 규칙과 권장 사항을 따라야 합니다.

- 변수 이름은 알파벳, 숫자, 밑줄 문자(_)로 구성될 수 있습니다.
- 변수 이름은 숫자로 시작할 수 없습니다.
- 파이썬의 키워드(예 'for', 'if', 'and', 'or', 'not', 'in' 등)는 변수 이름으로 사용할 수 없습니다.
- 변수 이름은 보통 소문자로 작성되며, 여러 단어로 구성된 경우 밑줄로 구분합니다(예 my_variable).

이런 기본 사항 외에도 파이썬 변수에는 더 복잡한 데이터 타입, 예를 들어 리스트^{List}, 튜플^{Tuple}, 딕셔너리^{Dict} 등을 저장할 수 있습니다.

조건이 맞아야 선택하지 _ 조건문 비교하기

입력한 값이 기준에 맞는지에 따라 실행 여부를 판단하는 것은 코딩에서 가장 중요한 요소입니다. 파이썬에서 조건문은 코드의 실행 흐름을 제어하는 데 사용되는 구문입니다. 앞서 코딩의 기본 개념에서 설명한 것처럼 'if', 'elif$^{else\ if의\ 줄임말}$', 'else' 키워드를 사용해 조건문을 작성합니다. 각 조건의 사용법을 예시와 함께 비교해 보겠습니다.

먼저 'if'문은 주어진 조건이 참^{True}인 경우에 코드 블록을 실행합니다. 다음 예시 코드는 x가 0보다 큰 경우, 즉 조건이 참인 경우 "x is positive"를 출력합니다.

```
x = 10

if x > 0:
    print("x is positive")
```

'elif'문은 이전 조건이 거짓[False]이고, 해당 조건이 참[True]인 경우에 코드 블록을 실행합니다. 다음 예시 코드는 x가 0보다 큰 경우 "x is positive"를 출력하고, x가 0인 경우 "x is zero"를 출력합니다.

```
x = 0

if x > 0:
    print("x is positive")
elif x == 0:
    print("x is zero")
```

마지막으로 'else'문은 모든 이전 조건이 거짓[False]인 경우에 코드 블록을 실행합니다. 다음 예시 코드는 x가 0보다 큰 경우 "x is positive"를 출력하고, x가 0인 경우 "x is zero"를 출력하며, 그 외의 경우 "x is negative"를 출력합니다.

```
x = -5

if x > 0:
    print("x is positive")
elif x == 0:
    print("x is zero")
else:
    print("x is negative")
```

조건문은 프로그램의 실행 흐름을 제어하고, 주어진 조건에 따라 다른 작업을 수행하도록 하는 데 매우 중요합니다. 이런 기본 구문 외에도 논리 연산자 'and', 'or', 'not' 등을 사용하여 더 복잡한 조건을 만들 수도 있습니다.

컴퓨터는 계산기야 _ 연산자들

　　　　원래 컴퓨터는 전자계산기로 개발되었습니다. 그래서 프로그래밍의 가장 많은 부분은 계산을 다루는 내용입니다. 기존의 코딩 언어와 같이 파이썬에서도 기본적인 수학 연산자^{Operators}를 사용해 다양한 수학적 계산을 수행할 수 있습니다. 연산자는 가장 흔한 덧셈, 뺄셈, 곱셈, 나눗셈 등이 포함됩니다. 다음의 연산 예시를 보면서 연산자의 기능을 이해합니다.

```python
# Addition
print(10 + 5)  # Output: 15

# Subtraction
print(10 - 5)  # Output: 5

# Multiplication
print(10 * 5)  # Output: 50

# Division
print(10 / 5)  # Output: 2.0
```

더 복잡한 수학 연산을 위해 파이썬은 제곱을 뜻하는 **과 같은 추가적인 연산자들을 제공합니다.

```python
# Exponentiation (power)
print(10 ** 2)  # Output: 100

# Modulus (remainder of the division)
print(10 % 3)  # Output: 1

# Integer division (quotient from division)
print(10 // 3)  # Output: 3
```

이러한 연산자들은 변수와 함께 사용되는 경우가 많습니다.

```
x = 10
y = 5

# Addition
print(x + y)  # Output: 15
```

연산자들은 파이썬에서 수학적 계산을 수행하는 데 사용되는 기본 도구입니다. 더 복잡한 수학 함수를 사용하기 위해서는 'math' 모듈과 같은 추가적인 라이브러리 요소를 import 키워드로 불러와서 적용할 수도 있습니다. 이처럼 파이썬 코딩 학습에 필요한 단계적 진행 방법이나 개념과 키워드 예시를 챗GPT에 요청하며 하나씩 배우면 기초 학습 과정을 원활히 수행할 수 있습니다. 무엇보다도 다른 학습 도구에 비해서 챗GPT는 학습자에게 필요한 내용을 개인 맞춤형으로 제공합니다. 일반적인 내용일지라도 나의 질문에 맞는 답변을 제공하기 때문입니다.

이렇게 기능하란 말이지 _ 함수 구성하기

프로그래밍 코드는 컴퓨터에게 사용자가 원하는 특정 기능을 작동시키는 명령문입니다. 따라서 어떤 기능을 수행하라는 명령이 가장 핵심이 됩니다. 코딩에서는 이 기능을 함수Function가 담당합니다. 파이썬 코딩에서 함수는 어떤 기능을 수행하는 코드 블록을 그룹화하고, 필요할 때 호출하여 재사용할 수 있도록 'def' 키워드로 기능을 설정하는 것입니다. 함수는 사용자의 입력 값을 변수로 받아 계산을 수행한 후 결괏값을 반환할 수 있습니다. 코딩에서 값을 반환한다는 것은 '리턴Return'이라고도 하는데, 함수의 계산 수행 결과를 다른 변수에 대입하거나 결과를 출력하여 활용하는 데 씁니다. 결과가 필요 없다면 일부러 계산시킬 이유도 없기 때문입니다.

파이썬에서 함수는 def 키워드를 사용하며, 다음 예시처럼 지정된 형식을 따라 함수를 정의하고 시작합니다.

```
def 함수이름(매개변수1, 매개변수2, ...):
    # 함수의 내용(실행될 코드들)
    return 결과값
```

- **함수 이름**: 사용자가 함수에 이름을 부여하는데, 변수 이름을 짓는 규칙을 따릅니다.
- **매개변수**: 함수에 전달되는 값을 받는 변수들로, 필요한 만큼 매개변수를 추가할 수 있습니다.
- **리턴(return)**: 함수가 수행한 결괏값을 반환할 때 사용되며, 필요에 따라 생략할 수도 있습니다.

가장 간단한 덧셈 함수를 예시로 들면 다음과 같습니다. 여기서 더하기 함수는 'add'라는 이름으로 정의했고, 두 개의 변수 x와 y를 받습니다. 이 두 값을 더한 결과는 return을 통해 반환합니다.

```
def add(x, y):    # x와 y는 매개변수
    return x + y  # x와 y를 더한 값을 반환
```

함수를 사용할 때 가장 큰 장점은 재사용성입니다. 함수를 작성하여 기능을 정의해 두면, 필요할 때마다 반복적으로 코드를 작성하지 않고도 해당 함수를 호출하여 어디서든 사용할 수 있습니다. 함수를 호출할 때는 정의한 함수의 이름과 필요한 인수 값을 함께 써서 간략하게 호출하는 것도 가능합니다. 다음 예시에서 'add(3, 5)'라는 함수 호출은 3과 5를 더한 결과인 8을 반환하고, result 변수에 할당됩니다. 그리고 그 값을 다음과 같이 print 함수를 통해 출력하는 결과로 수행됩니다.

```
result = add(3, 5)  # 함수 호출, 3과 5는 인수
print(result)  # 출력: 8
```

계산기를 만들어 보자 _ 규칙과 오류 고려하기

간단한 사칙연산과 같은 계산은 앞서 예시한 것처럼 기본 연산자들을 이용하여 두 개의 숫자를 계산하게 하고 그 결과를 출력하도록 코딩할 수 있습니다. 이런 계산이 가능한 계산기 프로그램을 코딩하려면 어떤 계획과 구성이 필요할지 고민해 보겠습니다. 초등학교 수업에서 배운 내용이라 쉽게 생각할 수 있지만, 컴퓨터의 방식으로 계산하게 하려면 먼저 사용자의 변수 입력을 3개로 구성해야 합니다. 첫 번째 숫자, 연산자, 두 번째 숫자가 순서대로 입력되어야 비로소 계산이 이루어지기 때문입니다. 기본 순서나 구조에 관한 계획을 마치면 오류나 예외적인 상황도 고민해야 합니다. 예를 들어, 어떤 숫자든 0으로 나누면 값이 무한대이거나 오류에 빠지기 때문에 0으로 나누는 것을 금지하는 코드를 추가해야 합니다. 그리고 계산을 위한 안내나 금지사항을 사용자에게 적절히 제공해야 합니다.

이와 같은 고려 사항을 바탕으로 계산기 기능의 파이썬 코드를 함수 정의와 함께 작성해 봅니다. 아무것도 없는 백지상태에서 코드를 작성하려면 막막할 수 있지만, 앞서 설명한 변수, 함수, 연산자의 기능을 되살려 생각해 보면 어느 정도 코드의 틀을 가늠할 수 있습니다. 만약 전혀 감이 잡히지 않는다면 먼저 챗GPT에 계산기 코드 작성을 요청하여 결과를 훑어보고, 그다음에 손수 코드를 작성해 봐도 됩니다. 다양한 코드를 많이 보면서 학습하는 방식은 독서를 많이 해야 글짓기를 잘할 수 있는 원리와도 같습니다. 어떤 유능한 개발자도 프로그램 코드를 백지 상태에서 줄줄이 작성하는 경우는 드물기 때문입니다.

사칙연산 계산기 구현을 위한 파이썬 코딩 예시

 사칙연산 계산기 구현을 위한 파이썬 코드를 어떻게 작성하면 될까요?

 간단한 사칙연산 계산기를 만들기 위해 사용자로부터 입력받아서 계산을 수행하는 코드를 작성해야 합니다. 이를 위해 기본적인 입력 함수인 'input()' 함수를 사용하여 사용자로부터 숫자와 연산자를 입력받고, 이를 처리하여 결과를 출력하는 방식으로 구현할 수 있습니다.

아래는 사용자로부터 입력받아서 사칙연산 계산을 수행하는 파이썬 코드 예시입니다:
…

```python
def add(x, y):
    return x + y


def subtract(x, y):
    return x - y


def multiply(x, y):
    return x * y


def divide(x, y):
    if y != 0:
        return x / y
    else:
        raise ValueError("Cannot divide by zero")


def main():
    while True:
        try:
            num1 = float(input("첫 번째 숫자를 입력하세요: "))
            operator = input("연산자를 입력하세요 (+, -, *, /): ")
            num2 = float(input("두 번째 숫자를 입력하세요: "))

            if operator == '+':
```

```
            result=add(num1, num2)
        elif operator=='-':
            result=subtract(num1, num2)
        elif operator=='*':
            result=multiply(num1, num2)
        elif operator=='/':
            result=divide(num1, num2)
        else:
            print("올바른 연산자를 입력하세요 (+, -, *, /)")
            continue

        print("결과:", result)

    except ValueError as e:
        print("올바른 숫자를 입력하세요.")
    except ZeroDivisionError as e:
        print("0으로 나눌 수 없습니다.")

    choice=input("계속하시겠습니까? (y/n): ")
    if choice.lower() !='y':
        break


if__name__=="__main__":
    main()
......
```

위 코드를 실행하면, 사용자가 숫자와 연산자를 입력하면 해당 연산을 수행하고 결과를 출력합니다. 사용자가 종료를 원할 때까지 반복해서 계산을 수행할 수 있습니다.

챗GPT가 생성한 계산기 코드를 복사하여 비주얼 스튜디오 코드에 붙여 넣고 실행해 보겠습니다. 먼저 컴퓨터에서 비주얼 스튜디오 코드 앱을 열고 'New File^새^{파일}'을 클릭한 다음 팝업창에서 'Python File(.py)'로 편집 유형을 선택합니다. 웹 브라우저의 챗GPT 생성 코드에서 [Copy code]를 클릭하여 복사한 후, 비주얼 스튜디오 코드의 무제(Untitled-1) 탭에서 편집 창의 첫째 줄을 클릭하고 Ctrl+V 키를 눌러 붙여 넣습니다. 웹브라우저에서 검은 상자에 보이던 코드 그대로 비주얼 스튜디오 코드 창에 나타납니다. 왼쪽에 줄 번호가 붙고, 일부 키워드 컬러가 달라 보일 수는 있지만, 기능에서 별다른 차이가 없습니다. 코드를 확인한 후 오른쪽 상단의 실행^{Run Python File} 아이콘(▷)을 클릭합니다. 코드 파일 저장 창이 표시되면 작업 폴더에 파일 이름을 입력하고 저장합니다. 코드의 실행 결과로 비주얼 스튜디오 코드 창 아래 〔TERMINAL〕 탭에 숫자를 입력하라는 메시지가 나타납니다. 첫 번째 숫자와 연산자, 두 번째 숫자를 안내에 따라 순서대로 입력하면 반환된 계산 결과를 보여줍니다. 만약 코드 중에서 처음 보는 키워드나 함수가 있다면 챗GPT에 해당 부분만 질문해서 설명을 요청합니다. 만약 더 알기 쉽게 설명해달라고 요청하면 챗GPT는 요리 과정에 비유하여 하나씩 설명해 줍니다.

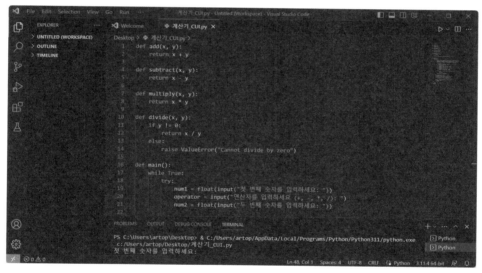

▲ 사칙연산 계산기 코드를 비주얼 스튜디오 코드에서 실행하는 예시

파이썬 코딩은 다른 프로그래밍 언어에 비교해서 더 간단하고 함축적인 구문을 사용합니다. 상대적으로 쉽고 간편하다고는 하지만 한두 번 코드를 작성해 보고 코딩 실력을 키울 수는 없습니다. 기능을 확장할 수 있는 다양한 라이브러리를 불러와서 더 세련되고 복잡한 기능을 구현하는 방법도 학습할

챗GPT와 함께 코딩 실력 키우기

파이썬 모듈과 라이브러리를 이용하는 방법과 예시를 챗GPT에게 요청하고, 계산기 구현,
그림 그리기 앱 만들기, 간단한 슈팅 게임 개발 예제를 통해 코딩 능력을 한층 발전시켜 보겠습니다.

필요가 있습니다. 검은 터미널 상태가 아니라 일반 프로그램처럼 그래픽 유저
인터페이스^{GUI}를 갖추고, 화면에 그림도 그려보면 파이썬 코딩의 효용성을 더욱
이해할 수 있습니다.

앱처럼 보이게 만들어 줘 _ tkinter 모듈 불러오기

앞에서 예시한 계산기 코드는 한 페이지 정도로 간단하지만, 매
번 사용자에게 숫자와 연산자를 입력하라고 〔TERMINAL〕 탭에서 안내해야 합
니다. 명령줄 인터페이스, 다른 말로 커맨드 라인 인터페이스^{CLI}로도 사칙연산 계
산기 기능을 수행할 수 있으나, 보편적인 계산기 앱과는 겉모습부터 다르기 때
문에 사용성이 떨어진다고 볼 수도 있습니다. 이런 경우에는 그래픽 유저 인터
페이스^{GUI}로 계산기를 구현하여 키보드나 마우스로 숫자를 눌러 변수를 입력하
고 계산 결과도 시각적으로 표시해 주면 더 유용할 것입니다. 그래픽 인터페이

스는 코드 작성으로 직접 구현하기 힘들어 파이썬 표준 라이브러리에서 GUI를 생성하는 tkinter 모듈을 불러와 사용하면 편리합니다. 챗GPT에게 tkinter 모듈을 사용하는 것을 전제로 계산기 앱의 화면 구성을 설명하는 내용을 요청합니다. 계산기 기능 설정을 위해 입력을 취소하는 C 버튼과 계산을 수행하는 = 버튼도 지정해야 합니다.

 참고 | 모듈(Module)

표준 라이브러리를 구성하는 '모듈(Module)'은 파이썬에서 코드를 구성하고 재사용하기 위한 단위이며 함수, 클래스, 변수 등의 코드를 논리적으로 묶어놓은 것을 뜻합니다. 모듈은 다른 파이썬 파일에서도 불러와서 사용할 수 있으며, 파이썬의 표준 라이브러리에도 여러 유용한 모듈들이 포함되어 있습니다.

사칙연산 계산기 구현을 위한 파이썬 코딩 예시

 tkinter 모듈을 사용하여 간단한 계산기 앱을 만들고 싶습니다. GUI를 생성하고, 사용자 입력에 따라 계산을 수행하는 기능을 제공합니다. 계산 결과는 결과 필드에 표시됩니다. 사용자는 숫자 버튼을 클릭하여 숫자를 입력하고, 연산자 버튼을 클릭하여 사칙연산을 선택할 수 있습니다. "C" 버튼을 클릭하면 입력을 초기화하고, "=" 버튼을 클릭하면 계산을 수행합니다. 파이썬 코드를 작성해 주세요.

 다음은 파이썬과 tkinter 라이브러리 모듈을 사용해 간단한 계산기 앱을 만드는 코드 예시입니다. 코드를 실행하면 GUI 창이 열리고 사용자는 숫자 버튼을 클릭해 숫자를 입력하고, 연산자 버튼을 클릭하여 사칙연산을 선택할 수 있습니다. "C" 버튼을 클릭하면 입력이 초기화되고, "=" 버튼을 클릭하면 계산이 수행되어 결과가 결과 필드에 표시됩니다.

```python
import tkinter as tk

def button_click(number):
    current=entry.get()
```

```python
        entry.delete(0, tk.END)
        entry.insert(tk.END, current + str(number))


def button_clear():
    entry.delete(0, tk.END)


def button_equal():
    expression=entry.get()
    try:
        result=eval(expression)
        entry.delete(0, tk.END)
        entry.insert(tk.END, result)
    except:
        entry.delete(0, tk.END)
        entry.insert(tk.END, "Error")


root=tk.Tk()
root.title("계산기")

entry=tk.Entry(root, width=30)
entry.grid(row=0, column=0, columnspan=4)
# 숫자 버튼 생성
button_1=tk.Button(root, text="1", padx=20, pady=10,
command=lambda: button_click(1))
button_2=tk.Button(root, text="2", padx=20, pady=10,
command=lambda: button_click(2))
button_3=tk.Button(root, text="3", padx=20, pady=10,
command=lambda: button_click(3))
button_4=tk.Button(root, text="4", padx=20, pady=10,
command=lambda: button_click(4))
button_5=tk.Button(root, text="5", padx=20, pady=10,
command=lambda: button_click(5))
button_6=tk.Button(root, text="6", padx=20, pady=10,
```

```
    command=lambda: button_click(6))
    button_7=tk.Button(root, text="7", padx=20, pady=10,
    command=lambda: button_click(7))
    button_8=tk.Button(root, text="8", padx=20, pady=10,
    command=lambda: button_click(8))
    button_9=tk.Button(root, text="9", padx=20, pady=10,
    command=lambda: button_click(9))
    button_0=tk.Button(root, text="0", padx=20, pady=10,
    command=lambda: button_click(0))

    # 연산자 버튼 생성
    button_add=tk.Button(root, text="+", padx=19, pady=10,
    command=lambda: button_click("+"))
    button_subtract=tk.Button(root, text="-", padx=20, pady=10,
    command=lambda: button_click("-"))
    button_multiply=tk.Button(root, text="*", padx=20, pady=10,
    command=lambda: button_click("*"))
    button_divide=tk.Button(root, text="/", padx=20, pady=10,
    command=lambda: button_click("/"))

    # 기능 버튼 생성
    button_clear=tk.Button(root, text="C", padx=18, pady=10,
    command=button_clear)
    button_equal=tk.Button(root, text="=", padx=19, pady=10,
    command=button_equal)

    # 숫자 버튼 배치
    button_1.grid(row=1, column=0)
    button_2.grid(row=1, column=1)
    button_3.grid(row=1, column=2)
    button_4.grid(row=2, column=0)
    button_5.grid(row=2, column=1)
    button_6.grid(row=2, column=2)
```

```
button_7.grid(row=3, column=0)
button_8.grid(row=3, column=1)
button_9.grid(row=3, column=2)
button_0.grid(row=4, column=0)

# 연산자 버튼 배치
button_add.grid(row=1, column=3)
button_subtract.grid(row=2, column=3)
button_multiply.grid(row=3, column=3)
button_divide.grid(row=4, column=3)

# 기능 버튼 배치
button_clear.grid(row=4, column=1)
button_equal.grid(row=4, column=2)

root.mainloop()
```

…

이 코드를 실행하면 tkinter를 사용해 간단한 계산기 앱이 생성됩니다. 사용자는 숫자 버튼을 클릭하여 숫자를 입력하고, 연산자 버튼을 클릭해 사칙연산을 선택할 수 있습니다. "C" 버튼을 클릭하면 입력이 초기화되고, "=" 버튼을 클릭하면 계산이 수행되어 결과가 결과 필드에 표시됩니다.

GUI를 활용하는 계산기 만들기 코드는 〔TERMINAL〕 탭에서 사칙연산을 수행하는 계산기 기능의 코드보다 더 내용이 복잡합니다. 가장 먼저 tkinter 모듈을 불러오고, 계산기 앱에서 각 버튼과 계산을 수행하는 데 필요한 함수들을 정의합니다. 예시 코드와 같이 함수들이 일목요연하게 정의되면 사용자가 숫자 버튼을 클릭하거나 [C] 또는 [=] 버튼을 클릭할 때마다 해당 함수들이 호출되어 입력 필드의 내용을 업데이트하고 계산을 수행합니다. 전체 코드를 실행해 보면 사용자는 간단한 사칙연산 계산을 할 수 있는 GUI 계산기를 사용할 수 있습니다. 계산기 구성에 사용된 함수들을 하나씩 살펴보면 다음과 같습니다.

- **def button_click(number)**: 숫자 버튼이 클릭되었을 때 호출되는 함수입니다. 사용자가 숫자 버튼을 클릭하면 해당 숫자가 'number' 매개변수로 전달됩니다. 이 함수 아래 다음의 세부 사항을 지정합니다.

  - current = entry.get(): 'entry'는 tkinter에서 생성한 입력 필드(Entry)를 의미합니다. 'entry.get()'은 입력 필드에 있는 현재 텍스트를 가져오는 메서드를 호출하여 'current' 변수에 저장합니다.

  - entry.delete(0, tk.END): 'entry' 입력 필드의 내용을 지우는 메서드입니다. '0'은 첫 번째 문자열 위치를, 'tk.END'는 문자열의 마지막 위치를 나타냅니다. 즉, 입력 필드의 내용을 모두 지우는 역할을 합니다.

  - entry.insert(tk.END, current + str(number)): 지워진 입력 필드에 현재 값 ('current')과 새로 눌린 숫자('number')를 이어 붙여서 다시 입력 필드에 삽입합니다. 이를 통해 사용자가 여러 숫자를 입력할 수 있습니다.

- **def button_clear()**: [C] 버튼을 클릭했을 때 호출되는 함수입니다. 사용자가 [C] 버튼을 클릭하면 입력이 초기화됩니다.

  - entry.delete(0, tk.END): 'entry' 입력 필드의 내용을 지워서 초기화하는 역할을 합니다.

- **def button_equal()**: [=] 버튼을 클릭했을 때 호출되는 함수입니다. 사용자가 [=] 버튼을 클릭하면 계산을 수행하고 결과를 표시합니다. 다음은 계산을 수행하는 필요한 사항입니다.

  - expression = entry.get(): 'entry' 입력 필드의 현재 텍스트를 가져와서 'expression' 변수에 저장합니다.

  - try 블록: 'eval()' 함수를 사용해 'expression' 변수에 저장된 문자열을 파이썬 코드로 실행합니다. 이를 통해 문자열로 표현된 수식을 계산합니다.

  - result = eval(expression): 수식을 계산하여 결과를 'result' 변수에 저장합니다.

  - entry.delete(0, tk.END): 'entry' 입력 필드의 내용을 지워서 결과를 표시하는 역할을 합니다.

- entry.insert(tk.END, result): 계산된 'result' 값을 입력 필드에 삽입해 사용자
에게 결과를 보여줍니다.
- except: 수식 계산 중에 오류가 발생하면(예 사용자가 잘못된 수식을 입력한
경우), 'except' 블록이 실행되어 입력 필드에 "Error"라는 메시지를 표시합니다.

tkinter는 파이썬에서 기본으로 제공하는 GUI 라이브러리입니다. 'tkinter'는 'tk interface'의 준말이며, 그래픽 사용자 인터페이스를 만들기 위해 TCL/tk를 파이썬에 연결하는 라이브러리입니다. 여기서 tk는 TCL^{Tool Command Language}을 기반으로 한 크로스 플랫폼 GUI 개발 도구^{Toolkit}인데, tkinter를 사용하면 TCL/tk를 파이썬으로 간편하게 사용할 수 있습니다. tkinter는 많은 운영체제에 기본으로 포함되어 있기 때문에 파이썬에서 GUI 프로그래밍을 하기 위해 별도의 설치 과정이 필요하지 않습니다.

tkinter를 사용하면 간단한 대화형 창, 버튼, 메뉴, 텍스트 상자, 캔버스 등 다양한 위젯^{Widget}들을 생성하고 관리할 수 있습니다. 이러한 위젯들을 조합하여 원하는 레이아웃의 사용자 인터페이스를 구성할 수 있습니다. tkinter는 비교적 쉽고 직관적인 인터페이스를 제공하여 파이썬으로 작성된 GUI 애플리케이션을 빠르게 개발할 수 있도록 도와줍니다. tkinter를 사용해서 만든 GUI 앱은 윈도우^{Windows}, 맥OS^{MacOS}, 리눅스^{Linux} 등 다양한 운영체제에서 동작합니다.

함수 설정을 위한 코드 다음에는 GUI를 구성하는 여러 버튼과 디스플레이의 레이아웃을 설정하는 코드가 나열됩니다. 1부터 0까지 10개 숫자 버튼과 사칙연산을 위한 4개의 연산자 버튼, 취소하는 C 버튼, 계산을 수행하는 = 버튼까지 생성합니다. 이렇게 생성한 버튼들을 계산기 창에 어떻게 배치할지 줄^{Row}과 칸^{Column}으로 배치해야 합니다. 전체 코드를 복사해 비주얼 스튜디오 코드에 붙여 넣고 실행하면 작은 사각형의 창에 가로로 긴 디스플레이 화면과 버튼들이 배열된 앱이 나타납니다. 여기서 마우스로 숫자와 연산자를 클릭하고 [=] 버튼을 누르면 디스플레이에 결과가 표시됩니다. 새로 계산하려면 [C] 버튼을 눌러 초기화하고 다

시 숫자와 연산자를 클릭합니다. 이 모든 것은 계산기 앱 화면에서 눈에 보이는 대로 입력하고 결과를 확인하는 그래픽 인터페이스 방식으로 나타납니다.

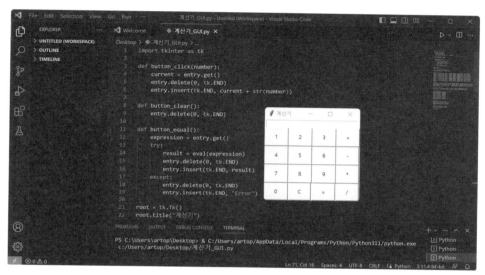

▲ tkinter 라이브러리를 사용하여 GUI 계산기 코드를 실행한 결과 예시

거북이로 그림을 그리자 _ turtle 모듈 활용하기

그래픽 환경은 사용자에게 코딩의 결과를 시각적으로 인식할 수 있게 도와주므로 코딩 초보자의 학습에 유용합니다. 그러나 그래픽 환경을 조성하는 것 자체를 일일이 기본 코드로 작성하기는 매우 어렵기 때문에 표준 라이브러리 모듈을 불러와서 사용합니다. 앞에서 본 tkinter 모듈도 그래픽 레이아웃 정도만 지정해서 화면에 보이는 기능을 쉽게 작성할 수 있도록 도와줍니다. 그래픽 화면에 그림을 그리기 위한 라이브러리 모듈로는 '터틀turtle'을 자주 사용합니다. 터틀은 GUI를 제공하여 기본적인 그래픽 도형을 그릴 수 있도록 도와주는 모듈입니다. 터틀 모듈을 사용하면 간단한 그림 그리기나 도형 그리기 등의 기능을 간단한 명령어로 쉽게 구현할 수 있습니다. 터틀 모듈은 파이썬 표준 라이브러

리에 포함되어 있으므로 따로 설치할 필요가 없으며, 언제든 불러와서 사용할 수 있습니다.

터틀 그래픽 표현을 위한 코드 예시

 파이썬 코드로 별 10개를 그리고 싶어요. 터틀을 이용해 배경은 분홍색으로 표현하고 별 10개 모두 다른 크기, 위치, 모양으로 그려주세요.

 다음은 요구사항에 맞게 파이썬 코드를 작성한 예시입니다. 터틀 그래픽 모듈인 turtle을 사용하여 별 10개를 그리고 배경을 분홍색으로 설정합니다.

```python
import turtle
import random

# 배경 설정
screen=turtle.Screen()
screen.bgcolor("pink")

# 터틀 초기 설정
my_turtle=turtle.Turtle()
my_turtle.speed(10)
my_turtle.penup()

# 별 그리기 함수
def draw_star(size, x, y):
    my_turtle.goto(x, y)
    my_turtle.pendown()
    my_turtle.fillcolor(random.choice(["red", "orange", "yellow",
"green", "blue", "purple"]))
    my_turtle.begin_fill()
    for _ in range(5):
        my_turtle.forward(size)
```

```
            my_turtle.right(144)
        my_turtle.end_fill()
        my_turtle.penup()

# 10개의 별 그리기
for _ in range(10):
    size=random.randint(10, 100)
    x=random.randint(-300, 300)
    y=random.randint(-200, 200)
    draw_star(size, x, y)

# 그림 창 유지
turtle.done()

...
```

이 코드를 실행하면 별 10개가 다른 크기와 위치, 모양으로 그려진 후 분홍색 배경 위에 표시됩니다. 각 별의 크기는 10에서 100 사이 임의의 값으로 지정되며, x와 y 좌표는 −300에서 300 사이 및 −200에서 200 사이 임의의 값으로 설정됩니다. 또한, 각 별의 색상은 빨강, 주황, 노랑, 초록, 파랑, 보라 중에서 무작위로 선택됩니다.

챗GPT가 생성한 코드를 살펴보면 가장 먼저 turtle과 random 모듈을 불러옵니다. turtle 모듈은 그래픽 표현 기능을 담당하고, random 모듈은 무작위 생성을 지원합니다. 그다음에는 배경색과 터틀의 그래픽 생성 속도 같은 기본값을 설정합니다. 이어서 별을 그리는 방법을 함수로 설정하고, 색상으로 채우는 방법도 지정합니다. 마지막으로 for 구문을 사용하여 10개의 별이 무작위적인 크기와 위치에 그려지는 수치를 지정합니다. 이 코드를 비주얼 스튜디오 코드에 붙여 넣고 실행해 보면 다음과 같은 파이썬 터틀 그래픽 창이 표시되고 10개의 별이 무작위로 그려지는 모습을 볼 수 있습니다. 이 코드의 실행을 반복하면 random 모듈에 의해 별의 위치, 컬러, 크기가 매번 무작위로 그려지는 것을 확인할 수 있습니다.

▲ 터틀 그래픽 모듈로 별을 그리는 코드 실행 예시

참고 | 디버깅(Debugging)

디버깅은 오류를 찾아 수정한다는 의미로 '벌레를 잡는다'는 은유적인 표현에서 비롯된 코딩 용어입니다. 만약 〔TERMINAL〕 탭에 에러 메시지가 나타나면 오른쪽 상단의 실행(Run Python File) 아이콘을 클릭하여 'Debug Python File'을 선택합니다. 그러면 디버그 모드에서 문제가 되는 부분을 바로잡아 코드가 실행됩니다. 아니면 왼쪽 〔RUN AND DEBUG〕 탭의 파란색 [Run and Debug] 버튼을 클릭해 실행해도 됩니다.

 **참고** 파이썬 표준 라이브러리 대표 모듈 10가지

파이썬 표준 라이브러리는 파이썬 언어와 함께 기본으로 제공되는 모듈들의 모음입니다. 다양한 용도로 사용할 수 있는 수많은 모듈이 포함되어 있습니다. 파이썬 표준 라이브러리 중 앞에서 다루었던 tkinter와 turtle 외에 자주 쓰이는 모듈은 다음과 같습니다.

- **math**: 수학적인 함수들을 제공하는 모듈로, 산술 연산, 삼각함수, 로그 등 수학적인 작업을 수행할 때 사용합니다.

- **random**: 난수를 생성하는 함수들을 제공하는 모듈로, 게임이나 시뮬레이션에서 무작위로 선택하거나 수를 섞을 때 필요합니다.

- **os**: 운영체제와 상호 작용할 때 필요한 기능들을 제공하는 모듈로, 파일 경로 조작, 환경 변수 설정, 디렉터리 생성 등을 할 수 있습니다.

- **datetime**: 날짜와 시간을 다루는 함수들을 제공하는 모듈이며 날짜와 시간을 생성하고 형식화하고 연산하는 기능을 제공합니다.

- **json**: JSON(JavaScript Object Notation) 형식의 데이터를 다루는 함수들을 제공하는 모듈로 데이터 직렬화 및 역직렬화를 지원합니다.

- **re**: 정규 표현식(Regular Expression)을 다루는 함수들을 제공하는 모듈이며 문자열 검색, 패턴 매칭 등에 사용됩니다.

- **collections**: 추가적인 데이터 구조를 제공하는 모듈로 deque, defaultdict, Counter 등이 있습니다.

- **itertools**: 반복할 수 있는 객체를 다루는 함수들을 제공하는 모듈이며 순열, 조합, 무한 반복 등에 사용됩니다.

- **urllib**: URL과 웹 요청을 다루는 함수들을 제공하는 모듈로, 웹에서 데이터를 가져오거나 웹 요청을 보낼 때 사용됩니다.

- **csv**: CSV(Comma-Separated Values) 형식의 데이터를 다루는 함수들을 제공하는 모듈로 CSV 파일을 읽고, 쓸 때 사용됩니다.

이 외에도 더 많은 유용한 모듈들이 파이썬 표준 라이브러리에 포함되어 있습니다. 이러한 표준 라이브러리의 모듈들은 파이썬에 함께 포함되어 있으므로 별도의 설치 과정 없이 바로 사용할 수 있습니다.

코딩의 꽃은 게임이지 _ 그래픽 게임 만들기

대부분의 코딩 학습에서 실습 과제로 자주 쓰이는 것은 간단한 게임 개발입니다. 게임에는 그래픽 화면이 등장하고, 사용자 입력을 실시간으로 받아서 대응하는 결과를 표출합니다. 규칙에 따라 점수도 증감하면서 사용자의 실수가 누적되면 게임이 종료되는 방식이 보편적입니다. 앞의 코드에서 사용한 turtle과 random 모듈에 time 모듈을 추가로 불러와서 간단한 게임을 만들어 보겠습니다. 계산기나 그림 그리기 코드에 비교해서 설정할 요소가 많아 더 복잡합니다. 가장 먼저 만들기 원하는 게임의 시각적 요소와 규칙을 정해야 합니다. 벽돌 피하기 게임이라고 가정하고, 게임이 어떻게 진행될지 구상해 봅니다. 게임의 화면 구성과 규칙을 정해서 챗GPT에 설명하고 코드 작성을 요청합니다.

터틀 그래픽으로 게임을 구현하는 코드 예시

 파이썬의 turtle 모듈을 사용하여 사물 피하기 게임을 작성하고 싶습니다. 사물 피하기 게임은 간단한 키보드 조작으로 플레이어가 장애물을 피하며 오래 살아남는 게임입니다. (1) 플레이어는 키보드 방향 키로 상, 하, 좌, 우로 이동할 수 있으며 누를 때마다 움직입니다. (2) 게임에서 장애물은 위쪽에서 아래쪽으로 나타납니다. (3) 점수는 시간입니다. 시간은 초 단위로 더해집니다. (5) 플레이어와 장애물이 충돌할 때마다 충돌 횟수가 증가되며 게임은 진행됩니다. (6) 점수와 충돌 횟수는 화면 위쪽에 표현해 주세요. (7) 충돌 횟수가 5번이 되면 "Game Over"라는 문구와 함께 게임을 종료합니다. 코드를 작성해 주세요.

다음은 파이썬의 turtle 모듈을 사용하여 구현한 사물 피하기 게임의 예시 코드입니다. 게임의 주요 요소들과 조건들을 모두 포함하고 있습니다.

```python
import turtle
import time
import random

# 게임 환경 설정
win = turtle.Screen()
win.title("사물 피하기 게임")
win.bgcolor("white")
win.setup(width=600, height=600)
win.tracer(0)

# 플레이어 설정
player = turtle.Turtle()
player.shape("turtle")
player.color("black")
player.penup()
player.speed(0)
player.goto(0, -250)
player.direction = "stop"
# 점수와 충돌 횟수 초기화
score = 0
collisions = 0

# 점수와 충돌 횟수를 표시할 터틀 생성
hud = turtle.Turtle()
hud.color("black")
hud.penup()
hud.hideturtle()
hud.goto(0, 260)
hud.write(f"Score: {score}  Collisions: {collisions}",
align="center", font=("Courier", 16, "normal"))
```

```
# 장애물 생성
obstacles=[]

def create_obstacle():
    obstacle=turtle.Turtle()
    obstacle.shape("square")
    obstacle.color("red")
    obstacle.penup()
    obstacle.speed(0)
    x=random.randint(-280, 280)
    y=300
    obstacle.goto(x, y)
    obstacles.append(obstacle)

# 플레이어 이동 함수
def move_up():
    player.direction="up"

def move_down():
    player.direction="down"
def move_left():
    player.direction="left"

def move_right():
    player.direction="right"

# 키보드 이벤트 처리
win.listen()
win.onkeypress(move_up, "Up")
win.onkeypress(move_down, "Down")
win.onkeypress(move_left, "Left")
win.onkeypress(move_right, "Right")
```

```python
# 메인 게임 루프
while True:
    win.update()

    # 플레이어 이동 처리
    if player.direction == "up":
        y = player.ycor()
        player.sety(y + 2)
    elif player.direction == "down":
        y = player.ycor()
        player.sety(y - 2)
    elif player.direction == "left":
        x = player.xcor()
        player.setx(x - 2)
    elif player.direction == "right":
        x = player.xcor()
        player.setx(x + 2)

    # 장애물 이동 처리 및 충돌 검사
    for obstacle in obstacles:
        y = obstacle.ycor()
        obstacle.sety(y - 2)

        # 플레이어와 장애물의 충돌 검사
        if obstacle.distance(player) < 20:
            collisions += 1
            hud.clear()
            hud.write(f"Score: {score} Collisions: {collisions}",
align="center", font=("Courier", 16, "normal"))

        # 장애물이 화면 아래로 벗어나면 제거하고 새로운 장애물 생성
        if obstacle.ycor() < -300:
```

```
            x = random.randint(-280, 280)
            obstacle.goto(x, 300)

    # 점수 업데이트
    score += 1
    hud.clear()
    hud.write(f"Score: {score} Collisions: {collisions}",
align="center", font=("Courier", 16, "normal"))

    # 충돌 횟수가 5번이 되면 게임 종료
    if collisions >= 5:
        hud.goto(0, 0)
        hud.write("Game Over", align="center", font=("Courier", 24,
"normal"))
        time.sleep(2)
        break

    # 일정 시간마다 장애물 생성
    if score % 100 == 0:
        create_obstacle()

    time.sleep(0.01)
```

……

앞의 코드는 turtle 모듈을 사용하여 간단한 사물 피하기 게임을 구현한 예시입니다. 플레이어는 화살표 키를 사용하여 상, 하, 좌, 우로 이동할 수 있으며, 장애물은 위에서 아래로 내려옵니다. 점수는 시간으로 표시되며, 충돌할 때마다 충돌 횟수가 증가합니다. 충돌 횟수가 5번이 되면 "Game Over" 메시지가 표시되고 게임이 종료됩니다.

(**참고**: 이 예시 코드는 간단한 사물 피하기 게임의 구현을 보여주기 위한 것으로, 게임 로직의 완전성이나 그래픽 디자인의 품질을 보장하지는 않습니다. 게임의 규모를 확장하거나 시각적인 향상을 위해서는 추가적인 수정이 필요할 수 있습니다.)

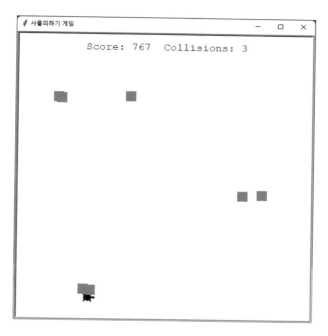

▲ 사물 피하기 게임에서 1회 충돌 후 종료되는 장면

챗GPT가 생성한 게임 코드를 비주얼 스튜디오 코드에 붙여 넣고 실행해 보면 게임 화면 위쪽에서 빨간 사각형들이 아래쪽으로 떨어지며 스코어^{Score}가 증가하는 상황이 펼쳐집니다. 사용자는 방향 키를 눌러서 거북이를 좌우로 움직여 가며 낙하하는 빨간 사각형과의 충돌을 피해야 합니다. 그런데 빨간 사각형과 한 번만 접촉해도 충돌^{Collisions} 수치가 4로 표시되며 게임이 종료됩니다. 정상적인 게임이라면 네 번의 충돌을 각각 감지해야 하고, 한 번 충돌했을 때는 수치가 연속적으로 증가하지 않아야 합니다. 이 같은 문제를 해결하려면 코드 중간에 있는 '# 메인 게임 루프' 중에서 '# 플레이어와 장애물의 충돌 검사' 부분의 코드를 수정해야 됩니다. 코드를 보면 장애물^{Obstacle}과 플레이어^{Player}의 거리가 20 미만이면 충돌 횟수가 증가하는 것으로 지정되어 있습니다. 해당 부분의 코드 블록을 복사한 후 챗GPT에게 제시하고 수정 보완을 요청합니다.

터틀 그래픽으로 만든 게임의 문제를 수정하는 예시

```
# 플레이어와 장애물의 충돌 검사

    if obstacle.distance(player) < 20:

        collisions +=1

        hud.clear()

        hud.write(f"Score: {score}  Collisions: {collisions}", align="center",
font=("Courier", 16, "normal"))
```

이 부분에서 장애물 충돌이 20 이하에서 연속 증가하지 않고, 1회만 충돌한 것으로 수정해 주세요.

물체의 충돌 검사는 특정 순간에 한 번만 처리되도록 변경하려면, 충돌이 감지되었을 때 해당 장면에서 충돌을 다시 검사하는 것을 방지해야 합니다. 이를 위해 collision_detected라는 변수를 도입하여 충돌이 감지된 후에 일시적으로 충돌 검사를 무시하도록 할 수 있습니다.

다음은 수정된 코드입니다:

```
import turtle
import time
import random

# (이전 코드 생략)

# 플레이어와 장애물의 충돌 검사
def check_collision():
    global collisions
    for obstacle in obstacles:
        if obstacle.distance(player) < 20:
            collisions +=1
            hud.clear()
```

```
        hud.write(f"Score: {score}  Collisions: {collisions}",
align="center", font=("Courier", 16, "normal"))
            return True
    return False

# 메인 게임 루프
while True:
    win.update()

    # (이전 코드 생략)

    # 장애물 이동 처리 및 충돌 검사
    for obstacle in obstacles:
        y=obstacle.ycor()
        obstacle.sety(y - 2)

        # 장애물이 화면 아래로 벗어나면 제거하고 새로운 장애물 생성
        if obstacle.ycor() < -300:
            x=random.randint(-280, 280)
            obstacle.goto(x, 300)
    # 점수 업데이트
    score +=1
    hud.clear()
    hud.write(f"Score: {score}  Collisions: {collisions}",
align="center", font=("Courier", 16, "normal"))

    # 플레이어와 장애물 충돌 검사
    if not collision_detected:
        if check_collision():
            collision_detected=True
    # 충돌 횟수가 5번이 되면 게임 종료
    if collisions >=5:
        hud.goto(0, 0)
```

```
        hud.write("Game Over", align="center", font=("Courier", 24,
"normal"))
        time.sleep(2)
        break

    # 일정 시간마다 장애물 생성
    if score % 100==0:
        create_obstacle()

    time.sleep(0.01)

…
```

위 코드에서는 collision_detected라는 변수를 도입하여, 한 번의 충돌이 감지된 후에는 잠시 충돌 검사를 무시하도록 하였습니다. 이렇게 함으로써 플레이어와 장애물의 충돌이 한 번만 처리됩니다. 코드의 가독성을 높이기 위해 check_collision 함수를 만들어서 충돌 검사를 수행하도록 분리하였습니다.

챗GPT가 새로 수정해 준 코드를 부분적으로 복사하여 원래 코드의 각 부분에 덮어씌우며 편집합니다. 수정한 코드를 실행해 보면 'NameError: name 'collision_detected' is not defined' 경고가 발생합니다. 코드 중간 부분의 '# 플레이어와 장애물 충돌 검사' 아래 'if not collision_detected:'에서 'collision_detected'라는 변수가 제대로 선언되지 않아서 발생하는 문제로 보입니다. 이 문제도 챗GPT에게 알리고 수정 보완을 요청합니다. 그러면 다음과 같이 변수 초기화를 함수 선언 앞에 추가해서 해결하라고 답변합니다.

```
# 충돌 감지 여부 변수 초기화
collision_detected = False
```

해당 코드 한 줄을 추가하면 경고가 사라지고 게임이 실행됩니다. 그런데 이번에는 플레이어와 사각형이 충돌해도 충돌 횟수^{Collisions}가 계속 1에 머물러 있는 문제가 보입니다. 게다가 플레이어를 상징하는 거북이는 방향 키를 눌렀을 때 계속 이동해서 화면 밖으로 사라지는 문제도 나타납니다. 이제부터는 챗GPT에 문제를 어떻게 논리적으로 설명하는지가 중요합니다. 먼저 비주얼 스튜디오 코드 편집창 아래 (TERMINAL) 탭에 어떤 경고와 메시지가 나타나는지 확인하고, 경고 내용까지 블록으로 복사하여 챗GPT의 프롬프트 창에 붙여 넣으며 발생한 문제점을 설명합니다. 몇 번의 문제점 설명과 답변 생성을 반복하다 보면 해결책을 찾을 수 있습니다. 이 예시에 나타난 게임의 사각형 충돌 횟수 증가 문제는 결국 'collision_timer' 변수를 고안해서 장애물에 충돌할 때 횟수는 1만 증가하고, 1초간 횟수 증가의 예외 상황으로 설정해서 문제를 해결했습니다. 수정 과정을 거듭하다 보면 코드가 꼬이거나 누락되는 문제가 발생할 수도 있습니다. 이때는 처음부터 깨끗하게 코드를 작성해 달라고 요청하면 됩니다.

게임의 스코어 문제를 수정한 코드 예시

 이전 코드에 문제가 있습니다. 장애물에 1번 접촉해도 Collisions 횟수가 5로 증가하고 Game Over가 표시됩니다. 1번 충돌하면 횟수 1만 증가하고, 1초간 횟수 증가를 예외로 하다가 다시 복귀하면 좋겠습니다. 처음부터 끝까지 깨끗하게 코드를 작성해 주세요.

 Apologies for the confusion. Let's fix the issue with the collision count and make sure it only increases by 1 when there is a collision.

To achieve this, we can introduce a variable collision_timer to keep track of the time when a collision occurs. We will only increase the collision count when the current time is greater than the collision_timer plus 1 second. This way, the collision count will increase by 1 per collision.

Let's make the necessary changes to the code:

```
...
import turtle
import time
import random

# 게임 환경 설정
win = turtle.Screen()
win.title("사물피하기 게임")
win.bgcolor("white")
win.setup(width=600, height=600)
win.tracer(0)

# 플레이어 설정
player = turtle.Turtle()
player.shape("turtle")
player.color("black")
player.penup()
player.speed(0)
player.goto(0, -250)

# 점수와 충돌 횟수 초기화
score = 0
collisions = 0
collision_timer = 0

# 점수와 충돌 횟수를 표시할 터틀 생성
hud = turtle.Turtle()
hud.color("black")
hud.penup()
hud.hideturtle()
hud.goto(0, 260)
hud.write(f"Score: {score} Collisions: {collisions}",
align="center", font=("Courier", 16, "normal"))
```

```python
# 장애물 생성
obstacles=[]

# 플레이어 이동 함수
def move_up():
    y=player.ycor()
    player.sety(y + 20)

def move_down():
    y=player.ycor()
    player.sety(y - 20)

def move_left():
    x=player.xcor()
    player.setx(x - 20)

def move_right():
    x=player.xcor()
    player.setx(x + 20)

# 키보드 이벤트 처리
win.listen()
win.onkeypress(move_up, "Up")
win.onkeypress(move_down, "Down")
win.onkeypress(move_left, "Left")
win.onkeypress(move_right, "Right")

# 충돌 감지 함수
def check_collision():
    for obstacle in obstacles:
        if obstacle.distance(player) < 20:
            return True
    return False
```

```python
# 장애물 생성 함수
def create_obstacle():
    obstacle = turtle.Turtle()
    obstacle.shape("square")
    obstacle.color("red")
    obstacle.penup()
    obstacle.speed(0)
    x = random.randint(-280, 280)
    y = 300
    obstacle.goto(x, y)
    obstacles.append(obstacle)


# 게임 종료 후 대기 시간 설정
def game_over_delay():
    time.sleep(1)
    player.goto(0, -250)
    global collisions, collision_detected
    collisions = 0
    collision_detected = False
    hud.clear()
    hud.write(f"Score: {score}  Collisions: {collisions}",
align="center", font=("Courier", 16, "normal"))


# 충돌 감지 여부 변수 초기화
collision_detected = False


# 메인 게임 루프
def game_loop():
    global score, collisions, collision_timer

    win.update()

    # 장애물 이동 처리
```

```
    for obstacle in obstacles:
        y = obstacle.ycor()
        obstacle.sety(y - 2)


        # 장애물이 화면 아래로 벗어나면 제거하고 새로운 장애물 생성
        if obstacle.ycor() < -300:
            x = random.randint(-280, 280)
            obstacle.goto(x, 300)


    # 플레이어와 장애물 충돌 검사
    collision_detected = False
    for obstacle in obstacles:
        if not collision_detected:
            if obstacle.distance(player) < 20:
                collision_detected = True


                # 충돌 당 한 번만 충돌 횟수를 늘림
                if time.time() > collision_timer + 1:
                    collisions += 1
                    collision_timer = time.time()


                    # 충돌 타이머 업데이트
                    hud.clear()
                    hud.write(f"Score: {score}  Collisions:
{collisions}", align="center", font=("Courier", 16, "normal"))


    # 점수 업데이트
    score += 1
    hud.clear()
    hud.write(f"Score: {score}  Collisions: {collisions}",
align="center", font=("Courier", 16, "normal"))


    # 충돌 횟수가 5번이 되면 게임 종료
    if collisions >= 5:
```

```
        hud.goto(0, 0)
        hud.write("Game Over", align="center", font=("Courier", 24,
"normal"))
        return

    # 일정 시간마다 장애물 생성
    if score % 100==0:
        create_obstacle()

    # 게임 루프 반복
    win.ontimer(game_loop, 10)

# 게임 시작
game_loop()

# turtle.mainloop() 추가
turtle.mainloop()

...
```

앞의 코드에서는 collision_detected라는 변수를 도입하여 한 번의 충돌이 감지된 후에는 잠시 충돌 검사를 무시하도록 하였습니다. 이렇게 함으로써 플레이어와 장애물의 충돌이 한 번만 처리됩니다. 코드의 가독성을 높이기 위해 check_collision 함수를 만들어서 충돌 검사를 수행하도록 분리하였습니다.

여러 번의 수정과 보완을 거쳐 다시 깨끗하게 생성한 코드를 실행해 보니 이제 문제가 해결되어 게임이 원활하게 진행됩니다. 플레이어의 거북이는 키보드를 누를 때만 이동하고, 사각형 장애물에 한 번 부딪히면 충돌 횟수도 1씩만 증가해 5에 도달하면 Game Over 메시지도 나타납니다. 사용자가 원하는 코드를 적당히 설명해도 챗GPT가 한 번에 완벽하게 생성해 주면 좋겠지만, 현실은 그렇지 않습니다. 챗GPT에 게임의 룰을 어떻게 설명하느냐에 따라 생성하는 코드가 달라집니다. 기능 설명을 똑같이 반복해도 언어 모델인 챗GPT는 그때마다 약간씩 다른 코드를 작성하곤 합니다. 마치 사람이 같은 질문에도 상황에 따라 다른 답변을 내놓는 것과 유사합니다.

알고리즘을 챗GPT가 알아듣게 설명하자
_ 의사코드(Pseudo-Code)[3] 연습

앞의 게임 코드 작성에서 살펴본 것처럼 챗GPT는 완벽한 코드를 자동으로 생성하지 못합니다. 프롬프트에 사용자가 입력하는 내용에 따라 충실한 답변으로 내놓지만, 요청하는 내용을 제대로 설명하지 못하면 계속 동문서답을 할 수도 있습니다. 이것은 챗GPT의 문제가 아니라 인간 사용자의 문제로 나타나는 경우가 많습니다. 다른 글 작성과 마찬가지로 챗GPT가 잘 알아듣도록 원하는 코딩 내용을 논리적으로 설명하는 요령이 중요합니다. 코드 내용을 미리 논리적으로 구상하고 대충 작성해 보는 방법을 '의사코드[Pseudo-Code]'라고 합니다. 이것은 실제 작동하는 코드는 아니지만, 코드를 제대로 작성하기 위한 개요 또는 스케치를 의미합니다. 따라서 규칙이나 문법은 없지만, 실제 코드의 순서를 따라가고, 실제 키워드 등을 부분적으로라도 사용하면 좋습니다. 변수나 함수 이름 등은 원하는 대로 지어내도 되지만, 유추할 수 있는 표현이 기억하기에 편합니다. 어떤 방식이든 코드 작성자가 파악할 수 있는 내용이면 됩니다. 복잡한 알고리즘을 일목요연하게 정리하고, 코드의 개요를 의사코드로 작성하는 습관은 코딩 학습에도 큰 도움이 됩니다.

코딩 초보자라면 의사코드를 작성해 보는 연습은 필수입니다. 간단한 수학 계산식도 문제집이 아닌 코드에서 어떻게 풀어나가야 하는지 생각해 볼 수 있기 때문입니다. 만약 코딩 자체가 어렵게 느껴진다면 그냥 설명 문장으로 작성해도 됩

---

[3] 의사코드(슈도코드, Pseudo-Code): 자연어를 이용해 만든 문장을 프로그래밍 언어와 유사한 형식으로 배치한 코드

니다. 그다음 코딩 관습에 따라 키워드와 변수 등을 적절히 명명하면서 작성하는 단계로 넘어갑니다.

다음은 간단한 의사코드의 예시들입니다. 의사코드와 파이썬 코드를 비교해 보고, 코딩 문법을 고려하여 생각을 코드로 표현하는 연습이 필요합니다. 원하는 기능을 함수로 정의하고, 변수에 따른 결과를 어떻게 출력할지 결정하는 방식으로 코딩 연습을 수행하면 됩니다.

표 4. 덧셈 연습을 위한 의사코드와 파이썬 코드 예시

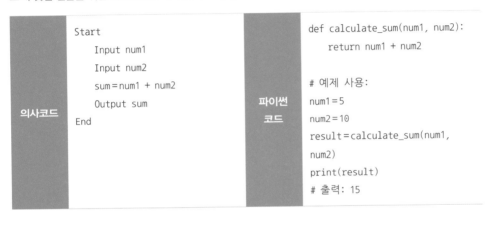

의사코드	파이썬 코드

Start
    Input num1
    Input num2
    sum=num1 + num2
    Output sum
End
	`def calculate_sum(num1, num2):`
	    `return num1 + num2`
	
	`# 예제 사용:`
	`num1=5`
	`num2=10`
	`result=calculate_sum(num1, num2)`
	`print(result)`
	`# 출력: 15`

표 5. 섭씨와 화씨 온도 변환을 위한 의사코드와 파이썬 코드 예시

의사코드	파이썬 코드

Start
    Input fahrenheit
    celsius=(fahrenheit - 32) * 5/9
    Output celsius
End
	`def fahrenheit_to_celsius(fahrenheit):`
	    `celsius=(fahrenheit - 32) * 5/9`
	    `return celsius`
	
	`# 예제 사용:`
	`fahrenheit_temp=68`
	`celsius_temp=fahrenheit_to_celsius(fahrenheit_temp)`
	`print(celsius_temp)`
	`# 출력: 20.0`

표 6. 소수의 구별을 위한 의사코드와 파이썬 코드 예시

의사코드	파이썬 코드
```Start Input num If num <= 1: Output "소수가 아님" For i from 2 to square root of num: If num is divisible by i: Output "소수가 아님" Output "소수"End```	```def is_prime(num): if num <= 1: return False for i in range(2, int(num**0.5) + 1): if num % i ==0: return False return True# 예제 사용:num = 17if is_prime(num): print(f"{num}은 소수이다.")else: print(f"{num}은 소수가 아니다.")# 출력: 17은 소수이다.```

세 가지로 정리해 줄게 _ 챗GPT와 함께 코딩하는 방법

챗GPT를 비롯한 거대 언어 모델 기반 인공지능 서비스의 코딩 능력은 최고로 완벽한 수준은 결코 아닙니다. 학습 과정에서 수많은 종류의 코드를 학습했지만, 인간처럼 사용자의 맥락을 잘 이해하고 숨은 의도까지 파악하지는 못합니다. 앞으로 경쟁 모델들 사이에서 성능 개선이 이루어지겠지만 현재로서는 챗GPT가 잘 이해하는 방식으로 원하는 코드를 설명하고 작성이나 문제 해결을 요청해야 합니다. 상대적으로 GPT-4 모델이 GPT-3.5 모델보다 사용자의 맥락을 더 잘 이해하는 경우가 많습니다. 그렇지만 간단한 구조나 코드의 일부분을 작성하는 수준에는 GPT-3.5 모델로도 충분합니다. 챗GPT에 코딩을

제대로 요청하는 방법을 세 가지 유형으로 구분하면 다음과 같습니다.

1   **문제를 세부적으로 정의하기**: 챗GPT에 코드 작성 요청을 할 때 사용자는 문제에 대해서 자세하게 설명해야 합니다. 해결할 문제가 명확하고 세부적일수록 챗GPT는 사용자의 필요를 정확하게 이해하고 적절한 코드를 작성할 수 있습니다. 특히 원하는 코드가 복잡하거나 특별한 요구가 있는 경우에는 한번에 요청하기보다 문제를 세부적으로 나누어 정의하고 요청하는 것이 중요합니다. 예를 들어, "나는 리스트의 모든 요소를 더하는 파이썬 함수를 만들고 싶어요."라고 요청하면 다음과 같은 코드를 받을 수 있습니다.

```python
def sum_list_elements(input_list):
    return sum(input_list)
```

2   **입력과 출력 제시하기**: 사용자는 예상되는 입력과 출력에 대해 챗GPT에게 정확하게 설명하는 것이 좋습니다. 입출력 관계를 통해 언어 모델은 어떤 데이터 구조를 사용해야 하며, 어떻게 작업을 수행해야 하는지 파악할 수 있습니다. 예를 들어, "문자열 리스트를 입력으로 받아, 각 문자열의 길이를 담은 리스트를 반환하는 함수를 만들어 주세요."라고 요청하면 다음과 같은 코드를 생성할 것입니다.

```python
def string_lengths(input_list):
    return [len(s) for s in input_list]
```

3   **예시 제공하기**: 코드의 동작을 설명하는 가장 좋은 방법은 예시를 제공하는 것입니다. 실제 데이터와 일부 코드를 제공하면 챗GPT는 문제를 제대로 이해하고 필요한 코드를 수월하게 작성할 수 있습니다. 예를 들어, "리스트 ['Hello', 'OpenAI', 'GPT']를 입력으로 받아서 각 요소의 문자 길이를 담은 리스트 [5, 6, 3]을 반환하는 함수를 만들어 주세요."라고 요청할 경우 다음과 같은 코드를 생성할 수 있습니다.

```python
def element_lengths(input_list):
    return [len(element) for element in input_list]
```

챗GPT와 같은 언어 모델의 코딩 능력 테스트는 특히 예시 코드를 주고 맥락을 파악하여 나머지 코드를 작성하게 지시하는 방식으로 수행됩니다. 챗GPT는 코드의 변수와 함수 명칭을 통해 의도를 파악하는 경우가 많기 때문에 사용자는 이름 짓기에 유의해야 합니다. 일반적인 키워드를 특정한 이름으로 사용한다면 언어 모델은 혼동을 일으키기 쉽습니다. 따라서 챗GPT에 문제를 설명하고 예시를 제공할 때는 키워드와 이름에 유의하는 것이 오해를 피하는 방법입니다. 다시 한번 강조하면 챗GPT는 언어 모델이기 때문에 코딩 문법을 잘 이해하고 있지만, 가장 자주 사용되는 구문 위주로 코드를 작성하고 일부 구성 요소를 놓치는 경우도 흔합니다. 그래서 사용자는 챗GPT가 생성한 코드를 맹신하지 말고, 먼저 비주얼 스튜디오 코드에서 실행해 보면서 문제점을 찾고 수정해서 활용해야 합니다. 코딩도 기능적인 글짓기와 유사하기 때문에 정답은 없습니다. 그렇지만 좋은 코드와 그렇지 못한 구분은 분명합니다. 같은 결과를 낸다면 더 짧고 명확한 코드가 좋은 코딩입니다.

챗GPT와 함께 코딩의 날개 달기

파이썬 라이브러리를 추가 설치하고 네트워크 데이터를 가져오는 API도 이용하여 다양한 앱 개발 아이디어를
현실화하는 방법을 챗GPT의 도움으로 빠르게 적용해 보고, 전문 개발자처럼 깃허브를 활용하는 방법도 안내합니다.

챗GPT로부터 코딩의 개념과 문법을 배우면서 코딩 예제를 연습
하고 보완하는 방식은 기존의 코딩 학습보다 많은 장점을 제공합니다. 더 정교
하고 복잡한 프로그램 개발을 위해 필요한 라이브러리를 불러와서 사용하고, 긴
코드의 부분을 나누어 각각의 기능을 구성하는 데 챗GPT의 도움을 받으면 스스로
코딩 실력을 크게 성장시킬 수 있습니다. 파이썬 개발자와 학습자들이 모인 커
뮤니티에서 조언을 얻고, 유사한 문제 해결 사례를 찾아볼 수도 있습니다. 더 나
아가 전문 개발자들의 클라우드 플랫폼인 깃허브에서 다양한 사례와 활용법을
살펴보면 초보를 넘어서 코딩 작업에 날개가 달릴 것입니다.

라이브러리를 추가하고 활용하자 _ 워드 클라우드 만들기

파이썬 언어는 웹 데이터의 수집과 가공을 통한 결과의 산출에도
유리합니다. 워드 클라우드Word Cloud는 텍스트 데이터를 수집하여 하나의 화면에

여러 단어를 조형적으로 표현하는 방식입니다. 최근 데이터 시각화의 방식 중에서 가장 잘 알려졌는데, 파이썬 코딩을 이용하면 어렵지 않게 구현할 수 있습니다. 외부 데이터를 가져오고 특정한 형식으로 변환하기 위해서는 기본 모듈 외에 프로그램 구현에 필요한 라이브러리를 설치해야 합니다. 수많은 라이브러리 중에서 어떤 것이 필요한지 챗GPT에 질문하여 답을 얻을 수 있습니다. 다만, 코딩은 글짓기처럼 하나의 정답만 있는 것은 아니기 때문에 필요한 라이브러리도 구현 방법에 따라 달라질 수 있습니다.

필요한 라이브러리 설치를 위해서는 윈도우 터미널 환경을 열어서 명령어를 입력하고 실행해야 합니다. 워드 클라우드 구현을 위해서는 인터넷 백과사전 사이트 위키피디아에서 데이터를 수집해 올 수 있는 wikipediaapi 라이브러리와 워드 클라우드 구성 라이브러리 WordCloud, 시각화 결과를 화면에 그려주는 라이브러리 matplotlib 등을 미리 설치해야 합니다. 여기에 필요한 명령어는 'pip install wikipedia-api wordcloud matplotlib'입니다.

▲ 윈도우 터미널에서 파이썬 라이브러리를 설치하는 명령 입력

이 명령은 파이썬3 패키지 설치자^{Package Installer for Python, PIP}를 이용하여 필요한 구성 요소를 네트워크로 내려받아 설치하는 기능을 수행합니다. 터미널 앱을 열면 Windows PowerShell 창이 표시되는데, 커서 위치에 위 명령을 입력하고, Enter 키를 누르면 파이썬 라이브러리 설치 과정이 진행됩니다. 검은 화면에 설치 진행 막대들이 나열되고 설치를 완료했다는 메시지가 나타나며 과정을 완료합니다. 맥OS에서는 터미널에서 파이썬 버전을 추가 입력해야 합니다(예 pip3 install wikipedia-api wordcloud matplotlib).

```
Windows PowerShell                                            —  □  ×

PS C:\Users\artop> pip install wikipedia-api wordcloud matplotlib
Collecting wikipedia-api
  Downloading Wikipedia_API-0.6.0-py3-none-any.whl (14 kB)
Collecting wordcloud
  Downloading wordcloud-1.9.2-cp311-cp311-win_amd64.whl (151 kB)
  ──────────────────────────────── 151.4/151.4 kB 8.8 MB/s eta 0:00:00
Collecting matplotlib
  Downloading matplotlib-3.7.2-cp311-cp311-win_amd64.whl (7.5 MB)
  ──────────────────────────────── 7.5/7.5 MB 10.4 MB/s eta 0:00:00
Collecting requests (from wikipedia-api)
  Downloading requests-2.31.0-py3-none-any.whl (62 kB)
  ──────────────────────────────── 62.6/62.6 kB 3.3 MB/s eta 0:00:00
Collecting numpy>=1.6.1 (from wordcloud)
  Downloading numpy-1.25.2-cp311-cp311-win_amd64.whl (15.5 MB)
  ──────────────────────────────── 15.5/15.5 MB 11.1 MB/s eta 0:00:00
Collecting pillow (from wordcloud)
  Downloading Pillow-10.0.0-cp311-cp311-win_amd64.whl (2.5 MB)
  ──────────────────────────────── 2.5/2.5 MB 10.7 MB/s eta 0:00:00
Collecting contourpy>=1.0.1 (from matplotlib)
  Downloading contourpy-1.1.0-cp311-cp311-win_amd64.whl (470 kB)
  ──────────────────────────────── 470.9/470.9 kB 9.8 MB/s eta 0:00:00
Collecting cycler>=0.10 (from matplotlib)
  Downloading cycler-0.11.0-py3-none-any.whl (6.4 kB)
Collecting fonttools>=4.22.0 (from matplotlib)
  Downloading fonttools-4.42.1-cp311-cp311-win_amd64.whl (2.1 MB)
  ──────────────────────────────── 2.1/2.1 MB 11.2 MB/s eta 0:00:00
Collecting kiwisolver>=1.0.1 (from matplotlib)
  Downloading kiwisolver-1.4.5-cp311-cp311-win_amd64.whl (56 kB)
  ──────────────────────────────── 56.1/56.1 kB 2.9 MB/s eta 0:00:00
Collecting packaging>=20.0 (from matplotlib)
  Downloading packaging-23.1-py3-none-any.whl (48 kB)
  ──────────────────────────────── 48.9/48.9 kB 2.4 MB/s eta 0:00:00
Collecting pyparsing<3.1,>=2.3.1 (from matplotlib)
  Downloading pyparsing-3.0.9-py3-none-any.whl (98 kB)
  ──────────────────────────────── 98.3/98.3 kB ? eta 0:00:00
Collecting python-dateutil>=2.7 (from matplotlib)
  Downloading python_dateutil-2.8.2-py2.py3-none-any.whl (247 kB)
  ──────────────────────────────── 247.7/247.7 kB 7.7 MB/s eta 0:00:00
Collecting six>=1.5 (from python-dateutil>=2.7->matplotlib)
```

```
  ──────────────────────────────── 56.1/56.1 kB 2.9 MB/s eta 0:00:00
Collecting packaging>=20.0 (from matplotlib)
  Downloading packaging-23.1-py3-none-any.whl (48 kB)
  ──────────────────────────────── 48.9/48.9 kB 2.4 MB/s eta 0:00:00
Collecting pyparsing<3.1,>=2.3.1 (from matplotlib)
  Downloading pyparsing-3.0.9-py3-none-any.whl (98 kB)
  ──────────────────────────────── 98.3/98.3 kB ? eta 0:00:00
Collecting python-dateutil>=2.7 (from matplotlib)
  Downloading python_dateutil-2.8.2-py2.py3-none-any.whl (247 kB)
  ──────────────────────────────── 247.7/247.7 kB 7.7 MB/s eta 0:00:00
Collecting six>=1.5 (from python-dateutil>=2.7->matplotlib)
  Downloading six-1.16.0-py2.py3-none-any.whl (11 kB)
Collecting charset-normalizer<4,>=2 (from requests->wikipedia-api)
  Downloading charset_normalizer-3.2.0-cp311-cp311-win_amd64.whl (96 kB)
  ──────────────────────────────── 96.6/96.6 kB 5.4 MB/s eta 0:00:00
Collecting idna<4,>=2.5 (from requests->wikipedia-api)
  Downloading idna-3.4-py3-none-any.whl (61 kB)
  ──────────────────────────────── 61.5/61.5 kB ? eta 0:00:00
Collecting urllib3<3,>=1.21.1 (from requests->wikipedia-api)
  Downloading urllib3-2.0.4-py3-none-any.whl (123 kB)
  ──────────────────────────────── 123.9/123.9 kB ? eta 0:00:00
Collecting certifi>=2017.4.17 (from requests->wikipedia-api)
  Downloading certifi-2023.7.22-py3-none-any.whl (158 kB)
  ──────────────────────────────── 158.3/158.3 kB 9.9 MB/s eta 0:00:00
Installing collected packages: urllib3, six, pyparsing, pillow, packaging, numpy, kiwisolver, idna,
fonttools, cycler, charset-normalizer, certifi, requests, python-dateutil, contourpy, wikipedia-api,
 matplotlib, wordcloud
Successfully installed certifi-2023.7.22 charset-normalizer-3.2.0 contourpy-1.1.0 cycler-0.11.0 font
tools-4.42.1 idna-3.4 kiwisolver-1.4.5 matplotlib-3.7.2 numpy-1.25.2 packaging-23.1 pillow-10.0.0 py
parsing-3.0.9 python-dateutil-2.8.2 requests-2.31.0 six-1.16.0 urllib3-2.0.4 wikipedia-api-0.6.0 wor
dcloud-1.9.2
[notice] A new release of pip is available: 23.1.2 -> 23.2.1
[notice] To update, run: python.exe -m pip install --upgrade pip
PS C:\Users\artop>
```

▲ 터미널에서 파이썬 라이브러리가 설치되는 과정

라이브러리 설치 방법을 이해했다면 워드 클라우드를 구현하는 파이썬 코드를 챗GPT에 작성하도록 요청합니다. 챗GPT는 요청 내용에 따라 여러 가지 방법으로 코드를 제안할 수 있습니다. 앞서 설치한 wikipediaapi 라이브러리를 사용하지 않고 'beautifulsoup4'와 같은 HTML 파싱^Parsing 라이브러리 패키지를 이용하여 위키피디아 페이지에 접근하는 방법도 가능합니다. 어떤 구현 방식이든 챗GPT가 생성한 코드를 비주얼 스튜디오 코드에 새 파이썬 파일로 붙여 넣고, 실행해 보면 결과 이미지를 볼 수 있습니다.

위키피디아 페이지의 텍스트를 이용한 워드 클라우드 구현 파이썬 코딩 예시

 파이썬 코드로 워드 클라우드를 구현합니다. 위키피디아에서 'Education' 주제어의 내용을 가져와서 워드 클라우드를 만드는 코드를 작성해 주세요.

```python
import wikipediaapi
from wordcloud import WordCloud
import matplotlib.pyplot as plt

# 위키피디아 사전 객체 생성
wiki_wiki=wikipediaapi.Wikipedia('English')

# "교육"에 대한 페이지 가져오기
page=wiki_wiki.page("Education")

# 페이지 내용에서 텍스트 추출
text=page.text

# WordCloud 객체 생성
wordcloud=WordCloud(width=800, height=400, background_
color="white").generate(text)

# 워드 클라우드 이미지를 화면에 출력
plt.figure(figsize=(10, 5))
```

```
plt.imshow(wordcloud, interpolation="bilinear")
plt.axis("off")
plt.show()
```

위 코드를 실행하면 사용자가 숫자와 연산자를 입력하면 해당 연산을 수행하고 결과를 출력합니다. 사용자가 종료를 원할 때까지 반복해서 계산을 수행할 수 있습니다.

▲ 교육(Education)을 주제로 한 워드 클라우드 생성을 위한 코드 실행 결과 예시

챗GPT가 생성한 코드 중에서 9번째 줄의 Education을 다른 주제어로 대치하면 해당 단어에 관한 설명 단어를 취합하여 재구성할 수 있습니다. 만약 Python이라는 주제어로 대치한다면 파이썬에 관한 단어들이 나열된 워드 클라우드를 생성합니다. 다만, 주제어를 입력할 때 파이썬과 같은 말이 아프리카 비단뱀을 지칭할 수 있으므로 미리 위키피디아 사이트에서 주제어를 검색해 보고 "Python Programming Language"처럼 정확한 키워드를 지정해야 적절한 단어들이 추출됩니다.

▲ 파이썬 언어(Python)를 대입한 워드 클라우드 생성 예시

챗GPT는 코드 작성 요청에 따라 가능한 방법을 여러 가지로 제안할 수 있습니다. 동일한 설명으로 코드를 여러 번 요청하면 그때마다 다른 코드를 생성하는 경우가 흔합니다. 이럴 때 사용자는 어느 코드가 맞는 것인지 혼란을 겪을 수 있습니다. 생성된 코드를 편집기에 붙여 넣고 실행해 보면서 더 나은 결과를 선택하기가 쉬운 방법입니다. 결과가 같을 경우에는 코드가 간결하고 실행 속도가 빠른 코드가 더 나은 경우입니다. 앞에서 본 워드 클라우드 생성을 위해 위키피디아의 텍스트를 채집하는 방법에도 wikipediaapi 라이브러리를 사용하지 않고, BeautifulSoup 라이브러리를 사용하는 답변을 제시하는 경우도 있습니다. 이 경우에는 미리 beautifulsoup4 라이브러리를 컴퓨터에 설치하고 나서 해당 코드를 실행해야 합니다.

위키피디아의 텍스트를 파싱하는 워드 클라우드 구현 파이썬 코딩 예시

 파이썬 코드로 워드 클라우드를 구현합니다. 위키피디아에서 'Education' 주제어의 내용을 가져와서 워드 클라우드를 만드는 코드를 작성해 주세요.

```python
import requests
from bs4 import BeautifulSoup
from wordcloud import WordCloud
import matplotlib.pyplot as plt

# 위키피디아에서 교육과 관련된 페이지 URL
wiki_url = "https://en.wikipedia.org/wiki/Education"

# URL에서 HTML 내용을 가져옴
response = requests.get(wiki_url)
html = response.text

# BeautifulSoup을 사용하여 HTML 파싱
soup = BeautifulSoup(html, "html.parser")

# 교육과 관련된 단어 추출
education_text = ""
for paragraph in soup.find_all("p"):
    education_text += paragraph.get_text()

# WordCloud 생성
wordcloud = WordCloud(width=800, height=800,
                      background_color='white').generate(education_text)

# 워드 클라우드 이미지를 matplotlib를 통해 표시
plt.figure(figsize=(8, 8), facecolor=None)
plt.imshow(wordcloud)
plt.axis("off")
plt.tight_layout(pad=0)

# 워드 클라우드 이미지 저장
plt.savefig("education_wordcloud.png", format="png")
```

```
# 워드 클라우드 보여주기
plt.show()
```

챗GPT가 생성한 워드 클라우드 구현 코드를 보면 이미지 구성의 해상도가 800 ×600픽셀인 경우도 있고, 800×800픽셀인 경우도 있습니다. 해당 코드의 해상도 수치를 수정하여 원하는 크기의 이미지로 생성할 수 있습니다. height를 600 으로 지정하면 4:3 비율의 워드 클라우드 이미지가 생성됩니다. 이때 그 아래 matplotlib 사이즈 설정도 8 대신 6으로 지정하여 비율을 맞추면 보기에 좋은 결과가 나옵니다. 필요하면 워드 클라우드의 배경색도 흰색White 대신 검은색Black 으로 설정할 수 있습니다.

워드 클라우드의 이미지 해상도를 지정하는 코드 부분 예시

```
# WordCloud 생성
wordcloud=WordCloud(width=800, height=600,
               background_color='white').generate(education_text)

# 워드 클라우드 이미지를 matplotlib를 통해 표시
plt.figure(figsize=(8, 6), facecolor=None)
plt.imshow(wordcloud)
plt.axis("off")
plt.tight_layout(pad=0)
```

만약 코드 실행 시 에러 메시지가 비주얼 스튜디오 코드의 하단 터미널에 나타나면 왼쪽 디버깅 아이콘을 클릭하여 오류 내용을 확인하고, 챗GPT에 그대로 제시하여 오류 해결을 요청합니다. 여러 번 코드를 수정하고 다시 생성하는 과정을 거치면 챗GPT의 답변이 마치 누더기처럼 이상하게 재구성될 수도 있습니다. 이런 경우에는 아예 새로운 대화를 열고 처음처럼 코드 작성을 요청하면 비교적 깨끗한 코드를 얻을 수도 있습니다.

```
    5    # 위키피디아에서 "education"과 관련된 단어들을 가져오는 함수
    6    def get_related_words(keyword, max_words=100):
D   7        wiki_wiki = D wikipediaapi.Wikipedia('en')
```

Exception has occurred: AssertionError ✕
Please, be nice to Wikipedia and specify user agent - https://meta.wikimedia.org/wiki/User-
Agent_policy. Current user_agent: 'en' is not sufficient.

```
  File "C:\Users\artop\Desktop\wordCloud.py", line 7, in get_related_words
    wiki_wiki = wikipediaapi.Wikipedia('en')
                ^^^^^^^^^^^^^^^^^^^^^^^^^^^^^
  File "C:\Users\artop\Desktop\wordCloud.py", line 22, in <module>
    related_words = get_related_words("education")
                    ^^^^^^^^^^^^^^^^^^^^^^^^^^^^^^^
AssertionError: Please, be nice to Wikipedia and specify user agent -
https://meta.wikimedia.org/wiki/User-Agent_policy. Current user_agent: 'en' is not sufficient.
```

```
    8        page = wiki_wiki.page(keyword)
    9
   10        if not page.exists():
   11            return []
   12
```

▲ 위키피디아의 정책에 어긋난 코드를 생성하여 디버깅 과정에서 에러가 발생한 예시

데이터 시각화의 필수 조건 _ 그래프 생성하기

앞의 워드 클라우드 예제에서 확인한 것처럼 파이썬 언어는 네트워크 연결과 데이터 처리 등의 기능에서 우수한 장점을 보입니다. 데이터는 그 자체로 의미가 없지만, 특정한 방향과 목적에 따라 편집하고 시각화될 때 의미가 생성됩니다. 특히 데이터의 변화 추이를 확인하면서 지식을 얻거나 판단 과정에 도움을 주려면 데이터를 한눈에 보이도록 시각화해야 합니다. 데이터 시각화의 가장 기본적인 방법은 그래프 그리기입니다. 챗GPT는 학습한 데이터를 활용하여 그래프 형식으로 시각화하는 코드를 수월하게 작성할 수 있습니다. 앞에서도 사용한 matplotlib 라이브러리는 데이터를 시각화하는 데에 자주 쓰입니다. 이전 예시에서 컴퓨터에 matplotlib를 설치했으므로 관련된 코드는 바로 실행할 수 있습니다.

GDP 변화 그래프 구현 파이썬 코딩 예시

 파이썬으로 차트를 생성하려고 합니다. 맷플롯립을 사용해 한국의 1인당 GDP를 막대 그래프로 생성하는 코드를 짜주세요.

 물론이죠! matplotlib을 사용하여 한국의 연도별 1인당 GDP를 막대그래프로 나타내는 코드를 아래에 제시해 드리겠습니다. 코드를 실행하기 전에 Matplotlib 패키지가 설치되어 있는지 확인하십시오.

```python
import matplotlib.pyplot as plt

# 연도와 1인당 GDP 데이터
years = [2016, 2017, 2018, 2019, 2020]  # 연도
gdp_per_capita = [27250, 29700, 31400, 33100, 32600]

# 1인당 GDP (단위: 미국 달러)

# 막대그래프 생성
plt.bar(years, gdp_per_capita, color='blue')

# 그래프 제목과 축 레이블 설정
plt.title('Korea GDP per capita by year')  # 한국의 연도별 1인당 GDP
plt.xlabel('Year')  # 연도
plt.ylabel('GDP per capita (US dollars)') #1인당 GDP(미국 달러)

# x축 눈금 라벨 회전
plt.xticks(rotation=45)

# 그래프 보여주기
plt.show()
```

이 코드는 matplotlib을 사용하여 한국의 연도별 1인당 GDP를 나타내는 간단한 막대 그래프를 생성합니다. 연도와 1인당 GDP 데이터를 적절히 수정하여 원하는 데이터로 그래프를 만들 수 있습니다.

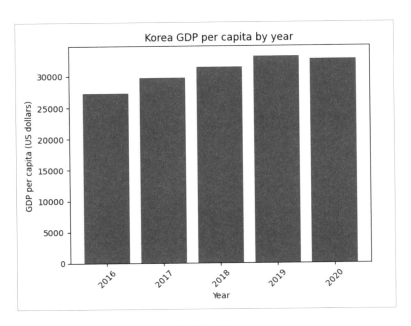

▲ 1인당 GDP 추이 그래프 생성 코드의 실행 결과

챗GPT가 생성한 그래프 작성 코드의 실행 결과 이미지를 보면 요청한 대로 5개 년간 소득 추이를 파란색 막대그래프로 생성한 것을 확인할 수 있습니다. 만약 그래프 색상을 변경하려면 코드 중에서 plt.bar(years, gdp_per_capita, color = 'blue') 부분의 'blue파랑'를 다른 색이름으로 변경하면 됩니다. 플롯 결과 창의 그래프 제목이 깨져서 나타난 것은 해당 라이브러리와 한글 글꼴의 호환성에 문제가 발생하는 현상입니다. 이를 수정하기 위해서는 한글 글꼴의 경로를 지정하든가 아니면 코드 중간의 레이블 부분인 plt.title('한국의 연도별 1인당 GDP') 등을 영어로 수정하면 됩니다. 아니면 챗GPT에 레이블을 영어로 작성해달라고 요청을 추가해도 됩니다. 다른 주제의 그래프 생성을 요청해 보면 챗GPT의 데이터 유형에 따라 적절한 형식의 그래프로 생성하는 코드를 작성합니다. 온도 추이를 시각화하는 그래프는 막대그래프 형식보다 선 그래프가 더 적절하다는 점을 챗GPT가 이해하는 것처럼 보입니다. 플롯 결과 그래프의 이미지 저장을 위해서 창 아래쪽의 디스켓 모양 저장 아이콘을 클릭하면 생성된 이미지를 PNG 파일로 저장할 수 있습니다.

온도 추이 그래프 구현 파이썬 코딩 예시

 파이썬으로 그래프를 생성하려고 합니다. 맨플롯립을 사용하여 최근 5년간 지구온난화 현상에 관한 그래프를 작성해 주세요. 단 그래프의 레이블은 영어로 작성하세요.

 지구온난화 현상에 대한 그래프를 작성하기 위해서는 연도별 온도 상승 데이터가 필요합니다. 다음 예시 코드는 최근 5년간 지구온난화 현상을 나타내는 데이터를 사용하여 선 그래프를 생성하는 방법을 보여줍니다.

```python
import matplotlib.pyplot as plt

# 연도와 온도 상승 데이터 (예시)
years=[2019, 2020, 2021, 2022, 2023]  # 연도
temperature_rise=[0.98, 1.02, 1.05, 1.08, 1.12] # 연간 평균 온도 상승(단위: °C)
# 선 그래프 생성
plt.plot(years, temperature_rise, marker='o', color='red',
linestyle='dashed', linewidth=2, markersize=8, label='Temperature
Rise')

# 그래프 제목과 축 레이블 설정
plt.title('Global Warming Trend in the Last 5 Years')
plt.xlabel('Year')
plt.ylabel('Annual Average Temperature Rise (°C)')

# 범례 추가
plt.legend()

# x축 눈금 라벨 회전
plt.xticks(rotation=45)
```

```
# 그래프 보여주기
plt.grid(True)  # 그리드 추가
plt.show()
```

위 코드는 matplotlib을 사용하여 최근 5년 간의 지구온난화 현상을 나타내는 선 그래프를 생성합니다. 연도별 온도 상승 데이터를 실제로 가지고 있다면 years와 temperature_rise 리스트에 해당 데이터를 넣어주면 됩니다. 그 결과 원하는 지구온난화 현상에 대한 그래프를 생성할 수 있습니다.

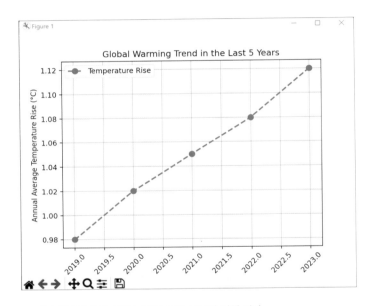

▲ 지구 온난화 온도 추이 그래프 생성 코드의 실행 결과

텍스트를 넘어서 이미지로 진격 _ 카메라 이미지 합성하기

컴퓨터에서 이미지와 동영상, 카메라 입력 데이터를 처리하고 가공하는 일은 텍스트 데이터보다 더 복잡하고 힘든 일입니다. 기본으로 멀티미디어 데이터의 처리는 필요한 이미지나 영상의 각 픽셀 정보를 읽고, 가공하고, 저장하는 과정을 거칩니다. 이런 복잡한 과정을 수월하게 작업하기 위해서 가장 많이 사용하는 라이브러리에는 OpenCV^{Open Source Computer Vision Library}가 있습니다. OpenCV는 이미지 및 비디오 처리를 위한 강력한 라이브러리입니다. 파이썬에서 OpenCV를 사용하여 이미지나 비디오를 다루고 처리하는 코드를 작성하는 방법을 알아보겠습니다. 그러기 위해서는 먼저 OpenCV 라이브러리를 컴퓨터에 설치해야 합니다. 터미널 창에서 'pip install opencv-python' 명령을 입력하여 라이브러리를 설치합니다. OpenCV 이미지 처리 방법을 알아보기 위해 챗GPT에 간단한 코드 예제를 요청하여 살펴봅니다.

화면에 이미지와 영상을 표시하기 위한 OpenCV 파이썬 코딩 예시

파이썬으로 OpenCV를 실습하려고 합니다. 간단한 예제를 보여주세요.

먼저 OpenCV를 설치해야 합니다.

그다음으로 OpenCV를 사용하여 기본 예제를 살펴보겠습니다.

1. 이미지 로딩 및 표시:

```python
import cv2

# 이미지 파일을 읽어옵니다.
image = cv2.imread('image.jpg')

# 읽어온 이미지를 윈도우 창에 표시합니다.
cv2.imshow('Image', image)
```

```
# 사용자가 아무 키나 누를 때까지 대기합니다.
cv2.waitKey(0)

# 모든 창을 닫습니다.
cv2.destroyAllWindows()
```

2. 비디오 캡처 및 표시:

```
import cv2

# 비디오 캡처 객체 생성
cap = cv2.VideoCapture('video.mp4')

while cap.isOpened():
    ret, frame = cap.read()
    if not ret:
        break

    # 프레임을 윈도우 창에 표시
    cv2.imshow('Video', frame)

    # 'q' 키를 누르면 종료
    if cv2.waitKey(25) & 0xFF == ord('q'):
        break

# 리소스 해제
cap.release()
cv2.destroyAllWindows()
```

이외에도 OpenCV는 이미지나 비디오의 다양한 처리 기능을 제공합니다. 이를 이용하여 이미지 필터링, 객체 탐지, 얼굴 인식 등을 할 수 있습니다. 원하는 작업에 따라 OpenCV의 다양한 함수와 기능을 찾아보시고 활용하시면 됩니다.

더 복잡한 작업을 하고 싶다면 OpenCV 공식 문서와 다양한 튜토리얼을 참고하는 것이 좋습니다.

이미지나 영상 파일을 불러와서 화면에 보이도록 띄우는 작업은 어렵지 않습니다. 다만 내 컴퓨터에 있는 파일의 경로를 정확하게 지정하지 않으면 에러가 발생하니 주의가 필요합니다. 파일의 경로를 정확하게 알기 위해서는 윈도우 운영체제의 경우 불러올 사진 파일 아이콘에서 마우스 오른쪽 버튼을 클릭해 나타나는 메뉴에서 '경로로 복사'를 선택하면 전체 경로가 클립보드에 복사됩니다. 이렇게 복사한 경로를 코드의 이미지 파일 읽기 부분인 image = cv2. imread('image.jpg') 줄의 따옴표 안에 붙여 넣습니다. 참고로 파일 경로 입력에 필요한 이중 역슬래시(\\)는 윈도우 컴퓨터의 키보드에서 ₩를 두 번 누르면 입력됩니다.

간단한 이미지 표시에서 더 나아가 이미지의 녹색 배경을 지워 다른 이미지를 보이게 만드는 그린 스크린 합성 기법을 실습해 보겠습니다. 이를 위해 이미지 파일 2장을 준비합니다. 그중에서 하나의 이미지는 배경이 녹색인 것으로 선택해야 합니다. 준비된 이미지의 녹색 부분을 지워서 다른 이미지가 보이도록 만드는 예시입니다. 준비한 파일의 정확한 경로를 복사하여 합성할 이미지 불러오기 부분에 대입합니다. 챗GPT가 생성한 파이썬 코드를 보면 numpy 라이브러리를 OpenCV를 가리키는 cv2와 함께 사용하는데, numpy는 과학적 수치 계산을 수행하는 용도의 라이브러리입니다. 다른 연구 개발환경에서 사용하는 MATLAB과 비슷한 기능을 파이썬에서 수행합니다. 이미지 합성에도 수치의 배열과 계산이 필요하고, 그 결과의 표출도 시각화 과정이기 때문에 numpy 라이브러리를 사용하는 것이 편리합니다.

그린 스크린 이미지 합성을 위한 OpenCV 파이썬 코딩 예시

 두 장의 이미지 파일에서 녹색 배경을 지워 배경 이미지를 보이도록 합성하고 싶습니다. OpenCV를 활용하여 파이썬 코드를 작성해 주세요.

 주어진 작업을 수행하기 위해서는 먼저 하나의 이미지에서 녹색 부분을 제거하고, 다른 이미지와 합성해야 합니다. 아래의 코드 예시를 통해 이 과정을 보다 자세히 이해해 보세요. 주어진 이미지 파일 이름과 경로에 따라 코드를 수정해야 할 수 있습니다.

```python
import cv2
import numpy as np

# 녹색이 있는 이미지와 배경 이미지를 읽어옵니다. 이미지 파일 경로를 정확히 입력하세요.
green_image = cv2.imread('green_image.jpg')
background_image = cv2.imread('background_image.jpg')

# 녹색이 있는 이미지의 크기를 배경 이미지에 맞게 조정합니다.
green_image = cv2.resize(green_image, (background_image.shape[1],
background_image.shape[0]))

# HSV 색 공간으로 변환합니다.
green_hsv = cv2.cvtColor(green_image, cv2.COLOR_BGR2HSV)

# 녹색 색상의 범위를 정의합니다.
lower_green = np.array([35, 50, 50])
upper_green = np.array([85, 255, 255])

# 녹색 색상의 범위에 해당하는 부분을 검은색으로 채웁니다.
mask = cv2.inRange(green_hsv, lower_green, upper_green)
green_image[mask > 0] = [0, 0, 0]

# 녹색 부분이 제거된 이미지와 배경 이미지를 합성합니다.
final_image = background_image.copy()
```

```
final_image[mask==0]=green_image[mask==0]

# 결과 이미지를 표시합니다.
cv2.imshow('Final Image', final_image)
cv2.waitKey(0)
cv2.destroyAllWindows()
```

위 코드는 다음과 같은 단계를 수행합니다:

1. 녹색이 있는 이미지와 배경 이미지를 읽어옵니다.

2. 녹색이 있는 이미지의 크기를 배경 이미지와 맞춥니다.

3. 녹색이 있는 이미지를 HSV 색 공간으로 변환합니다.

4. 녹색 색상의 범위를 정의하고, 해당 범위에 해당하는 부분을 검은색으로 채웁니다.

5. 녹색 부분이 제거된 이미지와 배경 이미지를 합성하여 최종 이미지를 생성합니다.

6. 결과 이미지를 표시합니다.

이 코드를 통해 녹색 부분이 제거된 이미지와 배경 이미지가 합성된 최종 이미지를 얻을 수 있습니다.

 참고 | OpenCV

오픈 소스 컴퓨터 비전(Open Source Computer Vision) 라이브러리인 OpenCV는 이미지 합성 외에도 이미지 변형 및 카메라 영상의 처리, 모션 트래킹, 특수 효과 적용 등 다양한 목적의 시각 정보 처리에 이용합니다. 특히 실시간 영상 처리에도 특화된 기능을 포함하고 있어서 카메라 영상에 주차 가이드선 표시 등 자율주행 기능의 구현에도 이용할 수 있습니다.

표 7. 그린 스크린 합성에 사용될 이미지 예시

녹색 배경이 있는 이미지	배경으로 사용할 이미지

▲ 녹색 배경의 이미지와 다른 이미지를 합성한 결과 예시

API, 네트워크를 연결해 줘 _ 날씨 앱 만들기

　　온라인 네트워크상의 실시간 데이터를 요청하고 가져오는 과정에서 원활한 통신을 위해 API를 사용합니다. API는 애플리케이션 프로그래밍 인터페이스$^{Application Programming Interface}$의 약자입니다. 다른 앱에서 챗GPT의 응답 데이

터를 가져오기 위해 API를 사용합니다. 파이썬에서도 웹 정보를 실시간으로 언어와 데이터를 표시하기 위해서는 온라인 정보 사이트에서 API를 발급받아야 합니다. 예를 들어, 날씨 데이터는 실시간으로 변화하는 유형에 해당합니다. 이를 위해서 온라인 날씨 정보 공유 사이트 중 하나인 OpenWeather^{https://openweathermap.org/}에 접속하여 사용자로 가입하고 무료로 API를 발급받으면 실시간 날씨 정보를 코딩할 수 있습니다. 가입 후 사용자 메뉴에서 'My API Keys'를 선택하면 발급된 키를 확인할 수 있습니다. 이 키를 복사한 후 날씨 데이터를 요청하는 코드에 붙여 넣으면 됩니다.

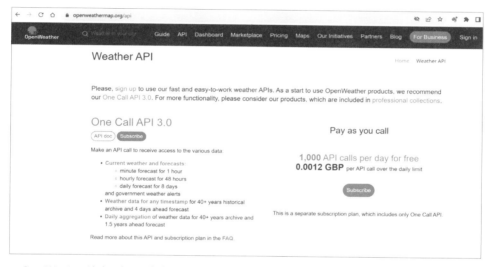

▲ OpenWeather 사이트의 API 페이지

그다음 챗GPT에 입력한 도시의 날씨 정보를 보여주는 앱을 만드는 파이썬 코드를 요청합니다. 그러면 날씨 데이터를 얻어오는 API에 관한 설명과 함께 requests 라이브러리를 사용하기 위해 설치하는 방법도 알려줍니다. 이렇게 생성한 코드의 중간 부분 'api_key = "YOUR_API_KEY" # 여기에 발급받은 API 키를 넣어주세요.' 줄에서 YOUR_API_KEY 대신 발급된 API를 입력하면 됩니다. 그렇게 코드를 수정하여 비주얼 스튜디오 코드에서 실행해 보면 커맨드 라인의 콘솔 앱 방식으로 도시 이름을 입력하라는 메시지가 나타납니다. 일반 앱으로 보기에는 불편하기 때문에 UI를 갖추도록 코드의 보완을 요청합니다. 다시 생성한 코드에서도 YOUR_API_KEY 부분에 자신의 API 키 코드를 입력해야 제대로 작동합니다. UI를 구성하는 코드를 실행해 보면 작은 창이 표시되고 도시 이름을 입력한 후 [Get Weather] 버튼을 클릭하면 날씨 정보가 표시되는 결과를 확인할 수 있습니다.

날씨 데이터를 표시하는 파이썬 코딩의 예시

 파이썬으로 날씨 데이터를 보여주는 앱을 만들고 싶습니다. 코드를 작성해 주세요.

 날씨 데이터를 보여주는 간단한 파이썬 앱을 만들기 위해서는 먼저 OpenWeather Map API 또는 Weather API와 같은 날씨 정보를 제공하는 API를 사용해야 합니다. 다음은 OpenWeatherMap API를 사용하여 날씨 정보를 가져와 보여주는 예제 코드입니다.

먼저, OpenWeatherMap API에 가입하고 API 키를 발급받아야 합니다. API 키를 발급받았다면 다음의 코드를 사용하여 날씨 정보를 가져와 보여주는 앱을 만들 수 있습니다. 이 예제에서는 requests 라이브러리를 사용하여 API 요청을 보냅니다. 만약 해당 라이브러리가 설치되어 있지 않다면, 다음 명령으로 설치할 수 있습니다:

pip install requests

```
import requests

def get_weather(api_key, city):
    base_url = "http://api.openweathermap.org/data/2.5/weather"
    params = {
        "q": city,
        "appid": api_key,
        "units": "metric"  # 온도를 섭씨로 받아옵니다.
    }
```

```python
        response = requests.get(base_url, params=params)
        data = response.json()

        return data

def main():
    api_key = "YOUR_API_KEY"  # 여기에 발급받은 API 키를 넣어주세요.
    city = input("도시 이름을 입력하세요: ")

    weather_data = get_weather(api_key, city)

    if weather_data["cod"] == 200:
        weather_description = weather_data["weather"][0]
["description"]
        temperature = weather_data["main"]["temp"]
        humidity = weather_data["main"]["humidity"]

        print(f"현재 {city} 날씨: {weather_description}")
        print(f"온도: {temperature}°C")
        print(f"습도: {humidity}%")
    else:
        print("날씨 정보를 가져오는 데 실패했습니다.")

if __name__ == "__main__":
    main()
```

위 코드에서 "YOUR_API_KEY" 부분을 발급받은 OpenWeatherMap API 키로 대체해야 합니다. 이 코드는 사용자로부터 도시 이름을 입력받아 해당 도시의 현재 날씨 정보를 출력하는 간단한 콘솔 앱입니다. 만약 더 많은 기능을 추가하려면 이 코드를 확장할 수 있습니다.

UI를 구성하여 날씨 데이터를 표시하는 파이썬 코딩의 예시

 앞의 코드에서 UI를 추가해 주세요.

 UI를 추가하기 위해서는 GUI(그래픽 사용자 인터페이스) 라이브러리를 사용해야 합니다. 여기서는 Tkinter를 사용해 간단한 GUI를 만들어 보겠습니다. Tkinter는 파이썬의 표준 GUI 라이브러리로, 대부분 파이썬 배포판에 기본으로 포함되어 있습니다.

다음은 Tkinter를 사용하여 날씨 정보를 보여주는 UI를 구현한 예제 코드입니다. 이 코드를 실행하면 입력 필드가 있는 창이 나타나고, 사용자가 도시 이름을 입력하고 "Get Weather" 버튼을 클릭하면 해당 도시의 날씨 정보가 표시됩니다.

```python
import requests

def get_weather(api_key, city):
    base_url = "http://api.openweathermap.org/data/2.5/weather"
    params = {
        "q": city,
        "appid": api_key,
        "units": "metric"  # 온도를 섭씨로 받아옵니다.
    }

    response = requests.get(base_url, params=params)
    data = response.json()

    return data

def main():
    api_key = "YOUR_API_KEY"  # 여기에 발급받은 API 키를 넣어주세요.
    city = input("도시 이름을 입력하세요: ")

    weather_data = get_weather(api_key, city)
```

```
    if weather_data["cod"]==200:
        weather_description=weather_data["weather"][0]
["description"]
        temperature=weather_data["main"]["temp"]
        humidity=weather_data["main"]["humidity"]

        print(f"현재 {city} 날씨: {weather_description}")
        print(f"온도: {temperature}°C")
        print(f"습도: {humidity}%")
    else:
        print("날씨 정보를 가져오는 데 실패했습니다.")

if __name__=="__main__":
    main()
```

위 코드에서 "YOUR_API_KEY" 부분을 발급받은 OpenWeatherMap API 키로 대체해야 합니다. 이 코드를 실행하면 Tkinter 창이 나타나고, 사용자가 도시 이름을 입력하고 "Get Weather" 버튼을 클릭하면 해당 도시의 날씨 정보가 표시됩니다.

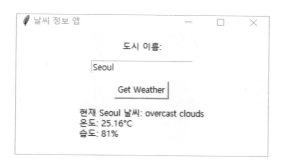

▲ 지구 온난화 온도 추이 그래프 생성 코드의 실행 결과

이와 같은 예제들을 통해 챗GPT에 코드 작성을 요청하면 대부분 실행할 수 있는 수준의 코드를 생성해 줍니다. 코드 작성 과정에서 같은 설명임에도 불구하고 때때로 다른 방식의 코드를 생성하는 경우가 많기 때문에 사용자의 이해가 필요합니다. 챗GPT는 생성형 거대 언어 모델 기반의 챗봇 서비스라는 점을 잊지 말아야 합니다. 그래서 같은 주제이지만 요청 상황마다 다른 어법으로 대답하는 것이 당연합니다. 실제 사람들도 같은 질문에 대하여 상황에 따라 다른 답변을 내놓기 때문입니다. 코드 작성을 챗GPT에게 요청할 때는 구상하는 프로그램의 기능과 외관을 정확히 설명하는 것이 좋습니다. 구현에 필요한 라이브러리를 알고 있다면 라이브러리 명칭을 예시하면서 기능을 설명하면 더 정확한 코드를 작성할 수 있습니다. 그렇지만 챗GPT가 생성한 코드가 항상 완벽하거나 적절한 것은 아니라는 단점도 미리 알고 있어야 합니다. 따라서 코드의 수정과 보완은 결국 사용자의 몫이자 권리라는 점에도 유념할 필요가 있습니다.

코드의 바다로 나아가자 _ 깃허브(GitHub) 활용하기

챗GPT와 함께 차근차근 코딩 학습을 수행하고, 어느 정도 코딩에 능숙하게 숙달되면 여러 프로젝트를 만들고 수정하게 됩니다. 코딩에는 정답이 없기 때문에 새로운 기능을 배우면 이전 코드에 적용해 보고도 싶고, 여러 가지 버전으로 테스트해 보기도 합니다. 온라인에서 프로젝트 코드의 버전을 관리하고, 다른 전문가들의 조언도 받으면서 협업할 수 있는 플랫폼이 있습니다. 깃허브 GitHub는 마이크로소프트에서 운영하는 프로젝트 소스 관리 서비스입니다. 사용자는 깃허브를 통해 여러 디바이스에서 프로젝트 코드에 접근하고, 수많은 사람과 자료를 교환하고 공동 개발할 수 있습니다. 깃허브를 활용하면 프로젝트와 소스 코드 관리는 물론 전문가들과 정보를 나누며 개발자로 성장할 수 있습니다. 학생과 교사, 교수는 무료로 깃허브의 다양한 서비스를 이용할 수 있습니다. 코드의 바다, 깃허브 계정 등록부터 사용법을 순서대로 간단히 살펴보겠습니다.

1   웹 검색 사이트에서 깃허브(GitHub) 검색하여 찾아가기

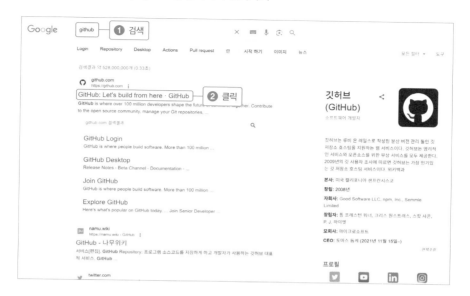

2   깃허브 사이트에서 [Sign in] 버튼 클릭하여 계정 등록하기

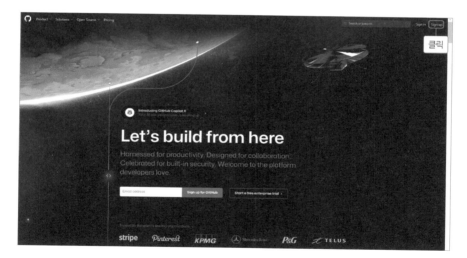

3   이메일 주소와 비밀번호, 사용자 이름 등록하기

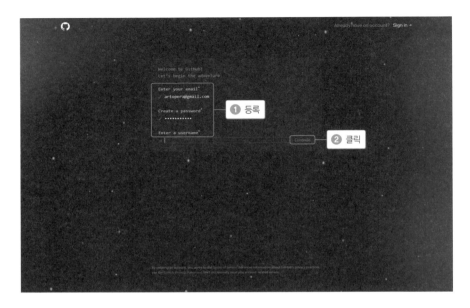

4   계정 생성 후 구매(Pricing) 페이지 아래쪽에서 'Students and teachers'를 선택하여 교육 페이지로 넘어가기

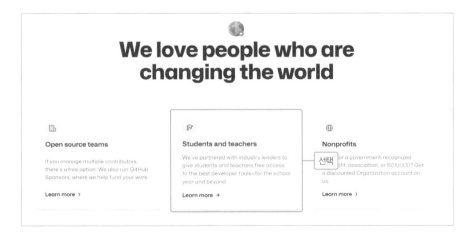

5 교육(Education) 페이지에서 학생은 [Get student Benefits] 버튼을 클릭하고, 교사 또는 교수는 [Get teacher benefits] 버튼을 클릭하기

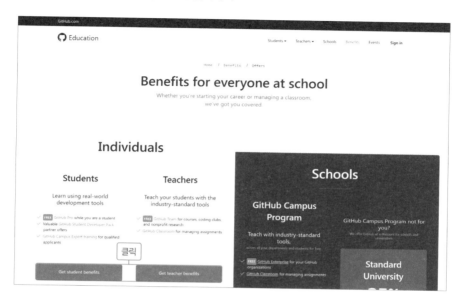

6 학생증 또는 교사 재직증명서를 첨부하여 교육용 혜택 신청한 후, 환영 이메일 받기

7   계정 로그인 후 대시보드(Dashboard)에서 [+] 버튼을 클릭하고 'New repository(새 저장소)'를 선택하여 새 저장소 생성하기

8   새 저장소 생성(Create a new repository) 페이지에서 저장소 이름을 입력하고 설정한 후 [Create repository] 버튼 클릭하기

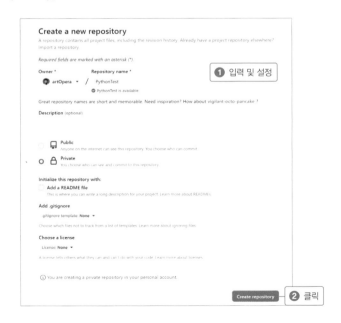

9   생성한 저장소에서 인공지능 코딩 서비스(GitHub Copilot), 협업 초대(Invite collaborators), 설정, 가져오기, 코드 스페이스(Code space) 등 다양한 기능 활용하기

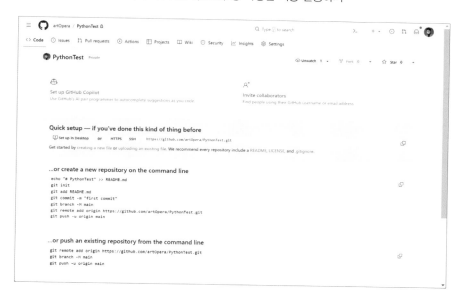

깃허브^{Github}의 앞 단어인 깃^{Git}은 'Global Information Tracker'를 의미하는데, 소스 코드 기록을 관리하고 추적하는 오픈 소스 버전의 제어 시스템을 지칭합니다. 깃허브^{GitHub}는 깃^{Git} 아카이브를 더 쉽고 편리하게 관리하는 것을 목표로 하는 클라우드 기반 호스팅 서비스입니다. 깃허브는 무료로 한정된 기능을 이용할 수도 있고 오픈 소스 프로젝트도 지원하지만, 교육 관계자가 아닌 일반 개발자가 깃허브의 모든 기능을 활용하려면 유료 구독을 신청하고 매달 요금을 결제해야 합니다. 다행히 코딩을 학습하는 학생은 GitHub Pro 구독에 해당하는 혜택을 이용할 수 있고, 교육자는 코드 스페이스^{Code Space}를 포함하여 GitHub Team에 해당하는 혜택을 이용할 수 있습니다. 코드 스페이스는 다양한 언어의 코딩 작업과 가상 머신의 실행, 개인화된 편집기 등의 기능을 포함하여 비주얼 스튜디오 코드와 흡사한 환경을 제공합니다. 웹브라우저에서 깃허브의 코드 스페이스에 접근하여 컴퓨터든 스마트패드든 장치와 관계없이 어디서나 코딩하고 가상 머신에서 실행해 볼 수 있습니다. 특히 깃허브에서 교육 용도에도 무료로 제공하는 코파

일럿^{Copilot} 기능은 코드 작성과 프로젝트 관리에 챗GPT와 같은 인공지능의 도움을 받는 서비스입니다.

똑똑한 코딩 도우미 _ 챗GPT와 함께 성장하기

인공지능 서비스는 시기의 문제일 뿐 모든 교육과 업무 분야에 적용될 것입니다. 그것이 단순한 글짓기이든 복잡한 동영상의 생성이든 유형을 가리지 않고, 손안의 스마트폰이든 교실의 전자칠판이든 디바이스를 넘나들며 소통하는 서비스로 정착될 것입니다. 글짓기와 콘텐츠 생성 과정과 같이 프로그래밍 코드 작성도 글쓰기의 한 유형입니다. 프로그래밍 코드는 매우 기능적이고, 절차적이며, 문법과 구두점에 엄격한 글입니다. 체계적으로 정리된 코드의 독자는 사람이 아니라 컴퓨터 시스템입니다. 그래서 조금만 이상해도 바로 에러를 표출하며 당황스럽게 만듭니다. 코드 한 줄 고치고 터미널에서 에러 메시지를 찾고, 디버깅하는 일이 늘어날 것입니다.

보통의 글쓰기가 그렇듯이 단 한 번에 완벽한 코드를 작성하는 것은 드문 일입니다. 계속 코드의 문제를 찾고, 다시 정의하며 보완해서 완성해 나갈 때 코딩 실력도 향상될 것입니다. 이 과정에서 챗GPT가 도움을 줄 수 있지만, 단 한 줄이라도 근거가 있어야 합니다. 코딩의 의도와 계획 설정, 논리적인 설명과 문제 제기는 스스로에게도 필요한 질문입니다. 계획과 문제가 분명할 때 챗GPT에 설명할 수 있고, 해결하는 방향도 제시할 수 있습니다. 챗GPT는 해결책을 먼저 제안할 수 있으나 사용자 의도와 다를 수도 있고, 긴 코드를 작성할 수 있으나 에러와 함께 실행이 안 될 수도 있습니다. 챗GPT는 창작자이거나 개발자가 아니라 사용자를 도와주는 조수이자 도구입니다. 프로그램 코드의 개요를 설정하며 주요 함수를 설계하고, 오류를 개선하는 데 유능한 조수와 같은 역할을 끊임없이 담당합니다. 그러나 코드의 설계와 완성은 결국 사용자의 몫입니다. 지금부터 챗GPT를 통해서 코딩을 배우고 개발자로 성장할 수 있도록 도움을 얻으시기를 바랍니다.

참고 생각의 사슬 프롬프트 _(Chain-of-Thoughts Prompting, CoT Prompting)

자연어처리 기반 인공지능 서비스인 챗GPT를 자주 이용하다 보면, 사용자 입장에서 어떻게 문제를 설명하고, 챗GPT가 착오 없이 답변하도록 유도할 수 있을지에 대한 고민이 생깁니다. 알아듣기 쉽게 질문하려는 의도에서 어린이에게 말하듯이 간단하고 함축적인 질문을 던지면 오히려 챗GPT가 오답을 내놓는 경우가 많기 때문입니다. 그래서 상세한 조건을 설정하여 질문하기 또는 여러 번에 걸쳐 질문하기와 같은 요령이 필요하다는 점은 장기간 사용자라면 이해하기 쉽습니다.

2022년 발표되고 2023년에 수정된 제이슨 웨이 외(Jason Wei et al.)의 논문 〈Chain-of-Thought Prompting Elicits Reasoning in Large Language Models(생각의 사슬 프롬프트는 대규모 언어 모델에서 추론을 이끌어낸다)〉에서는 '생각의 사슬' 개념을 프롬프트 엔지니어링에 도입하자는 주장이 담겨 있습니다. 생각의 사슬이란 한번에 정답을 내놓으려고 계산하는 것이 아니라 추론의 절차를 하나씩 단계적으로 사고하여 정답을 내놓는다는 개념입니다. 서술형 문제나 사고형 계산 과제에서는 생각의 사슬 개념이 매우 유용합니다. 특히 자연어처리 기반 인공지능 언어 모델이 겪기 쉬운 추론의 실수를 연쇄적인 사고 과정을 통해 보완할 수 있습니다. 이처럼 챗GPT에 단계적으로 계산하고 정답을 찾아갈 수 있도록 유도한다면 일반 사용자도 질문의 의도에 적합한 답변을 얻을 수 있을 것입니다.

인공지능과 함께 배우고 일하기 _ 코딩의 미래

그래픽 방식의 코딩을 배우는 어린이부터 전문 개발자까지 인공지능을 이용하지 않았던 시기와 인공지능 서비스 이후의 코딩 작업 방식 사이에 큰 변화가 발생하고 있습니다. 예전처럼 두꺼운 프로그래밍 언어 매뉴얼을 옆에 두고 페이지를 뒤적이며 명령어와 키워드를 찾아가면서 한 글자씩 코딩하는 방식은 보기 힘들어질 것입니다. 온라인 코딩 정보 사이트와 개발자 블로그를 탐색하면서 개념을 익히고 노하우와 스킬을 엿보는 방식도 곧 사라질 것으로 보입니다. 깃허브에서 제공하는 인공지능 코파일럿 기능에서 체험할 수 있듯이 코딩 작업에 인공지능 서비스의 도입은 이제 현실화되었습니다. 특히 무료로 이용할 수 있는 챗GPT는 다양한 프로그래밍 언어에 능통하고, 마치 자연어를 번역하듯 과제를 명확히 제시하면 원하는 언어로 코드를 술술 작성해 줍니다. 과거 C 언어로 작성된 코드 자료를 자바나 파이썬으로 번역하는 일도 막힘없이 수행합니다. 주변에서 개발자를 찾아보기 어려운 루아^{Lua} 같은 언어로도 제법 신속하게 코드를 작성해 줍니다. 피지컬 컴퓨팅 분야에 입문하는 학생들을 위해 아두이노^{Arduino} 코딩도 잘 다룹니다. 그래서 항상 똑똑한 조수를 옆에 둔 기분이 들 것입니다.

그런데 원숭이도 나무에서 떨어질 수 있다는 말처럼, 챗GPT도 종종 실수를 저지릅니다. 사람이 실수하는 것과 챗GPT가 저지르는 실수의 양상에는 조금 차이가 있습니다. 챗GPT는 사람처럼 실수와 착오에 대해 부끄러워하고 감정적으로 반응하지 않습니다. 어찌 보면 인공지능도 기계의 일부이므로 당연한 반응입니다. 작성한 코드가 실행이 안 된다거나 틀렸다고 하면 예의 바르게 바로 사과하고 다시 작성해 주지만, 사람처럼 사려 깊게 살펴보고 사용자의 의도가 무엇인지에 대해 예민하게 반응하지 못합니다. 똑같은 주문에도 서로 다른 답변을 늘어놓거나 지적 사항을 제대로 알아듣지 못하고 마치 되돌이표처럼 해결이 안 되는 상태로 실수를 반복할 수도 있습니다. 그런데도 혼자 해결하기 난감한 상황에서 챗GPT의 도움을 받아 함께 배우고 일하면 더 신속하게 문제를 해결하고 생산성 높은 결과를 성취할 수 있습니다. 특히, 인공지능 코딩 서비스가 확장되는 시기에 챗GPT를 통해 협업의 경험을 쌓는다면 추후 새로운 서비스가 도입되어도 순조롭게 적응할 수 있을 것입니다.

챗GPT와 함께 코딩하고 협업하면 다음과 같은 다양한 도움을 받을 수 있습니다.

1 코드 문제 해결: 특정 코드 문제나 오류에 대해 빠르게 해결책을 제시해 줄 수 있습니다.

2 코드 최적화: 더 효율적인 방법이나 최적화된 코드를 제안해 줄 수 있습니다.

3 코딩 정보 지원: 다양한 프로그래밍 언어나 라이브러리에 대한 정보와 사용법을 제공합니다.

4 코딩 관련 질문 답변: 프로그래밍 관련 개념이나 문법에 대한 질문에 답해 줄 수 있습니다.

5 알고리즘 제안: 특정 문제를 해결하기 위한 알고리즘 또는 접근 방법을 제안합니다.

6 코드 리뷰: 작성한 코드의 문제를 점검하고 개선 방안을 제시합니다.

7 실시간 피드백: 코딩 과정에서 질문에 실시간으로 답변하여 코딩의 효율을 높입니다.

8 학습 자료 제공: 특정 주제나 기술에 대한 학습 자료나 정보를 추천해 줍니다.

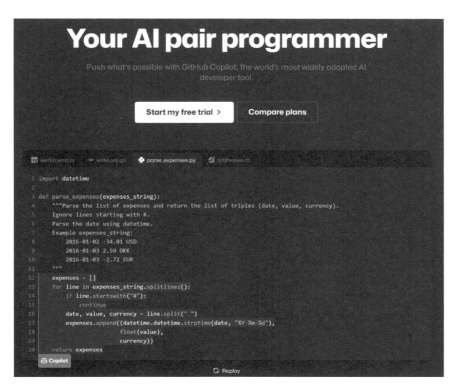

▲ 깃허브 코파일럿 서비스에서 인공지능과 협업으로 코드를 작성하는 예시
(출처: https://github.com/features/copilot)

코딩 학습과 업무에 챗GPT와 같은 인공지능 기능이 도입된다는 것은 사용자에게 최적화된 조수이자 보조 교사를 언제 어디서나 활용할 수 있다는 의미입니다. 이제는 컴퓨터 앱이나 온라인 웹을 가리지 않고 스마트폰에서도 늘 인공지능 도우미와 함께할 수 있습니다. 인공지능을 잘 활용하는 사람은 과거보다 훨씬 더 빠르고 큰 성과를 거둘 수 있습니다. 다만 주의할 점이 있다면, 챗GPT는 100% 완벽한 존재가 아니라는 사실입니다. 업무와 학습의 계획부터 최종 검증까지 확인에 또 확인을 거쳐 완벽한 성과를 만드는 것은 결국 인간 사용자의 몫입니다. 챗GPT를 통해 인공지능을 활용하는 능력을 충실히 연마하고, 남다른 성과를 이루는 발판을 얻으시기를 바랍니다.

찾아보기

AI가 바꾸는 학교 수업
챗GPT 교육 활용

2023. 10. 25. 1판 1쇄 발행
2024. 1. 3. 1판 2쇄 발행
2024. 9. 25. 1판 3쇄 발행
2025. 1. 8. 1판 4쇄 발행

지은이 │ 오창근, 장윤제
펴낸이 │ 이종춘
펴낸곳 │ BM (주)도서출판 성안당
주소 │ 04032 서울시 마포구 양화로 127 첨단빌딩 3층(출판기획 R&D 센터)
      │ 10881 경기도 파주시 문발로 112 파주 출판 문화도시(제작 및 물류)
전화 │ 02) 3142-0036
     │ 031) 950-6300
팩스 │ 031) 955-0510
등록 │ 1973. 2. 1. 제406-2005-000046호
출판사 홈페이지 │ www.cyber.co.kr
ISBN │ 978-89-315-5917-0 (93000)
정가 │ 23,000원

이 책을 만든 사람들
책임 │ 최옥현
진행 │ 조혜란
기획·진행 │ 앤미디어
교정·교열 │ 앤미디어
본문·표지 디자인 │ 앤미디어
홍보 │ 김계향, 임진성, 김주승, 최정민
국제부 │ 이선민, 조혜란
마케팅 │ 구본철, 차정욱, 오영일, 나진호, 강호묵
마케팅 지원 │ 장상범
제작 │ 김유석

www.cyber.co.kr ★★★
성안당 Web 사이트

■ 도서 A/S 안내

성안당에서 발행하는 모든 도서는 저자와 출판사, 그리고 독자가 함께 만들어 나갑니다.
좋은 책을 펴내기 위해 많은 노력을 기울이고 있습니다. 혹시라도 내용상의 오류나 오탈자 등이 발견되면 **"좋은 책은 나라의 보배"**로서 우리 모두가 함께 만들어 간다는 마음으로 연락주시기 바랍니다. 수정 보완하여 더 나은 책이 되도록 최선을 다하겠습니다.
성안당은 늘 독자 여러분들의 소중한 의견을 기다리고 있습니다. 좋은 의견을 보내주시는 분께는 성안당 쇼핑몰의 포인트(3,000포인트)를 적립해 드립니다.
잘못 만들어진 책이나 부록 등이 파손된 경우에는 교환해 드립니다.